통합연구
Mixed Research Methodology
방법론

목회자와 선교사를 위한 현장연구 원리와 방법

글 이준우 / 이현아

통합연구방법론

초판발행　　2024년 09월 10일

지은이　　이준우 / 이현아

펴낸이　　조병성
펴낸곳　　밀알
등록번호　　2009-000263
주소　　서울시 강남구 광평로 295 사이룩스 동관 207호
전화　　02.3411.6896
팩스　　02.3411.6657
디자인 / 인쇄　　도노디자인 02.2272.5009

ISBN 979-11-983732-2-9
값 23,000원

*파본 및 잘못된 책은 교환해 드립니다.

통합연구
Mixed Research Methodology

방법론

목회자와 선교사를 위한 현장연구 원리와 방법

글 이준우 / 이현아

목차

프롤로그 * 010

제1부 통합연구방법의 이해와 활용
제1장 통합연구방법의 개념과 실제 * 021
제2장 과학적 탐구와 사회과학 조사연구 * 059

제2부 통합연구의 세부 방법
제3장 양적연구방법의 이해 * 095
제4장 양적연구방법의 실제 * 108
제5장 질적연구방법의 기초 * 153
제6장 질적연구방법의 이해 * 167
제7장 질적연구방법의 유형 * 214
제8장 포커스그룹리서치, 델파이 방법, 실행연구의 이해 * 248

에필로그 * 284

참고문헌 * 292

프롤로그

이 책의 1차 독자는 현장연구를 하려는 목회자와 선교사다. 2차 독자는 통합연구방법에 기초한 현장연구를 활용하려는 기독 연구자와 실천가다. 여기서 기독 실천가란 기독교 신앙을 갖고 기독교적 관점과 사명으로 업무를 수행하는 사회복지사, 특수교사, 상담사, 치료사 등을 의미한다. 이 책은 이들 독자들이 통합연구방법으로 현장을 최대한 정확하게 파악하고, 그와 같은 현장에 대한 이해를 바탕으로 하나님이 기뻐하시는 '구체적이며 효과적인 서비스 실천 개입'을 현장에서 수행하게끔 돕는 실용서의 성격을 띤다.

사실 이 책은 내(이준우)가 미국 풀러신학대학원 선교학 박사과정 교과목인 <통합연구방법론(Mixed Research Methodology)>[1] 을 강의하면서 작성한 원고를 토대로 한 것이다. 풀러신학대

✦ 1) 2021년 3월 미국 풀러신학대학원 선교학 박사과정에서 "Mixed Research Methodology" 과목을 맡았었다. "Mixed Research Methodology"라는 교과목을 한국에서는 흔히 "혼합연구방법론"이라고 번역해서 사용하는데 풀러신학대학원의 경우 "통합연구방법론"이라고 명명해서 처음엔 좀 어색했다. 그래서 이 책을 준비하면서 'Mixed'라는 용어를 무엇으로 번역해야 하는가를 놓고 한참 고심했다. 한국에서 일반적으로 쓰이는 '혼합'으로 할까 여러 번 생각하다가 풀러신학대학원에서 교과목의 한국어 번역 공식 명칭으로 지칭한 '통합'을 받아들여서 '통합연구방법론'으로 결정하였다. 그 이유는 '통합'이라는 용어가 양적방법론의 혼합설계나 혼합효과 모형과의 혼동을 피함과 동시에 양적과 질적 방법을 융합한 연구방법론으로 분명한 차별화를 기하는 데에 좋겠다는 생각에서다.

학원에서 공부해본 적이 없는 나로서는 세계적 수준의 '선교학'과 '신학' 명문인 "풀러신학대학원"에서 지향하는 선교학 박사학위 논문의 특성과 범위 및 형태, 내용의 수준 등을 <통합연구방법론> 강의를 직접 감당하면서 비로소 파악하였다. 그런 다음, '풀러'의 명성에 부합하는 학문성을 갖춰가도록 <통합연구방법론> 수업의 방향을 조정하며 그 내용을 설정할 수 있었다. 이는 이미 풀러신학대학원의 김창환 학장과 김에녹 교수가 박사과정 교과과정에서 의도하는 학문적 수월성을 향한 연구방법을 찾아내는 것이기도 했다.

그 결과, 풀러신학대학원 선교학 박사학위 논문의 성격을 요약하면 **'통합연구방법으로 수행하는 현장 연구를 통해 혁신적인 선교 모델을 개발'**하는 것이라 할 수 있다. 아울러 **선교 현장의 필요와 욕구에 부합하면서 동시에 복음의 본질을 충실하게 반영한 기독교 선교 사역의 원리와 방법 및 기술 등을 도출하여 제시하는 연구 결과물을 박사학위 논문으로 형성**하는 것이다. 그러니까 학생 본인이 하고 있는 사역을 학위 논문으로 만들어가는 것이다. 대단히 실용적이면서도 일거양득(一擧兩得)의 효과를 산출한다고 볼 수 있겠다. 풀러신학대학원의 이와 같은 '현명한 논문 작성 방법'이 '풀러'에 재학하는 학생들만이 아니라 기독교적 관점으로 휴먼서비스 분야의 연구를 수행하려는 사람들에게도 매우 효과적이겠다는 생각을 하였다.

이 지점에서 생뚱맞긴 하지만, 내 소개를 조금하면서 이 책의 집필 배경을 설명해야 할 것 같다. 우선, 나는 사회복지 분야에서 사회과학적 연구를 한다. 이 말인즉슨 '복음을 전파하겠다는 선교적인 행위'를 지속적으로 담아낼 수 있는 '사업, 프로그램, 프로젝트를 모델화'하는 연구를 박사학위 논문으로 하겠다는 접근을 사회과학의 관점에서는 납득하기 어렵다는 인식을 내가 갖고 있었다는 것이다.

사회과학 연구에서 볼 때, 이는 이미 '하나님의 역사하심으로 열매 맺어진(?) 놀라운 변화'라는 것과 같이 분명한 '답'을 정해놓고, 그 정해진 답을 설득하는 과정으로서 '연구방법'을 사용하기 쉽다는 것이다. 더욱이 '하나님의 나라를 확장하기 위한 연구'라든지 '하나님의 뜻을 구현하는 사역 프로그램'이라는 '표현(wording)'부터, 일반 사회과학에서는 의아하거나 낯설다. 뿐만 아니라 그 속에 담겨진 프로그램의 내용도 성서적이며 신학적이고, 영성적이다. 그러다 보니 '프로그램 개입 실행 후의 효과성을 검증'한다거나 '현상에 대한 면밀한 검토와 그에 따른 사역의 적용'이라든지 나아가 '현실 기반 또는 증거 기반'의 연구가 제대로 이뤄지겠는지 등과 관련하여 우려가 클 수밖에 없다. 심지어 '회심'과 '제자도 형성' 등과 같이 '한 영혼의 소중성'에 대한 개념에 몰입되어 '서비스 투입' 대비 '산출 결과'의 효과성과 효율성을 '사역 주체(목회자와 선교사 등)'의 '주관적 판단'으로 측정하는 경우 등 고민되는 난제들이 한두가지가 아니다.

그래서 오히려 나는 풀러신학대학원에서 지향하는 현장연구로서의 <통합연구방법론>이 그 어떤 사회과학적인 연구들 못지않게 학문적 엄밀성과 충실성, 신뢰성과 타당성을 반드시 갖춰야 한다는 생각을 강하게 할 수밖에 없었다. 그러면서 과연 내가 <통합연구방법론>을 '풀러'에서 가르칠 만한 사람인지를 무엇보다도 먼저, 성찰하였다.

한국의 강남대학교에서 나는 학생들을 열심히 가르친다. 연구도 많이 한다. 하나님의 은혜로 정부 산하 여러 부처들과 함께 다양한 연구 프로젝트들을 꾸준하게 수행하고 있다. 덕분에 전일제(full time) 박사 및 석사 과정 제자들과 함께 많은 연구 성과들을 산출한다. 정부가 주는 예산으로 연구를 수행하는 입장에서는 무조건(?) 열심히 해야 한다. 연구결과에 대한 냉정한 평가를 받는다. 이때, 연구의 과정과 방법은 연구결과와 함께 면밀하게 검토받게 된다. 나는 실증적인 양적 조사와 심층적인 질적 조사 모두를 끊임없이 해내면서 열심히 산다. 그 결과, 일정 수준의 연구 역량도 갖추게 되었다.

한편, 나는 총신대학교에서 종교교육학(기독교교육학)을 전공했고 총신대학교 신학대학원에서 목회학 석사과정을 이수했다. 당시 목회학 석사과정의 입학정원이 제한적이어서(실은 실력이 없어서) 나는 '디플로마'라고 하는 '목회학 석사(M.Div) 동등' 과정으로 졸업했다. 이후 농인(수어를 사용하는 청각장애인)과 더불어 여러 유형의 장애인들과 함께 목회를 하다, 한계에 부딪혔다. 그들이 직면하는 삶의 문제에 대한 목회신학적인 질문들을 찾기 위해 숭실대학교 사회사업학과(현 사회복지학과)에 학사 편입을 했다. 그리고는 1년을 수학한 후 숭실대학교 석사과정과 박사과정을 마쳤다. 사회복지학 석사(MA)와 박사학위(Ph.D)를 취득했다.

세월이 흘러 전임교수로서의 삶을 살아가다가 현재 몸 담고 있는 강남대학교에서 한때, 교목에 이어 교목실장의 보직을 맡게 되었고 그 일을 잘 감당하려는 마음에서 여름방학과 겨울방학을 이용해 미국 달라스 포트워스에 있는 사우스웨스턴침례신학대학원(Southwestern Baptist Theological Seminary)에서 목회학 박사과정을 이수하였다. 3년의 교육과정(매학기 2주간의 집중수업과 지도교수로부터의 개별연구지도 등)과 2년간의 논문 작업을 통해 목회학 박사학위(D.Min)를 받았다.

이렇게 꽤 긴 시간을 공부하면서 늘 힘들었던 것은 논문을 작성하는 일이었다. 고상하게 말하면 **연구방법을 활용하여 '심사의 과정을 거쳐 인가'되는 '학위 또는 학술지 논문'을 쓰는 것**이었다.

하도 고생을 해서(?) 그런지 내 나름대로 연구 경험과 노하우 등을 갖게 되었다. 이를 풀러신학대학원의 '박사과정 학생들'에게 전수하는 일이 내게는 큰 의미가 있었다. '아, 그렇구나! 내가 풀러신학대학원에서 할 역할이 바로 이것'이라는 사명감도 가졌다. 더욱이 내가 <통합연구방법론>이라는 교과목을 통해 풀러신학대학원 선교학 박사(DIS/DGL)과정과 목회학 박사(D.Min)과정을 섬기는 일은 연구자로서, 교육자로서, 전문적인 실천가와 목회자로서의 '다차원적인(?) 인생'을 살도록 하신 하나님의 사랑과 은혜의 빚을 갚는 사역이라고까지 여겼다.

어떻게 보면 과한 오지랖 같기도 하다. 어쨌든 열심히 했다. 학생들에게 최선을 다해 **'강의라고 하는 서비스'를 제공**한 것이다.

그런데 오히려 내가 더 큰 유익을 얻었다. '풀러'에서의 매 수업 장면마다 보람과 행복감이 내게 물밀듯 밀려왔다. 한국에서의 교육과 연구에서 누릴 수 없었던 감동이 있었다. 아마도 내가 신학교에 다닐 때, 나를 가르쳐 주셨던 교수님들도 그랬으리라 유추해보기도 했다. '주의 종'을 양성한다는 소명을 감당한다는 생각에 감격이 벅차올랐다. 훌륭한 학생들을 만나는 기쁨도 컸다. 실은 학생이라기보다는 신실한 목회자요 선교사들일 뿐 아니라 본인의 사역 현장에서는 최고의 지도자들인 그들이 겸손하게 배우려는 자세로 풀러신학대학원에 재학하고 있었다.

결과적으로 교수인 내가 학생들보다도 훨씬 더 많이 배웠던 시간들이었다. 치열한 목회와 선교 현장의 상황도 접할 수 있었다. 수업을 통해서 공유되었던 주옥같은 사역 경험들을 통해 처음 계획했던 <통합연구방법론>의 강의 수준과 범위, 내용 등을 현장 중심으로 재조정하기도 했다. 하나님이시라면 어떻게 보실까라는 마음으로 '현장연구'를 들여다보고 살펴보며 내다볼 수도 있었다. 아울러 <통합연구방법론>을 준비하고 강의하는 것은 "복지선교적 교회"라는 화두를 내 학문의 주요한 부분으로 새롭게 삼게 된 결정적인 계기가 되었다.

한 번으로 끝날 줄 알았는데 '풀러'에서 <통합연구방법론>을 계속 맡아 주길 요청했다. 이때, 강남대학교로부터의 승인도 필요했는데 윤신일 총장님의 허락과 배려가 있었다. 그래도 미국까지 오고 가는 길은 녹록치 않아 걱정이 컸다. 그런데 코로나19 이후로 수업이 비대면 방식으로 이뤄졌다. 한국과 미국 간의 시간적, 공간적 제한도 해소되는 환경이 조성되었다. <통합연구방법론>을 계속 가르칠 수 있게 되었다. 두렵고 떨리는 마음으로 최선을 다해 강의 원고를 작성했다. 혼신의 힘을 다해 강의를 했다. 학생들과 비록 '줌(비대면 화상)'이긴 했지만 장시간 토론을 하며 수업을 진행했다. 학기가 거듭되면서 강의 원고의 수정 보완도 지속되었다.

지금까지 총 세 번의 강좌 운영을 하면서 정리된 강의 원고를 묶어보니 '목회자와 선교사를 위한 현장연구의 원리와 방법'으로 나름, 의미 있는 자료가 되겠다는 마음이 들었다. 풀러신학대학원을 비롯하여 기독교 계통의 일반대학원 및 신학대학원 등에서 <통합연구방법론> 교과목의 교재로도 사용할 수 있을 것 같았다. 아울러 꼭 정규 대학원 과정에서 논문을 쓰지 않더라도 누구든 목회와 선교 현장에서 현장연구를 하려고 할 때, 유용한 지침서가 될 수도 있겠다는 확신이 생겼다.

통합연구방법은 하나의 연구에서 귀납법적과 연역법적 접근을 동시에 사용한다. 이는 현상에 대한 다각도의 탐색을 시도하기 위함이다. 그럼으로써, 하나의 연구방법보다 더 깊이 연구문제를 이해하고, 단일한 접근보다 더 나은 추론과 다각적이면서도 다양한 논의의 계기를 산출하려고 한다. 당연히 연구결과의 현실 타당성을 최대화하고자 하는 것이다. 이를 위해 통합연구방법은 단일 연구를 수행하면서 질적 및 양적연구에서 사용하는 관점, 방법, 전략, 개념 및 언어의 혼합 혹은 결합을 시도한다(Creswell & Creswell / 정종진 외 공역, 2022).

이렇게 통합연구방법은 양적 및 질적 방법을 모두 사용하지만, 그 둘과는 다른 특성을 갖는다. 일종의 양적 방법과 질적 방법의 화학적 융합을 통해 또 하나의 새로운 방법으로 제시되는 것이다. 그러니까 통합연구방법은 단순히 질적 및 양적연구 결과를 합산하는 것이 아니라 두 연구방법의 통합을 통하여 현상에 대한 심층적 통찰, 보다 폭넓은 관점의 수용, 연구의 유연성 및 타당성 향상 등을 추구하는 것이다. 질적인 방법과 양적인 방법으로 얻은 결과는 상호 비교되면서 어느 한 방법에서 간과되거나 미흡한 점을 서로 보충하고 보강하는 것이다.

세상이라는 현장에서 선교와 목회를 수행하는 경우 이와 같은 통합연구방법은 하나님의 뜻을 실현하는 증거 기반의 연구를 수행하는 데에 매우 요긴하게 활용될 수 있다. 결국 나는 풀러신학대학원만이 아니라 주의 복음을 들고, 전 세계 방방곡곡에서 하나님 나라의 확장을 위해 애쓰고 수고하며 현장에 기초한 양질의 선교 사역 모델을 구축하려는 목회자와 선교사에게 실질적인 도움이 되는 책을 내놓고 싶었다.

목사인 내 가슴 속에는 하나님을 향한 사랑의 마음과 주님께서 사랑하시는 사람들에 대한 관심, 또한 그들이 살아가는 이 세상을 하나님이 기뻐하시는 하나님의 나라로 바꿔가고자 하는 열망이 있다. 나는 이 모든 '바람'과 '소망'을 이 땅에 현실화시킬 수 있는 연구와 교육에 집중하고픈 욕구가 크다. 아울러 내 마음 깊은 내면에는 일종의 채무 의식도 자리 잡고 있다. 사도 바울이 말한 대로 예루살렘 교회를 돕는 마게도냐 교인들이 갖고 있었던 빚진 마음처럼 내게도 그런 채무 의식이 있다. 목사로서 장애인목회를 전업으로 감당하다가 너무 힘들어 교수가 된 것 같은 마음이 있다. 내가 가장 존경하는 목회자들이 전업으로 장애인사역을 하는 분들이다.

"그러나 이제는 내가 성도를 섬기는 일로 예루살렘에 가노니 이는 마게도냐와 아가야 사람들이 예루살렘 성도 중 가난한 자들을 위하여 기쁘게 얼마를 연보하였음이라. 저희가 기뻐서 하였거니와 또한 저희는 그들에게 빚진 자니 만일 이방인들이 그들의 영적인 것을 나눠 가졌으면 육적인 것으로 그들을 섬기는 것이 마땅하니라(로마서 15장 25-27절)."

'연보하였다'는 말은 헌금을 했다는 말이다. 사람들을 섬길 때 자신의 물질을 드린다는 것은 큰 헌신이다. 더욱이 마게도냐에 있는 작은 지교회가 예루살렘에 있는 '모 교회'를 위해 헌금을 했다는 것은 대단한 일임에 틀림없다. 결코 쉬운 일이 아니다. 그런데 마게도냐와 아가야 사람들은 그렇게 했다는 거다. 그것도 누가 시켜서 억지로 한 것이 아니라 기쁘게 행했다고 했다. 이것이 어떻게 가능했을까? 마게도냐 교인들은 비록 지교회이고 작은 교회이지만 예루살렘 '모 교회'를 향해 채무의식을 가지고 있었을 것이다. 그런데 예루살렘 교회가 마게도냐 지방에 나가 복음을 전했는가? 아니다. 전한 사람은 바울이었다. 바울이 예루살렘 교회 출신인가? 아니다. 안디옥 교회 출신이다. 바울이 예루살렘 출신인가? 다소 사람이다. 빚을 갚으려고 하면 어떤 의미에서 바울에게 갚아야 맞다.

그런데 그들이 예루살렘에 있는 '모 교회'에 대해 빚진 의식을 가지고서 자신들이 영적인 것을 받았으니 그것으로 갚지는 못하되 물질로 갚은 것이다. 그 이유는 하나님께 빚진 마음을 최초로 복음이 나온 예루살렘 교회에 갚고자 했기 때문이다. 예루살렘 교회가 복음을 전하지 않았다면 안디옥 교회도 없었을 것이고, 안디옥 교회가 바울을 선교사로 파송할 리도 없었을 것이다. 내게 있어 예루살렘교회는 전업으로 목회와 선교를 감당하는 신실한 목회자와 선교사 그리고 그들의 사역이다.

2024년 1월, 미국 로스앤젤레스(LA)를 방문했었다. 1주간 '풀러' 인근에서 체류하며 이 책의 출판을 고민했다. 이때, 나는 이상의 로마서 15장 말씀을 계속 묵상했다. 마게도냐 교인들의 헌신이 내 머릿속에서 생생하게 그려졌다. 마침, 학부와 석사, 박사 과정 모두 내 지도를 받은 이현아 박사가 미국에 있는 월드미션대학교의 사회복지학과 교수로 재직하고 있었다. 이 교수는 내게는 수제자였고, 이제는 학문적 동료로서 한국정부로부터 수탁받은 여러 연구들을 함께 감당하고 있는 탁월한 연구자였기에 이런 내 마음을 자연스럽게 나눴다.

이현아 교수는 나보다 더 적극적으로 책 출판을 추진하시라고 강권했다. 나는 이 교수에게 두툼한 '강의 원고 자료'를 건네며 함께 하자고 했다. 이 교수가 어떻게 스승이 작업해 놓은 자료로, 제자가 감히(? ㅎㅎ) 공저자로 하겠냐며 손사래를 쳤다. 교수님 책이니 조용히 돕겠다고 고집을 부렸다. 하지만 아무리 생각해도 한참 연구를 많이 하는 신진학자가 강의 원고를 전체적으로 확인하고 점검하면서 부족한 부분들을 보완하는 작업이 반드시 필요했기에 내가 설득을 강하게 했다. 결국 이렇게 우리는 이 책을 함께 출간하게 되었다.

제자이자 동역자인 이현아 교수가 집필에 참여하면서 이 책은, 현장성과 과학적 근거를 가진 '학술지와 학위논문'을 실제로 작성할 수 있도록 돕는 지침서로서의 면모를 보다 더 분명히 할 수 있었다. 또한 현장의 자료를 수집하고 분석하며 이해하는 데 필요한 기술을 익힐 수 있도록 세심한 설명을 추가할 수 있었다. 더욱이 문헌연구를 통해 습득한 이론을 바탕으로 독자들이 본인의 현장에서 자료를 수집하고, 활용 가능하도록 가공(加工, processing)한 후 이를 기초로 연구자 본인이 의도했던 연구의 목적을 달성할 때, 요구되는 정보를 형성하는 데에 유용한 여러 논문 사례들도 삽입할 수 있었다.

이 책은 다음과 같은 구조와 내용으로 구성되었다.

제1부에서는 <통합연구방법론>에서 지향하는 '통합'의 개념을 이해하고, 그에 따라 연구 설계를 수행할 수 있는 기본적인 역량을 함양할 수 있는 제반 개념을 친절하게 설명하였다. 그런 후 통합연구를 실제로 실행할 수 있는 구체적인 방법과 기술을 제시하였다.

제2부에서는 통합연구방법의 핵심적인 연구 설계 유형들과 절차들을 세밀하게 알아간다. 특히

양적연구방법들 중 서베이조사(Survey Research)를 집중적으로 다뤘다. 그 가운데서도 서베이조사의 핵심인 설문 문항을 형성하는 작업만큼은 독자들이 확실하게 익힐 수 있도록 많은 비중을 두었다. 또한 다양한 질적연구방법들을 소개하였다. 문화기술지와 내러티브연구를 비롯한 질적연구의 세계에 독자들이 흥미를 갖고 빠져들 것으로 기대한다. 아울러 부가적으로 포커스그룹리서치(Focus Group Research)와 델파이방법(Delphi Method), 실행연구(Action Research)도 제시하였다.

이제 본격적인 통합연구방법의 세계로 들어가려고 하니 문득, 양광모 시인의 '인생'이라는 '시'가 생각난다.

"자주 / 막막하고 // 이따금 / 먹먹해도 // 늘 / 묵묵하게"

논문을 쓰거나 연구를 하다가 보면 인생을 배우게 될 것이다. 자주 막막할 때가 있을 것이다. 힘들어 포기하고 싶을 때, 이따금 먹먹할 것이다. 그래도 참고, 늘 묵묵하게 정진하면 논문이나 연구 결과물이 연구자의 눈앞에 펼쳐져 있는 경험을 하게 될 것이다.

2024년 7월 20일
이준우, 이현아

제1부

통합연구방법의 이해와 활용

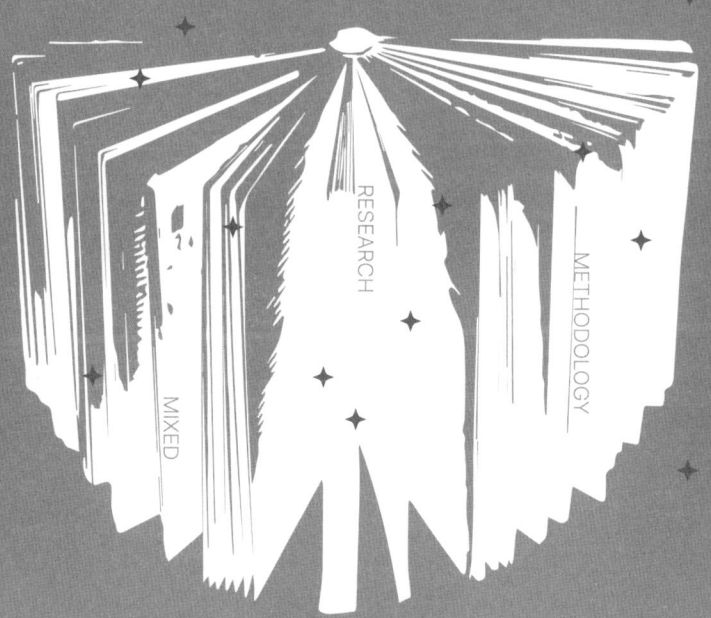

제1부
통합연구방법의 이해와 활용

제1부에서 다루는 내용들을 통해 독자들이 자신의 상황 속에서 현장의 자료들을 수집할 수 있는 안목을 갖추고 실제로 다양한 자료들을 습득하고 사용할 수 있게 되기를 기대한다. 무엇보다도 독자들 자신이 사역하고 있는 현장을 현실적으로 정확하게 파악하고 규명할 수 있게 되었으면 한다.

참고로 이 책은 저자인 우리 두 사람이 마치 대학원생들에게 강의하듯이 기술하였음을 밝힌다. 하여 '우리'라는 표현이 자주 등장할 것이다. 아울러 문제도 가급적이면 친근한 구어체 느낌을 최대한 살리려고 한다. 독자들이 재미나게 '통합연구방법'을 알아가기를 바란다.

- 계량심리학자들은 그것을 측정하고자 한다.
- 실험주의자들은 그것을 통제하고자 한다.
- 면담 진행자들은 그것에 관해 질문하고자 한다.
- 관찰자들은 그것을 살펴보고자 한다.
- 참여 연구자들은 그것을 직접 해보고자 한다.
- 통계학자들은 그것을 계산해보고자 한다.
- 평가자들은 그것에 가치를 매기고자 한다.
- 질적 연구자들은 그것의 의미를 찾고자 한다.
  **입증해야 할 책임은 없다. 단지, 경험하고 이해해야 할 세상이 존재할 뿐이다. 입증해야 한다는 책임의 부담을 내려놓고 경험의 여정을 홀가분하게 하자(할콤의 탐구법칙에서).

* 출처: 패턴, 마이클 쿼인. (Patton, Michael Quinn). 김진호 외 공역. (2018). 질적연구 및 평가방법론. 파주: 교육과학사. p. 1.

[제1장]

통합연구방법의 개념과 실제

✦

1. 통합연구방법의 개념

저자인 우리는 통합연구를 일종의 연구방법으로 본다. 이는 통합연구를 데이터[2] 수집, 분석, 해석이 중심을 차지하는 별개의 방법적 경향으로 본다는 것이다. 이 말은 통합연구방법에서 활용하는 각각의 접근들이 개별적으로 갖고 있는 철학과 고유한 방법론을 존중하면서 실용적으로 사용된다는 것이다. 이 책은 목회와 선교에서의 현장연구에 '통합연구방법'을 적용하는 원리와 방법을 다룬다.

사실, '통합연구방법'이란 사회과학과 행동과학, 의료 및 보건학, 특히 사회복지학과 특수교육학의 연구방법으로, 또 연구자가 양적(폐쇄형) 및 질적(개방형) 데이터를 수집하고, 둘을 통합하며 두 데이터의 장점들을 토대로 해석을 이끌어내어 연구문제를 이해하는 연구방법이라고 정리한다. 통합연구방법의 핵심 가정은 연구자가 '통계적 추세(양적 데이터)'를 '이야기와 개인적 경험(질적 데이터)'과 통합시킬 때, 이 두 가지 연구방법의 장점을 통해 한 종류의 데이터만 수집할 때보다 연구 문제를 더 잘 이해할 수 있다는 것이다.

✦ 2) 단순히 자료라고 번역하기에는 포괄적이면서도 동시에 중의적인 의미들을 담고 있다. '다음 백과사전'에 의하면 인간 또는 컴퓨터를 비롯한 자동 기기에 의해 행해지는 통신과 해석, 처리로 형식화된 사실과 개념, 명령을 표현한 것을 말하기도 한다. 하여 이 책에서는 영어 발음을 준용하여 '데이터'로 했다.

단, 유의해야 할 것이 있다. 무엇보다도 통합연구는 양적 및 질적 데이터의 단순한 수집이 아니라는 것이다. 또한 통합연구를 연구자가 데이터베이스[3])에서 고정되거나 확률적인 효과에 대한 통계적 분석을 하는 양적연구에 대한 혼합모형 접근법과 혼동해서는 안 된다는 것이다. 더욱이 통합연구는 연구자가 평가 과정처럼 양적 및 질적 데이터를 수집하고 통합할지라도 형성평가 내지 총괄평가 같은 단순한 평가기법도 아니라는 것이다. 나아가 통합연구는 질적 데이터를 양적 설계에 단순히 추가하는 것도 아니다. 물론 통합연구가 이런 방식으로 적용될 수는 있겠지만 양적 데이터를 질적 설계에도 추가할 수 있기 때문에 중요한 것은 둘 중 어떤 방식을 쓰든 이에 대한 근거가 필요하다는 것이다. 특히 통합연구는 여러 유형들의 질적 데이터, 가령 인터뷰 및 관찰을 통해 수집되는 데이터와 양적 데이터, 이를 테면 설문조사 데이터나 실험적 데이터를 함께 묶어내는 것과 같은 기계적 방식의 수집도 아니다.

통합연구에는 양적 및 질적 데이터의 '수집'과 '분석'은 물론이고, 가장 중요한 '통합'이 수반된다. 물론 통합한다는 형태로 다양한 연구 접근법들은 이미 존재해왔다. 예컨대 추세 또는 경향뿐 아니라 이야기와 개인적 경험까지도 포괄하는 경우 한 가지 유형, 그러니까 양적 혹은 질적인 하나의 방식으로 데이터를 수집하는 것보다 통합적으로 접근할 때, 연구 문제를 이해하는 데 더 많은 기여를 할 수 있다. 그런데 이렇게 단지 다양한 유형의 질적 데이터 혹은 양적 데이터가 한 가지 방식으로만 수집되는 경우는 통합연구가 아니라 다중방법적인 연구라고 한다.

결국 통합연구의 핵심 특성은 우선, 연구문제들에 따른 양적 및 질적 데이터의 수집과 분석이

✦ 3) 다음 백과사전에 의하면, 데이터베이스는 여러 사람이 공유하여 사용할 목적으로, 통합하여 관리되는 데이터의 집합이다. 데이터베이스를 통해 자료 항목의 중복을 없애고 자료를 구조화하여 저장함으로써 자료 검색과 갱신의 효율을 높인다고 한다.

있다는 것이다. 당연히 견고한 질적 및 양적연구방법들이 사용되는 것이며 아울러 특정한 통합연구 설계 유형을 사용해서 양적 및 질적 데이터를 통합하고 이 통합에 대한 해석을 하게 된다는 것이다. 크레스웰(Creswell)과 크레스웰(Creswell)(정종진 외 공역, 2022)은 이를 혼합적(통합적) 연구라고 지칭하며 양적 자료와 질적 자료를 수집하고, 두 가지 형식의 자료를 통합한다. 즉, 철학적 가정과 이론적 틀을 포함하는 전혀 다른 설계를 이용하여 종합적으로 탐구하기 위한 접근이라고 설명한다. 이것의 핵심은 독자적 접근보다는 연구문제를 더 완벽하게 이해하도록 하는 질적 접근과 양적 접근의 결합에 있다.

<표 1-1> 양적, 혼합적(통합적) 및 질적 방법

양적 방법	혼합적(통합적) 방법	질적 방법
사전 결정	사전 결정과 생성적 방법	생성적 방법
질문에 기초한 검사도구	개방형 질문과 폐쇄형 질문	개방형 질문
성취도 자료, 태도 자료, 관찰 자료, 여론조사 자료	모든 가능성을 이끌어 내는 다양한 형태의 자료	면접자료, 관찰자료, 문서자료, 시청각 자료
통계적 분석	통계적 분석과 텍스트 분석	텍스트와 영상 분석
통계적 해석	데이터베이스를 망라한 해석	주제, 패턴 해석

* 출처: 크레스웰, 존. (Creswell, John W.), 크레스웰, 데이비드. (Creswell, J. David). 정종진 외 공역. (2022). 연구방법 -질적·양적 및 혼합적 연구의 설계(5판)-. 서울: 시그마프레스. p. 19.

이와 같은 통합연구방법은 양적 접근 또는 질적 접근 그 자체만으로는 연구문제를 이해하기 어렵거나 부적절할 때 또는 양적연구와 질적연구의 장점을 모두 이용하여 연구문제를 보다 더 잘 이해할 때, 유용하다.

2. 양적 및 질적 데이터 '수집과 종합적 분석'의 설계

먼저 양적연구방법을 사용하는 연구자는 연구 대상을 결정하고, 구체적 문제나 가설을 제시하며 답변을 찾는 것을 촉진시키는 변수들을 측정한다. 아울러 연구문제 내지 가설에 답해주는 정보를 얻기 위해 통계 분석을 사용하며, 결과를 해석한다. 그래서 양적연구에서는 분석 도구가 얼마나 객관적이었는지를 강조한다. 분석과정이 객관적이고, 그에 따라 도출된 내용이 타당한지를 검증하는 것이 중요하다. 그런 다음 진리와 법칙을 찾는 데에 집중한다. 각 변인의 상관관계, 법칙과 패턴, 다른 사례에 적용할 수 있는 효과 등을 분석하는 것에 초점을 맞춘다.

이런 연구 방식은 질적연구와는 꽤 다르다. 질적연구에서 연구자는 일반적 질문을 하고, 텍스트, 음성 녹음본, 동영상 같은 유형의 데이터를 수집한다. 질적연구의 특징은 연구자가 참가자를 직접 관찰하거나 도구들, 가령 인터뷰, 포커스그룹 포로토콜(약속된 규칙 내지 지침) 혹은 질문지 같은 것들을 통해 개방형 질문을 하여 데이터를 수집하는 데에 있다. 질적 데이터를 수집한 후에 연구자는 주제 분석을 하고, 문학적 형식, 예컨대 이야기나 담화 같은 것으로 결과들을 제시한다.

양적 및 질적, 이 두 방법은 일반적인 연구과정, 즉 '문제 파악, 연구 문제 선정, 데이터 수집, 데이터 분석 및 결과 해석' 과정을 공통적으로 따른다. 그러나 이 각각의 단계를 시행하는 목적은 양적과 질적연구 방법 간에 상당히 다르다. 그럼에도 통합연구에서는 양적 및 질적연구의 상이한 요소들까지도 모두 포함한다. 그러므로 통합연구방법을 쓰는 연구자는 양적 및 질적연구를 능숙하게 다룰 수 있어야 한다. 당연히 통합연구의 성공적인 수행에서 가장 큰 관건은 데이터베이스를 어디서 어떻게 '통합하는 지'다. 이를 정확하게 이해하고 있어야만 통합연구가 가능하다.

그래서 크레스웰(Creswell/김동렬 역, 2017: 26-30, 68-90; Creswell과 Creswell/정종진 외 공역, 2022: 17-18)의 견해를 중심으로 데이터베이스를 통합하는 방법을 체계적으로 정리하는 것은 매우 중요하다. 우선 통합연구 설계 유형들을 알아야 한다. 모든 통합연구 작업(예: 프로젝트 성과물, 학위논문, 학술지 논문, 기타 다양한 연구 결과물 등)의 중심에는 세 가지 기초 설계가 있고, 기초 설계와 부가적 요소들로 구성된 세 가지 고급 설계가 있다. 통합연구의 세 가지 기초 설계의 내용부터 정리한다.

1) 수렴적 설계(convergent design)

수렴적 설계는 수렴적 병렬 설계 또는 병렬적 설계라고도 불린다. 이 설계는 연구자가 연구문제의 종합적 분석을 하기 위해 양적 자료와 질적 자료를 수렴 또는 합병하는 혼합(통합)적 방법 설계의 한 형태이다. 즉, 수렴적 설계는 양적 및 질적 데이터의 수집, 두 데이터의 분석, 그리고 두 데이터의 분석 결과들을 비교한 후 병합하는 것이다. 그러니까 이 설계에서는 전형적으로 연구자가 두 가지 형태의 자료를 동시에 수집한 다음 전체 결과의 해석에서 정보를 통합하게 된다. 결과적으로 수렴적 설계는 다른 '데이터 세트(분석기록)'의 결과로 또 다른 하나의 '데이터 세트(분석기록)' 결과의 정당성을 입증하는 것이다.

이렇게 수렴적 설계의 의도는 양적 데이터와 질적 데이터의 분석 결과를 통합하는 것이다. 그런 다음, 이와 같은 통합은 해당 문제의 양적 이해와 질적 이해 모두를 수행한다. 당연히 데이터의 양적인 측면과 질적인 측면 모두를 아우르는 형식이기에 양적 및 질적 데이터의 결합은 해당 연구문제를 다양한 각도와 다각적인 관점에서 보는 데에 유용하다. 예를 들면 양적 결과는 종종 필요한 일반적인 추세와 관계를 제시하는 반면 질적 결과는 개인들의 관점을 상세하게 제공해 준다. 이 두 가지 모두는 유용한 결과이며 이들의 결합은 더 많은 데이터를 이끌어낼 뿐만 아니라 각각의 데이터베이스를 단독으로 제공했을 때보다 더 완전한 이해를 제공한다. 때때로 한 개의 연구방법에서 모순되거나 불일치되는 결과가 수렴적 설계를 통해 비로소 설명되거나 입증되기도 한다.

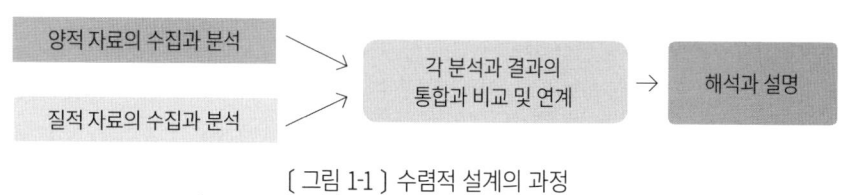

〔그림 1-1〕 수렴적 설계의 과정

수렴적 설계는 양적 및 질적 데이터에 대한 별도의 수집과 분석을 수반한다. 이 설계의 의도는 양적 및 질적 데이터 분석의 결과를 통합하는 것이다. 수렴적 설계를 사용하기 위한 절차는 간단하다.

첫째, 양적 데이터와 질적 데이터를 제각각 따로 수집하고 분석하면서 시작한다. 여기에서 중요한 지점은 양적 데이터와 질적 데이터가 대등한 위치에 있어야 한다는 것이다. 가령 '항암 치료제'가 개발되었고 이를 임상적으로 실험하였을 때, 실험에 참여한 사람들을 대상으로 양적인 방법인 설문조사로 효과성을 파악함과 동시에 질적인 인터뷰를 통해 경험을 도출하는 접근이 대등한 가운데서 동시에 병렬적으로 진행되는 것을 말할 수 있다.

둘째, 양적 및 질적 데이터베이스를 통합하거나 병합한다. 통합은 다각적으로 수행될 수 있다. 이때, 핵심은 각각의 방법을 통해 도출된 결과들에 대한 종합적 해석을 타당하게 해야 한다는 것이다. 이를 위해 각각의 결과들이 수집된 후 일차적으로 양적 및 질적 데이터베이스로부터 도출된 해석 혹은 추론은 나란히 정렬될 수 있는 논의 부분에서 취합한다. 예를 들어 양적 결과가 먼저 보고된 후, 질적 결과가 이어질 수 있다. 그런 다음, 양적 및 질적 데이터베이스로부터 나오는 결과를 연달아 제시하고 비교함으로써 후속 논의가 이루어진다. 바로 흔히 '대비적 관찰'이라고 하는 작업을 하는 것이다. 또 다른 접근법은 데이터 변환을 하는 것이다. 당연히 변환의 과정에서는 비교를 위해 데이터베이스 중 하나를 다른 형식으로 변환하는 일이 발생한다. 예를 들어 질적 분석에서 도출된 데이터에 다양한 주제가 나타나는 횟수를 셀 수 있고, 이 수치들은 양적 데이터베이스에 입력되는 새로운 변수를 제시할 수 있다. 마지막 방법은 표나 그래프로 질적 결과에 대비하여 양적 결과를 정렬시킴으로써 질적연구 결과와 양적연구 결과를 동시에 보여주는 것이다. 최근에는 '인포그래픽' 방식도 종종 활용된다.

셋째, 양적, 질적 결과들이 통합된 후, 양적 결과가 질적 결과에 의해 어느 정도까지 확인되는지 조사한다. 혹은 반대로도 해본다. 만일 확인이 안 되고 차이가 난다면, 이 차이가 왜 발생하는지 설명해본다. 가령 유효한 양적 측정의 부족, 데이터 비교를 촉진하기 위한 유사 질문의 부족 등을 들 수 있다. 하여간 수렴적 설계는 그 어떤 통합연구보다도 질적 및 양적 접근의 각 영역을 '융합적인 해석'으로 결과를 산출해내려고 한다. '혼합'을 뛰어넘는 '융합'의 결과 분석 역량을 발휘해야 한다.

이렇게 수렴적 설계는 현장에 있는 동안 데이터의 양쪽 형식 모두를 수집할 필요가 있거나 수집할 수 있는 연구 역량 및 여건을 모두 충족하고 있는 연구자에게 유용하다. 양쪽 형식 모두가 합쳐지기 때문에 그것은 직관적으로 이해할 수 있고, 연구문제를 여러 각도로 다양하게 파악하게 한다.

그러나 실행하는 것은 어렵다. 한 가지 어려운 점은 연구자들이 데이터를 통합하고 싶을 때, 양적 및 질적 측면 모두에서 동일한 측정 혹은 평가와 함께 시작해야 할 필요가 있다는 것이다. 비록 이 같은 평행의 구성이 본질적이지만 종종 간과된다. 또 다른 어려운 점은 연구자들이 이 두 가지 데이터베이스를 통합하는 법을 알 필요가 있다는 것이다. 연구자는 양적 및 질적 접근을 동시적으로 아우르면서 이를 효과적으로 표현하거나 제시할 수 있는 자료를 생성할 수 있어야 한다. 여기에는 기본적으로 대비적 관찰을 위한 절차에 익숙하고 효과적으로 활용할 수 있는 연구 역량이 전제되어야 한다. 두 개의 데이터베이스, 즉 하나는 수적인 데이터베이스, 하나는 텍스트 형태의 데이터베이스를 통합하는 방법은 사실상 명확하지 않다.

어떻게 보면 연구자의 창의적인 연구 역량에 의존하는 경향이 크다. 왜냐하면 무엇보다도 분석 단계에서 자료가 통합되려면 수집된 자료는 다른 형태로 변형해야 할 필요가 종종 발생하는데 이때, 서로 일치하지 않는 자료를 해결해야 할 필요를 어떻게든 연구자가 해결해야 한다는 것이다. 그래서 수렴적 설계는 음식을 만드는 요리사가 어떤 도구를 가지고 측정하지 않으면서도 감각적 경험에 의해 간을 맞추고 맛을 내는 것과 유사하다. 또 다른 요리사의 예로 설명하면, 일식집 요리사가 초밥을 만들 때, 그냥 손으로 집었는데 밥알이 정확하게 30알이었다는 이야기 같은 것이다. 이렇게 양적, 질적 두 개의 전혀 다른 연구접근을 수행한 후 그 결과를 종합적으로 분석하여 융합적인 해석의 과정을 거쳐 생생한 연구결과로 산출한다는 측면에서 수렴적 설계는 연구자로 하여금 거의 예술가가 되게끔 한다는 느낌을 준다. 어쨌든 수렴적 설계의 핵심은 데이터의 두 가지 형식 모두가 동시에 수집된다는 것이다.

2) 설명적 순차 설계(explanatory sequential design)

설명적 순차 설계는 연구자가 처음으로 양적 연구를 수행하고 결과를 분석한 다음, 그것을 질적 연구와 함께 더 자세히 설명하여 결과를 확고하게 뒷받침하는 방법이다. 즉, 이 설계의 의도는 먼저 양적 방법들을 사용한 후 질적 방법들을 사용해서 양적 결과들을 더 자세히 설명하는 데 있다. 이것은 쉽고 간단한 설계이다. 연구의 단계가 명확하고 독립적이기 때문이다. 다시 한 번 정리하면, 설명적 순차 설계는 데이터를 수집하고 분석하기 위해 양적 가닥으로 어떤 문제를 연구하기 시작하고, 다음으로 질적연구를 진행하여 양적 결과를 설명하는 것이다. 그러니까 양적 자료의 결과를 발판으로 질적 연구를 수행하는 것이다.

이를 테면, 양적 결과는 통계학적 유의성, 신뢰구간, 효과 크기를 생성하고 어떤 연구의 일반적인 결과를 제시한다. 그러나 우리가 그러한 결과를 얻을 때, 우리는 종종 그 결과가 어떻게 발생했는지 알지 못한다. 그러므로 우리는 양적연구 결과를 명확하게 설명하기 위해, 연이어 질적연구 단계를 도입한다. 주축이 되는 양적 자료 결과들을 질적 자료로 보완하는 설계인 것이다. 설명적 순차 설계는 일반적으로 다음과 같은 절차를 거치면서 이뤄진다.

첫째, 1단계에 양적 데이터를 수집하고 분석한다. 이 단계에서 유의해야 할 점은 처음부터 향후 실시할 계획인 질적연구에서 '양적연구의 한계를 모두 보완하면 된다는 자세로 어설프게(또는 정교하지 않게)' 양적 데이터를 수집하려고 해서는 안 된다는 것이다. 양적 데이터를 수집하기 위해서는 양적 연구만을 수행할 때만큼 연구자의 많은 에너지가 '양적 측정도구 또는 설문문항 개발 등'에 투입되어야 한다.

둘째, 2단계에서는 어느 결과가 추가적인 탐구를 필요로 하는지 그리고 질적 단계에서 연구대상에게 던질 질문이 무엇인지를 결정하기 위해 양적 분석의 결과를 심도 있게 파악해야 한다.

셋째, 양적 결과를 설명하는데 도움이 되도록 2단계에서 질적 데이터 수집과 분석을 시행한다. 이때, 양적 조사에 참여했던 대상자들 가운데서 질적연구의 참여자로 선정될 경우가 빈번하게 나타나는데, 이와 같은 경우 무엇보다도 참여자 확보 상에서의 개인정보와 관련한 충분한 연구

윤리적인 고려가 전제되어야 함이 중요하다.

넷째, 질적 결과가 양적 결과를 설명하는데 어떤 식으로 도움이 되는지에 관한 추론을 도출한다. 이 단계에서 특히 유의해야 할 점은 양적 결과에 대한 보완을 위해 수행한 질적연구가 오히려 양적연구 결과를 왜곡하거나 오도하지 않도록 해야 한다는 것이다.

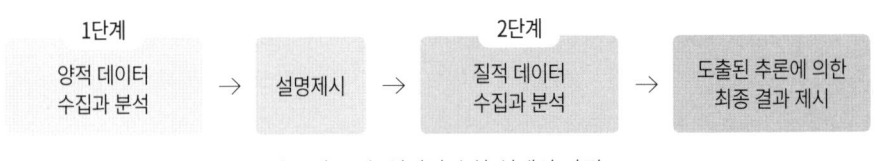

〔 그림 1-2 〕 설명적 순차 설계의 과정

한편 1차 수행한 양적연구에서 다루지 못한 특정 인구통계학적 특성을 지닌 연구대상을 추적하거나 또는 주요 변수 혹은 표적이 되는 변수를 설명하기 위해, 나아가 양적 결과와 상이한 질적연구의 사례들을 검토해야 할 필요가 있을 때, 오히려 질적연구를 확대하여 추가적으로 실시하기도 한다. 그런 다음, 양적연구 결과를 면밀하게 확인하여 이를 재구성하거나 다른 각도에서 다시 해석한다.

그러니까 '1단계: 양적 데이터 수집과 분석 → 설명 제시 → 2단계: 질적 데이터 수집과 분석(1차) → 3단계: 확장된 질적 데이터 수집과 분석(2차) → 4단계: 양적연구 결과의 재구성 → 도출된 추론에 의한 최종 결과 제시'의 순으로 이상의 '〔그림 1-2〕 설명적 순차 설계의 과정' 보다 한 차례 더 질적 데이터 수집과 분석이 추가되기도 한다.

3) 탐색적 순차 설계(exploratory sequential design)

탐색적 순차 설계는 설명적 순차 설계와는 순서가 반대이다. 탐색적 순차 설계는 연구자가 먼저 질적 연구 단계로 시작하여 연구참여자의 관점을 탐구한다. 그런 다음 자료가 분석된다. 그 정보는 두 번째인 양적 단계에서 결과를 뒷받침하기 위해 이용된다.

　이 설계의 의도는 연구문제를 질적 방법으로 탐구하는 것이다. 그 이유는 연구문제들이 잘 알려지지 않은 것이거나 혹은 해당 집단에 대한 연구가 적거나 거의 되지 않은 상태이거나 또는 연구할 장소의 접근이 어려울 수 있기 때문이다. 이와 같은 초기 탐색 후에 연구자는 질적연구의 결과들을 사용해서 프로젝트(혹은 연구 작업)의 두 번째인 양적 단계를 구축한다. 이 두 번째 단계에서 연구의 변수들을 측정해 주는 도구를 설계하는 동시에 실험적 중재(또는 개입)를 위한 활동을 개발하거나 혹은 기존 도구로 측정될 유형을 고안한다. 세 번째 단계에서는 양적 도구, 중재 혹은 변수들이 양적 데이터 수집과 분석 절차에서 사용된다.

　정리하면 탐색적 순차 설계는 질적 데이터의 수집과 분석을 통해 먼저 연구문제를 탐구함으로써 해당 문제를 연구하는 것이다. 1단계를 마치면 2단계는 양적 결과를 취하고, 실험을 위해 그것들을 측정하는 새로운 도구 혹은 중재 프로그램 개발을 수반한다. 이 양적인 2단계를 마치면 개발된 도구를 활용하여 측정하고, 또는 사용한 새로운 도구를 검정하거나 실험에서의 새로운 중재와 그것의 활동을 사용하는 3단계가 시작된다. 물론 세 번째 양적 단계 동안 몇 가지 가능성이 존재한다. 즉, 탐색적 순차 설계의 의도는 질적 데이터 수집과 분석을 통해 어떤 문제를 먼저 탐구하고 도구 혹은 중재를 개발하며 세 번째 양적 단계로 후속 절차에 돌입하는 것이다.

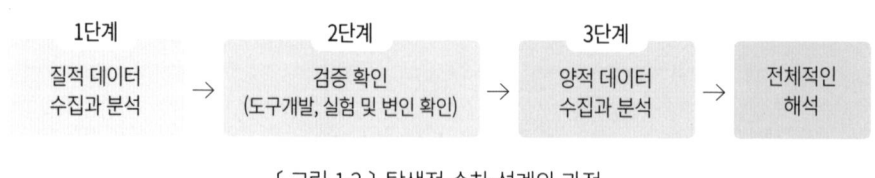

〔 그림 1-3 〕 탐색적 순차 설계의 과정

　이 설계를 효과적으로 수행하기 위해서는 다음과 같은 절차들이 유용하다.

첫째, 우선적으로 질적 데이터를 수집하고 분석한다. 이 단계에서 수집된 질적 데이터의 분석 결과는 양적 조사를 위한 바탕이 된다. 그러므로 양적 조사도구를 형성하기 위한 구체적인 질문을 연구 참여자에게 해야 한다. 그러면서도 연구자가 미처 생각하지 못했던 이야기들을 도출해야 한다. 연구 참여자의 풍성한 이야기들이 최대한 나타나도록 연구자가 애써야 한다.

둘째, 질적 분석을 통해 얻은 결과, 예를 들면 주제에 대한 명확한 이해 같은 것 등을 일목요연하게 정리하여 제시한다. 그와 같은 질적 데이터 분석 결과는 양적 데이터를 수집하기 위한 측정도구 또는 실행해야 할 개입(혹은 중재) 활동 등과 같은 양적 구성요소들로 변환된다. 특히 질적 데이터 분석 결과는 연구 참여자의 실제 경험에 근거를 두기 때문에 이미 가용한 것, 또는 기존의 도구, 일반적으로 활용되는 접근 등에서 전혀 다루지 못했던 부분들을 새롭게 인식하거나 조명할 수도 있다. 실제로 기존의 양적연구에서 통용되는 주제나 개념 등을 재개념화하거나 재구조화할 수 있는 토대로서 질적 데이터 분석 결과가 기능하는 경우가 빈번하다.

셋째, 새로운 양적 구성요소를 사용한다. 즉 기존의 통용되는 양적 측정 방식이나 항목이 아닌 새로운 측정 접근이 실행됨을 의미한다. 동시에 이는 새로운 측정 도구가 점수의 타당도와 신뢰도에 대해 검정(test)된다는 것을 의미한다. 또한 이는 새로운 요소가 실험적인 시도로 이어지고 또는 개입(혹은 중재)의 일부로 나타나기도 한다. 뿐만 아니라 새로운 '사전 사후' 측정으로 사용될 수도 있다.

넷째, 양적 데이터 분석 결과에 대한 심층적이고 세밀한 해석을 한다. 이때, 양적 데이터 수집을 위한 측정도구, 개입(혹은 중재) 활동 등에 오류나 한계 등을 다시 한 번 면밀하게 점검한다. 그러면서 질적 데이터 분석 결과에 대해서도 재차 확인한다. 그런 후에 수집된 양적 데이터 분석 결과를 해석한 내용을 구체적으로 설명한다.

다섯째, 마지막 단계는 새롭게 구성된 양적 구성요소, 예컨대 측정도구, 개입(혹은 중재) 활동, 실천 모델 또는 프로그램 등을 제시하는 것이다. 이를 위해 또 한 차례 더 양적 데이터 수집과 분석을 한다. 다시 형성되어 조사도구로 활용하는 양적 구성요소가 어떻게 기존의 변수들을 기반으로 보다 개선되고 혁신적이면서도 현실 상황의 맥락에 부응하는지에 집중한다.

그 결과, 기존보다 훨씬 더 좋은 '양적 측정도구, 개입(혹은 중재) 활동, 실천 모델 또는 프로그램'

등으로 변환하려고 애쓴다. 또한 기존의 개입(혹은 중재) 활동에 보태어 개입(혹은 중재)의 실행 가능성을 향상시키는지를 제시한다. 나아가 질적 데이터가 1단계에서의 작은 표본으로부터 도출되기 때문에, 두 번째로 실행하는 새로운 양적 구성 요소에 대한 검정(test)은 그 무엇보다도 양적 데이터 분석 결과가 큰 표본에서도 일반화될 수 있는지에 대한 통찰을 제공할 수 있다. 이를 테면 '한 사람'이라는 최소 '미시체계'가 '다수의 집단 구성원'인 '거시체계'에서도 적용될 수 있게끔 하는 데에 두 번째 양적 데이터 분석 결과가 크게 기여한다는 것이다.

결국 탐색적 순차 설계는 크게 세 가지 주요 단계로 이뤄진다. 그것은 질적인 1단계, 양적인 2단계, 그리고 양적인 3단계다. 크레스웰(Creswell/김동렬 역, 2017)에 의하면 이것은 3단계 설계로 명명된다. 세 개의 단계로 이뤄지기 때문에 이는 앞서 설명한 수렴적 설계와 설명적 순차 설계를 비롯한 세 가지 기초 설계 중에서 가장 어려운 설계가 된다. 그럼에도 이 설계는 질적 결과에 기반을 두어 새로운 도구를 개발하거나 기존의 것을 수정할 때 유용하다.

이 책에서 우리는 크레스웰의 3단계 설계를 따르면서도 특화된 변형 설계를 추천한다. 크레스웰의 경우와 다른 것이 있다면 크게 두 가지 측면이다. 하나는 크레스웰의 3단계를 사용하면서 '델파이 조사방법'을 포함하는 것을 선호한다. 다음으로는 크레스웰의 3단계 양적연구에서 핵심적으로 활용하는 '두 번째로 수행하는 2단계 양적연구' 결과들에 대한 확정적 요인분석과 잠재 변수를 확인하기 위한 구조방정식 모델의 사용을 의무적으로 하진 않는다는 것이다.

오히려 이 책에서 우리가 선호하는 탐색적 순차 설계의 방식은 다음과 같다.

첫째, 문헌을 검토하고 전문가들의 조언을 구한다. 포커스그룹인터뷰(=초점집단인터뷰)를 주로 활용한다.
둘째, 가능한 설문조사 항목들로 무엇이 있는지 확인한다(또는 델파이 조사 항목 준비).
셋째, 실제 조사할 설문 항목들을 도출해내고 아울러 이를 검토하거나 혹은 검정한다(또는 델파이 조사 항목 도출과 검토).

넷째, 파일럿(사전 예비) 조사를 실행한다(1차 델파이 조사 수행).

다섯째, 파일럿(사전 예비) 조사 결과를 면밀히 분석하여 수정 보완한다(1차 델파이 조사 검토, 필요 시 자문회의 형태로 포커스그룹인터뷰를 추가 실시).

여섯째, 본 조사로 설문조사를 시행한다(2차 또는 3차까지 델파이조사 수행).

일곱째, 연구 결과를 분석 및 해석하여 정리한 후 제언까지 포함하여 최종 연구 성과물을 산출한다.

또한 사역 모델을 개발하거나 사역 효과를 검증하기 위한 현장연구의 일환으로 활용되는 통합연구방법은 'Change Dynamics(체인지 다이나믹스)' 과정을 거친다. 이는 일종의 'Prototype(프로토타입)' 즉 '시제품'과 같은 '사역 프로그램의 파일럿' 또는 '모형 개발을 위한 선행실험 작업'을 연구 과정에 포함하고 있는 데에 따른다. 그 결과, '설명적 순차설계' 혹은 '탐색적 순차설계'를 기본적으로 사용하면서 'Change Dynamics'의 일환으로 'Prototype'을 형성하는 작업을 연구 과정에 포함하고 있는 것이다. 즉, 탐색적 순차설계의 경우, '1단계: 질적 접근 → 2단계: 양적 접근 → 3단계: 양적 접근 → 4단계: Change Dynamics → 5단계: 모델 제안'으로 설명할 수 있다.

한편, 어떤 연구에서는 부가적 특징들이 기초 설계에 추가된다. 그런 작업으로 만들어진 설계를 고급 설계라고 한다. 크레스웰(Creswell/김동렬 역, 2017)은 다음과 같은 통합연구의 고급 설계 사례들을 간략하게 소개한다.

첫째, 중재(또는 개입) 설계(intervention design): 이 설계에서 연구자들은 기초 설계 보다는 훨씬 더 대규모의 실험적 틀 내에서 수렴적, 설명적 혹은 탐색적 설계를 적용한다. 간단히 말해, 연구자는 실험 중 특정 단계, 가령 실험 전, 실험 중 혹은 실험 후를 들 수 있겠는데 이 때 질적 데이터를 수집한다. 이 경우 통합은 실험적 실험 내에 질적 데이터를 내재화시키는 방식으로 이루어진다. 가령 감염병 예방을 위한 백신 접종과 사후관리적인 조사 등에 활용되는 연구들이 거의 대부분 중재

(또는 개입) 설계라 할 수 있다. 아울러 국가적 차원에서 이뤄지는 보건의료 및 임상사회복지실천 관련 연구들도 이 설계 방식을 준용한다.

둘째, 사회정의 혹은 변혁적 설계(social justice or transformative design): 이 설계에서 연구자는 수렴적, 설명적 혹은 탐색적 설계의 기반이 되는 '사회정의'에 근거한 '구조 틀'을 포함시킨다. 이 틀은 다양한 의미에서 통합연구에 이용된다. 하지만 오늘날 우리 사회에서 개인의 삶의 질 향상에 목표를 둔 연구에 있어 지속적으로 핵심적인 부분이 된다. 가령 페미니스트에 대한 사회정의의 실현을 모색하기 위한 연구 설계 같은 것을 들 수 있다. 이런 유형의 설계에서 통합에는 연구 과정 내내 '사회정의'라는 개념을 엮는 작업이 수반된다.

셋째, 다단계 평가 설계(multistage evaluation design): 이는 지속적 탐구라는 핵심 목표 하에서 시간에 따른 여러 단계들로 구성된 종단적인 연구를 의미한다. 이 목표 내에서 수렴적, 설명적 혹은 탐색적 설계를 사용한 여러 개의 통합연구들과 이들 통합연구들뿐만 아니라 개별적인 양적 및 질적연구들이 사용된다. 이런 설계의 대표적인 예로, 지역사회 내 프로그램의 설계, 시범 실행(piloting) 및 본격적인 실행을 위한 시간에 따른 평가가 있다. 연구의 여러 단계들, 예컨대 욕구 평가, 개념적 틀, 프로그램 검정, 프로그램에 대한 추적조사 같은 것도 주요 연구 사례로 말할 수 있다. 이와 같은 여러 단계들이 바로 다단계 평가 설계에 기초한 연구에 포함될 수 있다. 이때 통합은 시간에 따라 한 단계에서 다른 단계로 확장되는 것으로 구성된다.

이상에서 제시한 3개의 고급 설계 사례들은 목회자와 선교사가 개별 사역의 단위에서 활용하기에는 벅찬 감이 있다. 이는 주로 국가적 차원에서 진행되는 연구이거나 든든한 자금 지원의 배경이 있을 때 가능한 연구라고 보면 된다.

3. 통합연구의 실제적인 사용 방법

크레스웰(Creswell/김동렬 역, 2017; Creswell과 Creswell/정종진 외 공역, 2022)은 통합연구방법의 실제적인 활용 전략과 기술을 체계적으로 제시한다. 크레스웰의 견해를 차용하여 목회자와 선교사의 현장연구로서 통합연구의 실제적인 사용 방법을 설명한다.

통합연구를 수행하기 위해서는 가장 먼저 어떤 통합연구방법을 선택할 것인지를 결정해야 한다. 가령 양적 및 질적 자료의 서로 다른 관점을 비교하고자 할 때는 수렴적 설계 방법이 유용할 수 있다. 이때, 자료의 일관성을 확인하기 위해 양적, 질적 두 자료를 합친다. 또는 양적 자료의 결과를 질적 자료를 통해 설명하고자 할 때는 설명적 순차 설계를 할 수 있다. 당연히 이 설계 방법에 따르면 양적 자료에 대한 더 깊이 있는 이해를 할 수 있다. 문화적 관련성을 연구할 경우에 효과적이다. 그리고 더 나은 측정도구나 구조화된 매뉴얼이나 프로그램 등을 개발하고자 할 때는 탐색적 순차 설계가 고려될 필요가 있다.

물론 통합연구의 과정과 내용에는 많은 변수들이 있기 때문에 연구자가 선택하려는 연구설계 방법이 완벽할 수는 없다. 그럼에도 우리가 이 책에서 독자 여러분에게 말하고자 하는 내용은 통합연구방법에서 공유된 핵심 특징을 담고 있다. 독자 여러분이 이를 수정하여 연구자로서 자신만의 전략과 방법으로 활용하면 된다.

1) 통합연구방법에서의 연구질문 도출

목회자와 선교사가 현장연구를 수행하기 위해 통합연구방법을 활용한다고 하면, 연구질문을 의미 있게 도출해야 한다. 목회와 선교 영역에서의 현장연구는 하나님 나라의 확장을 위한 의도와 목적을 갖고 있다. 그러므로 하나님 나라 확장을 위한 변혁적 연구질문이 요구된다. 이러한 변혁적 연구질문은 연구문제를 정의하고 관련 문헌을 검색하며 연구설계를 확인하여 선정하는 연구의 전 과정을 좌지우지할 만큼 중요하다.

(1) 연구문제 정의 및 문헌 검색을 돕는 연구질문

연구문제를 정의하고 이를 위한 문헌 검색을 돕기 위해서는 다음과 같은 질문들이 유용할 것이다.

- 소외와 배제, 차별과 억압 등에 관한 사회적 이슈와 다양한 집단과 관련된 문제들에 대한 성서적, 사회적, 경제적, 교육적 문헌들을 꼼꼼하게 검색하였는가?
- 연구문제가 어떤 사회적 집단 또는 공동체로부터 제기되었는가? 교회는 이때 어떤 입장에 있는가?
- 연구문제를 해결하거나 분명하게 설명하기 위한 문헌 자료들의 내용들은 어떠한가? 그와 같은 내용들을 근거로 하여 통합연구방법의 설계를 어떻게 선정하면 좋겠는가?

(2) 연구설계 확인에 도움이 되는 연구질문

연구설계와 관련해서도 다음과 같은 연구질문들이 고려될 수 있다.

- 연구자가 선정한 연구설계가 특정 집단의 사람들이나 또는 조직이나 기관 등에 대해 피해를 입힐 가능성이 있는가?
- 연구참여자에 대한 윤리적 고려를 충분하게 하였는가? 윤리적 지침을 준수하였는가?
- 연구참여자들이 연구로 인해 낙인되거나 억압 또는 차별과 배제를 당할 가능성이 조금이라도 있는가?
- 어떻게 연구참여자 또는 연구대상자를 표집할 것인가?

- 연구참여자를 비롯한 지역 공동체 내의 다양한 사람들과의 의사소통이 효과적으로 이뤄지는가?
- 자료수집 과정과 연구 결과가 교회 및 지역 공동체 모두에게 유익이 될 것인가?
- 연구 결과가 교회 및 지역 공동체 모두에게 신뢰를 줄 수 있겠는가?
- 연구 결과가 새로운 가설을 세울 수 있겠는가?
- 연구 결과가 사회적 현상이나 관계 등을 이해하거나 설명하는 데 도움이 되겠는가?
- 연구 결과가 사회적 변화를 촉진할 수 있겠는가?

그 어떤 연구보다도 목회자와 선교사가 수행하는 현장연구는 연구 참여자 또는 연구대상의 삶이 하나님 나라를 향해 변화되는 데에 초점을 모아야 한다. 그러므로 통합연구방법에 의해 진행되는 현장연구에서 연구윤리적 고려는 연구설계 단계에서부터 철저하게 고려되어야 한다.

(3) 연구 평가에 효과적인 연구질문

통합연구방법을 사용한 목회와 선교 분야의 현장연구가 끝난 후에 종합적인 연구 평가 시 유용한 연구질문들이 있다.

- 연구자들은 연구문제를 하나님 나라의 관점에서 사회적 관심사와 어떻게 연결하여 연구 결과를 제시하였는가?
- 연구자들은 성서적, 목회적, 선교적 관점을 비롯하여 사회문화적, 경제적, 교육적 이론 등의 다양한 시각을 어떻게 제시하였는가?
- 연구자들은 연구문제들과 연구참여자들을 옹호적 시각으로 대하였는가? 또한 연구자들은 연구참여자들의 명칭을 권리적으로 부여하였는가?
- 자료수집과 결과는 하나님 나라 확장과 사회의 유익에 기여하였는가?

2) 통합연구의 기본 양식

현장연구의 일환으로 통합연구를 수행하는 연구자는 양적, 질적 방법을 함께 사용하며 기본적으로 다음과 같은 형식을 추구한다(Creswell/김동렬 역, 2017; Creswell과 Creswell/정종진 외 공역, 2022).

(1) 서론
서론에서 다뤄야 하는 핵심적인 내용으로는 먼저, 연구문제(문제에 대한 기존 연구, 문헌의 부족, 연구가 독자에게 갖는 의의, 목회 선교적인 차원에서의 필요성 등)가 기술되어야 한다. 다음으로, 연구의 목적과 목표가 명확하게 나타나야 한다. 아울러 통합연구방법을 사용하는 이유가 서술되어야 한다. 서론의 마지막으로 '연구질문'이나 또는 '연구질문 및 가설(양적 연구를 위한 물음 또는 가설, 질적 및 통합연구를 위한 물음)'이 제시되어야 한다.

(2) 문헌 고찰
문헌 고찰에서 기독교적 현장연구는 반드시 성서적 관점을 구체적으로 설명해야 한다. 아울러 목회적, 선교적 시각과 이론적 고찰도 이뤄져야 한다. 또한 현장연구의 주요 이슈들을 이해할 수 있는 관련 문헌들을 충분하게 고찰하고 그 내용을 체계적으로 제시해야 한다. 나아가 양적, 질적 및 통합연구에 대한 문헌 검토와 연구주제와 관련된 선행연구 고찰도 해야 한다.

(3) 연구 방법
연구 방법 부분에서 연구자는 자신이 사용하는 통합연구방법에 대한 설명과 함께 세부적인 연구 설계의 유형과 내용, 연구 과정 또는 절차, 연구참여자 관련 내용과 연구 윤리적 고려, 양적,

질적 자료수집과 분석 절차와 방법, 양적 및 질적 접근 사용의 타당성, 통합연구 수행을 위한 연구자의 준비와 자원 및 기술 등을 담아야 한다.

(4) 연구 결과와 결론

이상과 같은 연구의 과정이 모두 진행된 후 도출된 연구 결과를 토대로 결과를 수확한다(Patton/김진호 외 공역, 2018).

첫째, 무엇이 발생했으며 누가 그것을 수행하였는지 또는 누가 기여하였는지 등을 구체적으로 파악할 수 있어야 한다.

둘째, 어떻게 이것을 알고, 실증적인 근거가 있는지, 이것이 왜 중요하며 발견하거나 이해한 것으로 무엇을 할 수 있는지 등을 실제적으로 설명할 수 있어야 한다.

셋째, 주어진 결과에 구체적인 프로그램이 만든 기여에 대한 중요한 정보가 제시되어야 한다.

넷째, 연구의 목적이 실용적이고 실행 가능한 측면에서 달성되었는지가 나타나야 한다. 특히 현장연구는 실현성이 전혀 없는 추상적이며 순수학문적인 접근방법을 취해서는 안 된다.

다섯째, 현장의 변화를 가져올 수 있는 사람들을 파악하고 그들과 함께하였거나 그들을 변화시켰는지가 나타나야 한다. 현장의 변화는 변하거나 변화를 만들 수 있는 사람들에 의해 이뤄진다. 아울러 변화를 촉진하거나 실현해낸 프로그램의 질을 구성하는 것들이 드러나야 한다. 프로그램의 계획, 실행, 결과 등의 질이 제시되어야 한다.

연구 결과들이 서술된 다음에는 마지막 연구의 결론을 맺게 된다. 여기에는 향후 개선방안이나 제언 또는 후속 연구에 대한 의견 등이 포함된다. 이때 주의해야 할 점은 연구결과에서 전혀 다루지 않은 내용을 갑자기 불쑥 '제언'으로 제시하는 일이 있어선 안된다는 것이다. 연구와 다소 관계가 있다고 생각하여 평소 연구자 자신이 내세웠던 '목회 또는 선교'의 비전과 철학 등이 생뚱맞게 개선방안이나 주요 시사점으로 나타나서는 안되는 것이다.

4. 통합연구방법 사용 시 고려해야 할 점

목회자와 선교사가 통합연구방법을 사용하여 현장연구를 수행하려고 할 때, 통합연구방법이 무엇인지에 대해 다시 한 번 점검할 필요가 있다. 기관총을 쏘아 대는 것처럼 엄청난 정보들을 쉴새 없이 제공했기 때문에 독자 여러분 가운데는 벌써 책을 덮고 통합연구를 포기하려고 할지 모른다. 혹시나 '주여! 연구 없이 목회만 하겠습니다.'하며 기도하실지 염려가 된다. 조금만 더 인내하자! 힘을 내어보자!

우리가 다루는 현장연구 수행을 위한 통합연구방법의 성격을 요약하면, 통합연구방법은 한 마디로 '사회적 현상에 대한 지식을 습득하고 탐구하는 양적, 질적 방식을 통합한 접근'이다. 다시 말해 사회현상이나 사회문제, 혹은 그와 같은 난제들을 해결하기 위한 양적 및 질적연구의 과정과 방법의 총체적인 접근이다.

그런데 이러한 통합연구방법이 지향하는 가장 중요한 원칙들이 있다. 그 원칙들은 한 마디로 '증거에 기반하는 연구를 추구'하는 것이다. 이는 통합연구방법이 현장연구에서 효과적으로 활용되게끔 하는 데에 결정적인 이유가 된다. 현장연구를 수행하는 핵심적인 동기는 현장의 변화를 산출하는 데에 효과적이라는 것이다. 또한 '증거 기반' 현장연구는 이 세상에서 인간을 돕는 다양한 서비스들의 성과를 중시하는 현대 휴먼서비스 분야의 최근 경향과도 맞닿아 있다. 효과성을 주장하기 위해서 증거를 제시할 수 있어야 한다는 인식은 서비스를 이용하는 당사자들의 실질적인 삶의 변화를 측정해내어야 한다는 현장연구의 기본 가치로 자리매김되고 있다(Patton/김진호 외 공역, 2018).

어떤가? 우리가 하는 현장연구를 통해 하나님께서 기뻐하실 사람과 세상의 본질적 변화를 실증적으로 파악할 수 있다면 얼마나 행복한가!! 그래서 연구하는 것이다!!!

1) 휴먼서비스의 최근 경향 :
성과주의와 서비스이용당사자 중심 관점의 강화

현장연구에서 사용되는 통합연구방법의 '증거 기반' 원칙을 이해하기 위해 살펴볼 내용으로는 휴먼서비스의 최근 경향인 "성과주의와 서비스이용당사자 중심 관점"이다.

이 책이 목회자와 선교사를 위한 '현장연구의 원리와 방법'을 '통합연구'로 초점을 모은 이유도 바로 통합연구방법의 '증거 기반' 개입 추구에 있다.

목회와 선교 현장에서 발생하는 여러 가지 문제나 이슈들은 거의 대부분 사회적 현상이나 문제 등에 기인하고 있다. 그리스도인들이 살아가야 할 현장도 사회이다. 그래서 목회자와 선교사가 연구하고자 하는 분야와 내용에서도 현상의 변화와 문제해결이라는 성과를 산출했다고 할 때는 그 근거가 요구된다. 그 결과 현장연구를 효과적으로 수행하는 데에 유용한 '증거기반' 통합연구방법을 설명하는 것은 의미 있고 필요한 작업이다.

그렇다면 '통합연구방법'을 살펴볼 때, 우리가 고민해야 할 것은 무엇인가?

이와 관련하여 다음과 같이 몇 가지 질문을 제기한다.

* 왜 우리는 '기독교 신앙' 또는 '기독교적 관점 내지 세계관'에 근거한 목회와 선교를 교회와 삶의 현장에서 구현해야 하는가?
* 우리가 추구해야 할 기독교적 사역의 궁극적인 목적은 무엇인가? 우리가 만나는 서비스이용당사자들을 어떤 모습으로 변화시킬 것인가? 복음의 핵심은 변화가 아닌가!

* 목회와 선교가 추구해야 할 가치와 이념은 무엇인가? 이와 같은 기독교 사역들이 사람과 세상을 변화시키는 데에 어떤 의미가 있는가?

* 과연 우리가 하나님의 뜻으로 깨닫고 그 뜻에 합당하게 실천하는 기독교 사역에서 추구하는 목표가 성과로 나타나고 있는가?

독자 여러분의 생각은 어떠한가?
아마도 많은 의견들이 있겠지만 가장 기본적으로는 우리가 만나는 '서비스이용당사자와 가족, 관련 집단 및 나아가 소규모 공동체와 지역사회'의 변화를 만들어내는 일, 실질적인 성과를 이루어내는 일이 목회와 선교의 최대 이슈가 될 것이다.

그런데 문제는 그 "성과를 어떻게 측정하는가?" 아니 "성과를 무엇으로 볼 것인가?"이다.

이에 대한 응답으로 우선 양적연구에서 주로 다루는 조사 설계 및 설문지 작성법, 표본추출 방법 등을 공부한다. 그러면서 여러 연구방법들과 선행 연구된 자료들을 살펴볼 것이다. 또한 구체적인 선행연구 분석과 평가, 연구 질문하기, 시사점 찾기, 주장과 근거 제시 등에 대해서도 배울 것이다.

하지만 양적인 연구방법만으로는 한계가 있다. 그래서 통합연구방법을 공부하는 것이다. 당연히 양적연구방법 이후에는 질적연구방법을 차근차근 살펴볼 것이다.

중요한 것은 우리가 왜 이런 연구방법들을 구체적으로 공부해야 하는지에 대한 분명한 방향을 확실히 찾아야 하는 것이다! 그 방향이 무엇인가? 사람과 세상을 하나님 나라로 변화시키는 것이다. 문제는 지금까지 수많은 기독교 사역들이 하나님 나라의 확장을 향해 달려 왔으나 **정작 수고하고 헌신한 노력의 결과와 그 결과에 이르기까지의 과정에 대해서는 너무 무심했다**는 것이다.
그런 면에서 일반 휴먼서비스 분야의 '성과주의'를 기독교 사역에서도 주목할 필요가 있다. 동시에

서비스를 이용하는 당사자의 욕구와 권리에 초점을 둔 접근에 대해서도 이해해야 한다. 이때, 재미있는 용어가 계속 반복됨을 볼 것이다. '서비스이용당사자'다. 이는 과거 '클라이언트', '수혜자', '내담자', '대상자', '서비스이용자' 등으로 불렸던 사람들에 대한 대체적인 새로운 용어. 이 책을 쓰면서 저자들은 서비스를 제공받은 사람들의 주체성을 강조해야 한다는 소신으로 '당사자' 또는 '서비스이용당사자'라는 용어를 사용한다.

어쨌든, 그렇다면! '성과주의'와 '서비스이용당사자 중심 관점'이란 무엇인가?

'성과주의'는 진짜 결과물로 나타난 서비스이용당사자의 변화를 파악해 나가려는 경향을 강조하는 가치이자 이념을 말한다. '서비스이용당사자 중심 관점'은 한마디로 고객중심이다.

'성과주의'와 '서비스이용당사자 중심 관점'은 우리의 목회와 선교가 진정으로 서비스이용당사자들을 변화시켰는지에 대한 끊임없는 도전과 질문을 던지게 한다.

* 우리의 선교와 목회 현장에서 고객중심적인 사역 활동을 어떻게 할 것인가?

우리의 사역 현장에서 우리는 서비스이용당사자들에게 얼마나 친절한 정보를 제공하고 있는가, 선교와 목회 현장에 관련된 실질적인 정보들을 얼마나 잘 안내하고 있는지를 물어 볼 필요가 있다. 이렇게 지극히 사소하다고 생각하기 쉬운, 안내하는 '작은 일'이 서비스이용당사자 중심을 표현하는 첫걸음인 것이다.

서비스이용당사자는 자신이 소속되어 있는 교회와 삶의 현장에서 이뤄지는 선교와 목회 사역에 대해서 구체적으로 분명하게 알고, 설명 받을 만한 충분한 자격이 있으며 이에 대한 인정과 존중이 바로 서비스이용당사자 중심의 시작이 된다. 이러한 당사자 중심 시각에서 보면 솔직히 교회가 수행하는 사역만큼 '서비스 정신'이 낙후되어 있는 곳도 없을 것이다.

* 다음으로 서비스이용당사자 중심이라고 하는 것은 서비스이용당사자의 자기의결(혹은 의사 표현)을 위한 기회를 부여하는 일이다.

흔히 지역사회에서 소외되거나 배제된 사회적 약자로서의 서비스이용당사자들은 경직되거나 저항하는 경우가 많고 반면, 기독교 사역자들은 권위주의적이거나 혹은 무관심 내지 방임할 가능성이 있다. 물론 그런 적이 없다고 할 수도 있겠다. 과연 그럴까? 무엇을, 어떤 방식으로 사역을 수행할 것인지에 대해 교회는 흔히 교인이라고 불리는 서비스이용당사자에게 묻지 않는다. 그렇다면 이미 서비스이용당사자를 배제하고 있는 것이다. 어떤 과정을 밟아가게 될 것인지도 서비스이용당사자에게 묻지 않고 기독교 사역자가 알아서 결정하고 자신의 의도대로 수행한다. 서비스 필요의 유무와 정도, 수준과 범위 등을 전혀 확인하지 않고 오로지 사역자의 확신(?) 또는 결단(!)으로 사역자의 방식을 사용하여 모든 사역의 과정을 진행한다. 그 결과에 대한 평가까지도 사역을 수행한 사역자 본인이 한다. 모든 사역의 결과는 하나님의 뜻에 합당했다고 하면 끝이다.

그렇게 해도 되는 것일까?

더욱이 그럴 일은 없겠지만 우리 자신도 모르는 사이에 교양이 넘치고 품위 있는 중산층 이상의 신실한 그리스도인들을 대할 때와는 전혀 다르게 사회적 취약계층인 서비스이용당사자들을 대한다면, 그 순간! 서비스이용당사자들과 기독교 사역자 간의 간격은 더욱 크게 벌어지게 된다.

고심해 보자! 어떻게 개선해 나갈 것인가? 어떻게 이런 문제를 해결해 나갈 수 있는가?

서비스이용당사자 중심 관점 없이 선교와 목회를 하는 데도 사역의 성과가 나타나는가? 만약 성과가 있다면 앞서 질문한 바와 같이 '성과(Performance)가 무엇인가?'를 정말 진지하게 물어보아야 한다. 이렇게 목회와 선교를 비롯한 기독교 사역의 성과가 무엇을 의미하는지 그 개념을 정립하기 위해서는 서비스이용당사자 중심 관점에서 성과의 개념을 구체적으로 살펴봐야 한다.

(1) 서비스이용당사자 결과(outcome)

기독교 사역이 이뤄진 후에 서비스이용당사자가 결과적으로 변화한 것이 '성과'다. 바로 서비스이용당사자의 변화에 대한 효과성이 성과의 중요한 요소가 된다(outcome = change = effectiveness).

사역자가 목회와 선교를 실행할 때, 무엇보다도 중요하게 생각해야 할 성과의 영역은 '서비스이용당사자'다. 즉, 서비스이용당사자로부터 성과가 나타나야 한다는 것이다. 이를 '서비스이용당사자 결과'라고 말할 수 있다. 서비스이용당사자 결과는 다음의 변화를 통해서 파악될 수 있다.

서비스이용당사자의 상태의 변화
(상태는 마음의 변화로부터 출발 : 마음은 동기, 욕구, 의욕, 필요 등)
서비스이용당사자의 지위의 변화 (사회적 위치의 변화)
서비스이용당사자의 행동의 변화
(긍정적 행동의 증가 또는 부정적 행동의 감소)
서비스이용당사자의 기능 변화 (대처능력의 변화)
서비스이용당사자의 정서적인 변화 (감정의 변화)
서비스이용당사자의 태도의 변화 (가치관의 변화)
서비스이용당사자의 생각의 변화
(인지적인 변화 : 예-자존감, 자아기능, 자아정체감 등)
환경 수정에 따른 변화

[그림 1-4] 서비스이용당사자의 결과(outcome)

목회와 선교는 복음전도와 사랑의 실천을 통해 서비스이용당사자와 교인 그리고 지역주민들의 마음 상태와 행동, 사회적 기능, 가치관, 자아정체감, 감정 등을 긍정적으로 변화시킨다. 그와 같은 변화들을 측정해낼 때, 그 결과가 바로 '성과'가 되는 것이다.

(2) 생산성

기독교 사역이 수행된 이후 산출되는 생산성의 측정은 사역에 대한 서비스이용당사자의 수, 서비스 에피소드, 서비스 이벤트, 경과된 시간 등을 고려하여 살펴보게 된다. 서비스의 결과를 평가할 때, 흔히 생산성을 보게 될 만큼 생산성은 보편적인 서비스 성과의 하나로 여겨질 수 있다. 가령 생산성은 서비스 양을 의미한다. '몇 건의 서비스를 주었느냐?', '몇 명에게 서비스를 주었느냐?'를 대표적으로 말할 수 있다.

(3) 자원의 획득

돈(재원), 사역자, 서비스이용당사자, 공공지원 및 다양한 민간지원 등을 획득하였는지가 성과의 중요한 요소가 된다. 특기할 것은 서비스이용당사자, 그 자체가 중요한 기독교 사역의 자원이라는 사실이다.

① 자원획득의 핵심은 '재원'

재원(혹은 돈)을 얼마나 획득했는가가 성과의 중요한 요소가 된다. 자원에서 '재원(돈)'은 반드시 필요하다. 목회와 선교가 지속적으로 이뤄지기 위해서는 '재원'을 획득해야 한다. 그러면서도 재원에 종속되어서는 안 된다. 참 어렵다! 그래도 어쩔 수 없다. 우리가 살아가고 있는 세상이 자본주의 사회이고, 그와 같은 사회도 하나님께서 허락하신 세상이다. '뱀같이 지혜롭고 비둘기같이 순결 하라'는 말씀의 적용이 이뤄져야 한다.

② 인적자원

목회와 선교를 비롯한 기독교 사역들은 대체로 노동집약적인 사업이다. 사람 싸움이다. 사역을 수행하는 사람이 정말 중요하다. 가령 대학의 경우, 교수 한 사람을 뽑아도 '누가 들어오는가?'가 중요한 것처럼 말이다. 정말로 교수 '한 사람'이 '한 대학'의 흥망성쇠를 결정한다. 인적자원이 그만큼 중요하다. 훌륭한 목회와 선교, 기독교사회복지실천 등 소중한 서비스를 수행하는 조직일수록 인적

자원에 대한 소중성을 분명하게 인식하고 실제로 인적자원개발에 힘써야 한다. 무엇보다도 교회 내에 있는 인적자원을 예수 그리스도의 마음으로 양육하는 일은 그 무엇보다도 중요하다.

③ 사역자의 전문성
'목회자와 선교사, 기독교사회복지사, 여타 기독교적 휴먼서비스실천가들을 총칭하여 사역자라고 할 때, 이들 사역자들이 서비스이용당사자에 대해 특화된 기술(technology: 예-사역의 지식, 방법, 기술 등)을 발휘할 수 있는가?' 특히 최소한 한두 개의 장점을 최고로 만들 필요가 있다.

④ 서비스이용당사자
'목회와 선교, 기독교사회복지실천 등이 실행되는 현장에서 얼마나 많은 충성도 높은(?) 서비스이용당사자를 확보하느냐?'가 사역의 성공 여부를 결정하는 주요 관건이 된다.

⑤ 공공 및 민간지원
'공공지원 및 민간지원을 얼마나 확보하고 있는가?'도 주목해야 한다. 기독교 사역을 통해 공공 및 민간지원을 형성한다는 것은 그 사역의 공공성을 인정받았음을 의미한다. 그러므로 공공 및 민간지원체제를 구축하는 것이 필요하다.

(4) 효율성
효과성은 '원래 세운 목표들을 달성했는가?'이고, 효율성은 '원래 세운 목표들을 얼마나 경제적으로 달성했는가?'이다. 성과는 효율성을 달성해야 한다. 단위비용까지 정확하게 계산해낼 수 있어야 한다. 그리고 표적 집단 중에서 몇 명, 몇 %의 서비스이용당사자에게 서비스를 주었는가를 고려해야 한다. 가령 동일 예산으로 100명 보다는 200명에게 주었을 때, 효율성이 있다. 표적 집단이 몇 명인데 몇 %에게 서비스를 주고 있는지가 나와야 한다. 서비스를 주는 데의 비용이 최소화되어야 하는 것이다.

(5) 사역자의 사기

기독교 사역자의 사기는 직무 만족감으로 드러난다. 소진되지 않도록 하는 것이 사역자의 사기를 진작시키는 기본이다. 사역자에 대한 '사기 정도'가 성과의 기준 속에 들어간다. 성과가 좋다는 것은 사역자들의 사기가 높다는 것이다. 기독교 사역자의 만족도가 높아야만 서비스이용당사자에게 양질의 서비스를 줄 수 있다.

2) 오늘날의 목회와 선교를 비롯한 기독교 사역 현장의 현실

우리의 기독교 사역 현장의 현실은 어떠한가? 많은 문제들이 뒤엉켜 있는 안타까운 상황이다. 그 모든 것을 정리하면, 한 마디로 서비스이용당사자가 기독교 사역의 현장에서 소외된 것 같다는 말로 대신할 수 있다. 왜, 지금 기독교와 교회가 세간으로부터 비판받고 있는가? 너무 일방통행식이기 때문인 이유가 클 것이다. 근본적으로는 기독교 사역 속에 서비스이용당사자가 핵심이 되어야 하는데 현재, 사역과 서비스이용당사자가 분리되어 있다는 것이다.

사역을 수행하는 주체인 교회와 사역자들의 관점에만 과도하게 몰입된 채, 사역의 목표를 서비스 제공자 중심(예: 목회자 중심)의 개입 실천에 초점을 맞춰 세우는 관행을 바꿔야 한다. 또한 공공성과 공동선을 지향하기 보다는 지나치게 개별 교회와 교인의 이익을 얻거나 유지하기 위해서 활동하는 경향에서도 벗어나야 한다. "서비스이용당사자 결과(Outcomes)"를 획득하려는 목표로 전면적인 전환을 해야 한다. 이것이 서비스이용당사자 중심의 기독교 사역이다.

물론 '그렇지 않다'고 할 수도 있을 것이다. 그런데 잘 생각해보라. 목회 및 선교 현장에서 목회자들과 선교사들이 일상적인 활동을 하는 가운데에 자주 점검하는 말이 무엇인가? "사역이 어떻게 진행되었어?"이지 "서비스이용당사자가 어떻게, 어느 정도로 변화되었지?"라는 말을 하고 있는지를 자문해야 한다. 우리의 사역 현실은 서비스이용당사자 중심이 아니라 목회자 또는 선교사 혹은 기독교적 전문 실천가가 바라고 소망하는 바에 몰입되어 있다. 물론 그 간절한 사역의 목표가 하나님의 뜻에 진정으로 부합하고, 그 모든 과정과 결과가 하나님의 사람들을 유익하게 하는 데에 맞춰져 있다면 별 문제가 없겠으나 만약 사역자의 '야심(!)' 또는 '밥벌이(?)'에 따른 자기 논리의 반영에만 국한되었다면 이는 심각하게 성찰해야 한다. 사역자 자신이 과연 '한 영혼의 변화'에 가슴 뛰고 감격하고 있는지, '교회 공동체의 건강한 성장과 성숙'에 행복해하고 있는지, 지역사회가 하나님의 공의와 사랑으로 '사람들이 살기 좋은 생활터전'이 되고 있는지를 점검해야 한다.

그렇다면 분리의 결과는 무엇인가?

(1) 목적과 수단의 뒤바뀜

목적과 수단이 바뀌어 버렸다. 즉, "서비스이용당사자 outcome(결과)"이 목적인데 뭘 제공하고, 뭘 전하고, 뭘 가르치고, 뭘 말하고, 뭘 확립한다는 식의 방법론, 바로 수단이 기독교 사역의 주요한 목적이 되어버렸다.

인간은 철저하게 자기중심적으로 살아가는 존재다. 사랑도 자기 이익에 초점을 둔다. 그러면서도 동시에 저마다 순수하고 진실한 사랑을 꿈꾸며 산다. 얼마나 웃기는 이야기인가? 당연히 사랑의 실패를 거듭한다. 배신당하고 배신하고 좌절하기 일쑤다. 참된 사랑을 갈구할수록 실망은 더 깊어진다. 로마서 12장 9절부터 13절까지는 이렇게 말한다.

> "사랑에는 거짓이 없나니 악을 미워하고 선에 속하라. 형제를 사랑하여 서로 우애하고 존경하기를 서로 먼저 하며 부지런하여 게으르지 말고 열심을 품고 주를 섬기라. 소망 중에 즐거워하며 환난 중에 참으며 기도에 항상 힘쓰며 성도들의 쓸 것을 공급하며 손 대접하기를 힘쓰라."

이 말씀은 인간이 하는 사랑의 한계를 너무도 잘 파악하고 계시는 하나님께서 우리 인생들에게 참된 사랑이 무엇인지를 말해준다. 9절의 "사랑에는 거짓이 없나니"는 '사랑에는 거짓이 없어야 하나니'라고 번역해야 한다. 그래야만 그 의미가 정확하게 전달된다. 실제로 '새번역' 성서와 '공동번역'에는 "사랑에는 거짓이 없어야 합니다."라고 되어 있다. 나아가 여기 "거짓이 없어야"라는 말을 헬라어 원문으로 살펴보면 '위선이 없어야'라고 번역하는 것이 더 정확하다. '모양만 내어 사랑하는 척하는 이기적인 사랑의 모습'을 두고 경계하는 말씀이다.

많은 기독교 사역들이 하나님의 사랑을 전한다고 하면서도 정작 사역자들의 자기만족과 자기 이익 구현의 도구로 오용되거나 남용될 때가 빈번하다. 그러다보니 사역의 목적과 수단이 뒤바뀌는 경우가 비일비재하다. 로마서 12장 본문은 세상이 아무리 이기적이고 세상 사람들이 제아무리 위선적이라 해도 그리스도인들은 거짓 없는 진실한 사랑을 해야 함을 강조하는 것이다. '거짓 없는 사랑'이란 구체적으로 어떻게 나타나야 하는 것인가? 악을 미워하고 선에 속해야 한다. 거짓 없는 사랑은 "악을 미워하고 선에 속하는" 데에서 시작된다. '악한 것은 반드시 미워하라.'는 명령과 '선한 쪽에 확실히 서 있으라.'는 명령부터 순종하는 것이 거짓 없는 사랑을 실천하는 첫 걸음이 된다. 악을 미워하고 선에 속하게 된 후에야 우리는 비로소 진정으로 형제를 사랑할 수 있다(10절).

다음으로 서로 존경하기를 먼저 해야 한다. 여기에서 '서로 먼저 존경하는 것'이란, 항상 아래에서 위로만 올라가는 일방적 존경이나 그냥 상대방을 높이 치켜 올려 주는 외식적인 존경과는 달리, '나보다 남을 낫게 여기는' 존경이다. 이런 차원 높고도 진실한 '상호 존경'이 실제로 어떻게 가능하겠는가? 그것은 오직 상대방을 '예수 그리스도께서 당신의 피로 값 주고, 사실 정도로 고귀한 존재'로 인정할 때다. 이렇게 상대방을 존중할 때, 기독교 사역의 목적과 수단은 절대 바뀌지 않게 된다. 목적의 본질을 이뤄내기 위해 수단을 효과적으로 사용하게 되면, "소망 중에 즐거워하며 환난 중에 참으며 기도에 항상 힘쓰며(12절)", "성도들의 쓸 것을 공급하며 손 대접하기를 힘쓰라(13절)"는 말씀을 이뤄낼 수 있다.

특히 "공급"이란, 필요한 것을 실제적으로 나누어 쓰는 것을 말한다. "손 대접"이라고 번역되어 있는 말은 그냥 '대접'이라는 단어로서, 지나가는 행인을 대접한다는 광범위한 뜻도 되겠지만 본문의 문맥에서는 바로 '성도들을 대접함'을 뜻한다. '내가 사랑해야 할 내 곁에 있는 믿음의 형제자매들을 대접해야 한다는 것'이다. 사랑의 대접은 행동하는 것이다. 작은 섬김이라도 그 섬김이 행동으로 나타나면 된다. 그리스도인들의 형제 사랑이란 '겉치레의 사랑'이 결코 아니다. 하나님께서는 우리에게 '선에 속한 마음'을 가지고 곁에 있는 사람부터 서로 존경하고 먼저 대접하는 '진짜 사랑'을 행하라고 명령하신다. 즉, 말로만 입으로만 사랑하는 것에 그치는 것이 아니라 진심어린 정성과 최선의 노력이 동원되는 '거짓 없는 사랑'으로서 사람 간에 상호 존중과 교제를 하라고 하신다.

그런데 이 세상은 그렇지 못하다. 결과적으로 그리스도인들이 수행해야 할 기독교 사역의 목적과 수단도 원래의 성격과 의도대로 사용되지 못할 때가 많다. 사역의 목적과 수단이 뒤바뀐 형국이 되었다. 이제는 되돌려놓아야 한다.

(2) 소외

서비스이용당사자들이 목회와 선교 현장에서 역량강화(empowerment) 되지 못하고 오히려 소외되어 버렸다.

하나님은 우리 인간을 사랑하셔서 모든 사람이 제각각 존재감을 갖고 살아가길 원하신다. 동시에 함께 서로 사랑하며 살아가기를 원하신다. 서로의 존재를 인정하는 것을 공존이라고 할 수 있다. 함께 보듬어 안고 살아가는 것은 공생이다. 하나님께서는 당신의 자녀들을 교회 공동체로 부르셔서 공존 공생의 모범으로 살아가도록 역사하신다. 그러므로 참된 그리스도인은 교회 공동체에서 공존 공생하는 삶을 살아내고 그 힘으로 세상을 공존과 공생의 현장으로 만들어간다. 참된 그리스도인이란 그리스도 안에서 '형제자매들이 한 지체됨'을 아는 사람이다. 로마서 12장 4절과 5절은 이렇게 말한다.

> "우리가 한 몸에 많은 지체를 가졌으나 모든 지체가 같은 기능을 가진 것이 아니니 이와 같이 우리 많은 사람이 그리스도 안에서 한 몸이 되어 서로 지체가 되었느니라."

여기에서 무엇보다도 교회는 그리스도의 몸이라는 것을 알 수 있다. 4절의 "우리가 한 몸에"와 5절의 "그리스도 안에서 한 몸"이라는 말에 주목해야 한다.

교회는 건물이 아니다. 교회는 교파나 제도도 아니다. 사상이나 철학도 아니다. 교회는 그리스도의 몸이다. 우리 예수님께서 십자가에서 피로 사신 것이 교회다. 나아가 교회는 믿음의 사람, '한 사람 한 사람'이다. 건물이 아니고 사람이 교회다. 그리스도의 몸을 이루고 있는 지체들이 바로 교회다. 교회라는 건물 안에 들어온 사람들이 아니라 예수 그리스도의 생명 안으로 들어가는 사람들이다. 교회가 그리스도의 몸이라면 교회는 살아 움직여야 한다. 피가 흐르고 생명이 있어야 한다. 살아 있는 교회는 사랑이 흐른다. 생명 안에는 빛이 있다. 교회는 세상 사람들의 빛이라고 했다. 예수님은 길이요 진리요 생명이시다. 예수 그리스도의 생명 안에 있는 것이 교회다.

또한 교회는 그리스도의 몸인데 그 몸은 여러 개의 지체들로 형성되어 있다는 것이다. 몸에 있는 많은 기관들은 모두 조화를 이루어 한 몸을 이루는데 이 지체는 각기 위치와 기능과 역할이 다르다. 같으면 안 된다. 다 달라야 한다. 지체는 눈에 보이는 것도 있지만 어떤 지체는 보이지 않게 몸 안에 들어 있는 것도 있다. 또 어떤 지체는 물질로 된 것도 있고 영, 정신으로 되어 있는 것도 있다. 몸은 이런 모든 것을 포함한다. 그것이 몸이다.

몸은 하나이지만 지체는 다양하다. 따라서 진정한 교회는 지체의 다양성을 인정해야 한다. 교회에서 제일 좋지 못한 것은 획일화다. 개성이 있어야 하고 창의성이 있어야 한다. 사람에게도 큰 사람이 있고 작은 사람이 있으며 가난한 사람이 있고 부자가 있다. 공부를 잘하는 사람도 있고 못하는 사람도 있으며 어린이도 있고 어른도 있고 노인도 있다. 건강한 사람, 아픈 사람, 장애인도 있다. 이 모든 것이 합하여 교회를 이루는 것이다. 동시에 교회는 하나다. 지체는 다양하지만 몸은 하나다. 하나가 되면 힘이 있다. 그리스도 안에서 하나다. 성령 안에서 하나다. 하나님은 이 모든 하나 됨을 사랑하신다. 어떤 모양으로 있든지 하나님에게는 모두 의미가 있다. 그것이 축복이다. 그것이 교회다.

그러므로 교회의 사역에서 그 사역의 내용을 제공받는 서비스이용당사자들이 소외되어서는 안 된다. 서비스를 제공하는 교회와 사역자들, 교인들과 서비스를 받는 당사자들이 공존 공생할 수 있어야 한다. 이렇게 공존 공생하기 위해서는 어떻게 해야 하는가? 서로가 서로를 들여다봐야 한다. 마음을 서로 들여야 한다. 서로의 미래를 소망으로 함께 내다봐야 한다. 지금 그렇게 하고 있는가? 그렇지 않다는 것이다.

3) '당사자 중심 목회와 선교' 원칙의 적용에 따른 현장연구

목회자와 선교사에 의해 수행되는 현장연구는 '당사자 중심 목회와 선교' 원칙이 적용된 결과가 설명되고, 모델로 구조화되는 방향으로 이뤄져야 한다. 서비스이용당사자 중심의 목회와 선교의 원칙은 다음의 4가지로 제시할 수 있다.

(1) 존중

서비스이용당사자라고 불리는 사람에 대한 존중이다. 이는 서비스이용당사자가 갖고 있는 다양한 강점을 인정하며 존중한다는 것이다. 서비스이용당사자는 문제해결을 위한 자원과 능력을 갖고 있다. 그러므로 목회자와 선교사는 서비스이용당사자의 장점, 능력, 재능, 자원과 열망에 대한 깊은 이해와 존중이 있어야 한다. 요한복음 13장 34절부터 35절까지는 이렇게 말한다.

> "새 계명을 너희에게 주노니 서로 사랑하라. 내가 너희를 사랑한 것 같이 너희도 서로 사랑하라. 너희가 서로 사랑하면 이로써 모든 사람이 너희가 내 제자인 줄 알리라."

"내가 너희에게 새 계명을 주노니 서로 사랑하라. 내가 너희를 사랑했던 것처럼 너희도 서로 사랑하라." 단순하고 명확한, 그러나 비수처럼 제자들의 마음에 꽂히는 충격적인 말씀이었다. "서로 사랑하라!", "이것이 이 세상에서 너희의 특징이다.", "사람들이 너희의 진정한 정체성, 너희의 참

본질을 느끼고 알아차리는 길이 이것이다.", "이것이 궁극적으로 너희가 존재해야 하는 이유다." 이렇게 예수님께서 남기신 "서로 사랑하라!"는 말씀이 독특하고 인상적인 문구가 되는 것은, 그 말씀 자체의 힘 때문이 아니라, 그 말씀을 한정하는 말씀이 덧붙여졌기 때문이다. "내가 너희를 사랑했던 것처럼"이라는 한정구가 그것이다. 친히 몸으로 실현하신 예수님의 성육신이 드러내는 방식이야말로 그분의 제자들이 따라야 할 삶의 방식이어야 했다.

예수님이 사람을 사랑하실 때, 마치 이 세상에서 사랑할 사람이 그 사람밖에 없는 것처럼 사랑하셨다. 예수님은 다른 사람을 향해 애정과 사랑을 쏟으실 때, 철저하게 그 사람 하나를 위해 '개별화'하셨다. 예수님은 각 개인 속에 있는 독특하고 유별난 '개별성'에 초점을 맞추셨다. 또한 예수님은, 각 개인을 '개별적으로' 사랑하셨던 것만큼이나 '모든' 사람을 사랑하셨다. 사람을 개별화된 사랑으로 사랑하셨던 예수님은 동시에 우주적인 사랑을 하셨다. 그분은 모든 사람을 보듬어 품에 안으시는 바다 같이 넓은 사랑을 하셨다.

존중은 이와 같은 예수 그리스도가 모범으로 보여주셨던 사랑의 개별성과 보편성을 모두 지향하는 것이다. 서비스이용당사자 중심의 목회와 선교가 지향해야 할 존중도 마찬가지다. 예수님께서 사람들을 바라보셨던 자세를 본받는 것이 존중이다. 예수님은 결코 누군가를 경멸하거나 사람들의 궁핍에 대해 매몰차게 바라보지 않으셨다. 잘못된 사람들을 향해 야단치시거나 심하게 꾸짖으실 때도, 그들을 진정으로 사랑하는 마음에서 말씀하셨다. 결코 미움이나 증오에서 나온 말씀이 아니었다. 예수님은 우리 각 사람을 개별적으로 사랑하시되 세상에 오직 '나 혼자'만 존재하듯이 그렇게 사랑하셨으며, 우리 각 사람을 사랑하시되 '모두'를 사랑하셨던 것처럼 사랑하셨다. 이런 사랑의 모습이 반영되는 출구 또는 창문이 바로 '존중'이다.

C. S. 루이스(루이스/이종태 역, 2019)는 자신의 저서인 <네 가지 사랑>에서 '사랑'에 해당하는 유명한 헬라어 단어들을 모두 조사한 다음에 이렇게 결론을 내렸다. 사랑은 근본적으로 두 종류의 사랑으로 구분할 수 있는데, 하나는 "Need love", 즉 "필요에 따른 사랑"이고, 다른 하나는 "Gift love", "선물로 주시는 사랑"이라는 것이다. 루이스에 의하면 "필요에 따른 사랑"은 언제나 공허함과 텅 비어 있는 것과 허전함에서 태어나는 사랑이다. 꼬치꼬치 캐묻고 파고드는 성향의 사랑이다. "필요에 따른 사랑"은 자기를 위해 움켜잡거나 맛보거나 즐기려는 것에서 시작된다. "필요에 따른

사랑"은 욕심으로 가득차고 자기중심적이다. "필요에 따른 사랑"은 자기 안에 채워야 할 공간 때문에 시작된다. 이와 같은 "필요에 따른 사랑"에는 타인에 대한 존중이 자리 잡기 어렵다.

반면, 루이스가 "선물로 주시는 사랑"이라고 부르는 것이 있다. "선물로 주시는 사랑"은 결핍이나 비어 있음으로부터 시작되는 사랑이 아니라 충만함과 가득함으로부터 태어나는 사랑이다. "선물로 주시는 사랑"의 목표는 사랑받는 자를 풍성하게 채워주는 것이다. "선물로 주시는 사랑"은 상대방을 축복하고 상대방의 능력을 증가시키고 자라게 한다. "선물로 주시는 사랑"은 포용적인 사랑이다. 동과 서, 남과 북, 하늘과 땅을 감싸는 사랑이다. 이렇게 "선물로 주시는 사랑"을 실행하면 타인에 대한 '존중'이 가능해진다.

하지만 이 사랑은 결코 쉬운 것이 아니다. "너희가 서로 사랑하면 이로써 모든 사람이 너희가 내 제자인 줄 알리라(35절)." 여기서 '서로 사랑하면'이라고 했다. 이는 "하나님께서 사랑하라고 하신 그 말씀을 지키면"이라는 뜻이다. 얼마나 사랑하는 것이 힘들면 하나님께서 말씀으로 "사랑하라."고 하셨을까? 당연히 사랑에 기초한 존중을 한다는 것이 결코 쉽지 않다. 그럼에도 기독교 사역자는 사랑해야 하고 존중해야 한다. 예수님은 하나님의 계명을 두 마디로 설명하셨다. 하나는 목숨을 다해 하나님을 사랑하는 것이고, 또 하나는 이웃을 자신처럼 사랑하는 것이다. 그러므로 목회와 선교를 감당하는 사역자는 서비스이용당사자들을 사랑하며 존중해야 한다. 당연히 목회자와 선교사가 수행하는 현장연구에서도 '당사자 또는 연구 참여자' 존중의 원칙이 준수되어야 한다.

(2) 초점(focus)을 창출하고 유지하기

목회와 선교에서 서비스이용당사자 중심의 초점을 조직적으로 선택하고 정립해나가는 것은 목회자와 선교사의 업무이다. 초점은 서비스에 대한 서비스이용당사자의 변화를 위해서 이루어져야 하며 서비스이용당사자로부터 나오는 변화량과 같은 산출 결과에서 사용될 수 있는 용어로서 정의되어져야 한다. 초점은 '변화를 향해 가장 우선적인 사항'으로 집중될 필요가 있다. 이와 같은 초점은 서비스이용당사자의 변화를 효과적으로 수행하는 데에 큰 도움이 된다.

그런데 목회와 선교 현장에서 사역의 초점을 창출하고 유지해가기 위해서는 하나님의 지혜가 필요하다. 그 지혜의 핵심은 겸손이다. 변화된 그리스도인의 가장 큰 특징은 주제 파악을 한다는 것이다. 자기 분수를 안다는 것이다. 자신을 정직하게 볼 수 있는 것이 지혜다. 자신을 정직하게 봐야만 지혜의 핵심인 겸손이 삶 가운데 발휘된다. 목회와 선교에서 서비스이용당사자를 향해 지속적으로 초점을 유지하고 당사자 중심의 창의적인 사역을 계속할 수 있기 위해서는 그 무엇보다도 겸손한 자기성찰을 하려는 지혜가 필요하다.

이때, 자기 자신을 너무 높게 평가하는 관점을 주의해야 한다. 간혹 사역자들 가운데는 굉장히 자신이 잘난 줄 안다. 이런 사람을 오만하다고 한다. 우월감에 사로잡혔다고 한다. 이런 사람은 항상 다른 사람과 이야기를 할 때, 무시한다. 자기가 화제의 주인공이 되어야 한다. 자기 말이 그 이야기의 결론이 되어야 한다. 그렇지 않으면 화를 내거나 자존심이 상했다고 여긴다. 누구든지 자신을 존경해 주지 않으면 화가 난다. 상처를 준 이야기는 한마디도 하지 않는다. 하는 이야기마다 상처를 받은 이야기만 한다. 원망과 불평을 한다. 자기가 잘못한 이야기는 하지 않는다. 목회자와 선교사가 이런 모습을 띤 채 현장연구를 한다면 생각만해도 끔찍하다.

그러나 정직하게 자기를 발견하면 황송함이 있고 미안함이 있다. 감사가 있다. 하나님 앞에서 자기 지식이 얼마나 부족한지 하나님 앞에서 자기의 능력과 지혜가 얼마나 보잘 것 없는 것인가를 깨닫는 사람은 하나님 앞에 머리를 숙이게 된다. 자기를 발견했기 때문이다. 이렇게 진정으로 자기를 발견할 때 기쁨이 있다. 겸손함이 있고 감격이 있다. 작은 일에 감격한다.

그렇게 될 때, 서비스이용당사자를 향해 감사함으로 다가갈 수 있다. 서비스이용당사자의 삶의 문제들을 겸손하게 들여다볼 수 있다. 서비스이용당사자의 어려움을 해결하고자 정성을 다해 마음을 쓸 수 있다. 서비스이용당사자의 미래를 긍정적으로 소망하며 발전적 개선방안을 모색할 수 있다. 그와 같은 연구의 결과는 생명력을 갖는다. 목회자와 선교사의 연구는 당사자의 진정한 변화와 세상의 변혁을 이뤄내는 데에 집중하는 초점을 창출하고 유지하는 '겸손함'에 바탕을 두어야 한다.

(3) 불가능에 대한 도전

당사자 중심의 목회와 선교는 서비스이용당사자가 자신의 상황에 대하여 힘 있게 대처해갈 수 있는 자기인식을 할 수 있음을 전제한다. 또한 당사자의 욕구에 대한 명백한 초점에 기초한 융통성과 창조성에 기초하여 고도로 발전된 문제해결 기술을 발휘하며 당사자의 바람직한 변화를 이루어 내는 것이 당사자 중심의 목회와 선교다. 그래서 서비스이용당사자 중심의 목회와 선교는 불가능 하다고 하는 그 어떤 현상에 대해서도 편견을 갖지 않고, 당사자의 잠재력을 신뢰하는 가운데에 시도하는 활동이다.

특히 서비스이용당사자 중심의 목회와 선교는 당사자의 고난을 극복하는 힘의 원천을 제공해 준다. 이와 같은 목회와 선교의 힘은 성령으로부터 주어지는 능력이며 불가능에 대한 도전을 하게 한다. 특히 박해당하고 고난의 길을 가는 고통 받는 이웃들에게는 위로와 도움으로 힘을 내게 한다. 오늘날에도 긴급재해 지역이나 분쟁과 전쟁으로 고통 받는 세계 현장에 끊임없이 사람과 물자를 보내서 구호와 봉사의 서비스를 제공하게끔 한다. 조직화된 자원봉사 네트워크와 자원 조성을 통하여 지역사회의 위기에 개입하고, 자신의 지역으로 피신해온 난민들과 이주민들을 위해 구체적인 시설과 기관을 통해서 실질적 도움을 제공하게끔 한다. 고난을 당한 사람들이 더 고난당한 사람을 도울 수 있게 한다. 당사자 중심의 현장연구는 고난받는 사람들의 고난을 해소하는 데에 강력한 뒷받침이 될 수 있다.

(4) 삶을 위한 학습

'살기 위해서 일하는 것이라기보다는 살기 위해서 배우는 것'이라는 말은 서비스이용당사자 중심의 목회와 선교가 일상적인 생활에 기초한 것임을 알게 해준다. 당사자 중심의 목회와 선교는 삶 속에서 배우며 이루어가야 할 학습의 과정이다. 목회와 선교는 삶과 무관한 것이 아니며 오히려 생활과의 밀접한 관계 속에서 이루어져야 한다. 그러므로 사람을 복음으로 변화시키고 그리스도의 제자로 양육하고 가르치는 것은 어떤 면에서 삶을 배워나가는 과정이 된다. 목회자와 선교사는 그리스도의 뜻을 이뤄내기 위해서 배워야 한다. 가령 의사는 끊임없는 새로운 임상 지식을 이론화 하고 있다. 마찬가지로 목회자와 선교사는 끊임없이 배우려는 노력이 없이는 주님의 뜻을 실현할 수 없다.

시인 김지하는 <사랑>이라는 시에서 이렇게 노래했다.

"누굴 보듬어 안을 만큼/ 팔이 길었으면 좋겠는데/ 팔이 몸통 속에 숨어서/ 나오기를 꺼리니/ 손짓도 갈고리마저 없이/ 견디는 날들은 끝도 없는데/ 매사에 다 끝이 있다 하니/ 기다려 볼 수밖에/ 한 달 짧으면/ 한 달 길다 했으니/ 웃을 수밖에/ 커다랗게 웃어/ 몸살로라도 다가가/ 팔 내밀어 보듬어 볼 수밖에."

시인의 표현을 해석하면 사랑은 몸통 속에 숨은 팔을 끄집어내야 하는 일이라 할 수 있다. 좌우로 갈리고, 이해타산에 따라 갈리고, 경쟁에 지쳐 안으로 오그라든 팔을 내밀어 다른 이의 삶을 무작정 끌어안는 연습을 해야 사랑할 수 있다. 사람들이 삶에 지칠 때 하늘을 바라보는 이유는 무엇인가? 모두를 하나로 감싸 안는 크고 텅 빈 가슴이 그곳에 있기 때문이 아니겠는가?

서비스이용당사자 중심의 목회와 선교는 이런 사랑을 하나님의 은혜로 삶 속에서 배우고 훈련하게끔 한다. 그래서 '삶을 위한 학습'으로서의 현장연구는 그 자체가 배움이 된다.

[제2장]

과학적 탐구와 사회과학 조사연구

✦

제2장[4])에서 살펴볼 내용은 첫째, 과학적 탐구와 사회과학 조사연구를 구체적으로 이해하는 부분, 둘째, 실제적인 연구조사를 실행하기 위한 조사문제 형성과 가설(개념화와 조작화) 설정, 측정과 측정도구, 표본추출 논리와 방법 등을 설명하는 부분, 셋째, 실험설계와 단일사례연구 등을 포함한 다양한 연구방법들을 제시하는 것 등이다. 이상의 내용들을 각각 따로 떼어 살펴보기보다는 종합적으로 점검하면서 정리한다.

1. 연구방법론의 이해

1) 연구방법론의 정의

인간이 생존하며 생활하는 방식과 그와 같은 인간 삶의 구조와 내용을 담고 있는 사회현상을 과학적으로 탐구하기 위해 다양한 연구방법을 기술, 수집, 분석 및 해석하는 기준이나 이 모든 것을 아우르는 탐구를 연구라고 할 때, 그 연구의 과정 전체를 지배하고 있는 이념, 철학 및 지식

✦ 4) 사회과학 방법론의 기본 골격과 내용은 최선희. (2012). 사회복지조사방법론. 서울: 공동체, 원석조. (2012). 사회복지조사론. 서울: 공동체, 나눔의 집. (2021, 2022). 사회복지사 1급 대비 자료집. 서울: 나눔의 집을 참고하였으며 일부 내용은 목회 및 선교현장에 맞게 재구성하였다.

체계가 바로 연구방법론이다. 사회과학에서 연구방법론은 사회현상과 인간사를 지배하고 있는 규칙적이고 반복적인 법칙을 발견하는 것이다. 사회복지학, 교육학, 심리학, 상담학 등과 같은 휴먼서비스 분야에서 방법론이란 서비스 실천과정을 분석하기 위해 사용될 수 있는 이론적으로 알려진 틀을 의미한다. 이는 목회와 선교 영역에서도 적용될 수 있다.

2) 연구방법론의 특성과 목적, 역할

(1) 연구방법론의 특성

연구방법론의 특성을 살펴보면 장점과 한계가 뚜렷하게 나타난다. 이는 연구방법론이 줄기차게 과학성과 객관성을 지향하는 현대 학문의 방법적인 틀이나 도구가 되면서도 여전히 그 실체는 완전하지 않음을 확인하게 된다. 그러므로 학문의 세계에 임하는 연구자는 한없이 겸손해야 한다. 자신이 발표하는 이론이나 실천 모델 등이 불완전할 수 있다는 사실을 염두에 두고 다른 의견에 귀 기울이는 자세를 견지해야 한다.

① 경험주의 방법의 사용 선호

연구방법론을 형성하는 토대들 가운데에 주류인 사회과학은 사회현상과 인간행동에 관한 법칙을 찾으려고 한다. 그래서 전통적인 과학주의 연구방법인 경험주의 방법을 주로 사용한다. 경험주의 방법은 지식을 습득하는 과정에서 경험과 증거의 중요성을 강조한다. 지식은 감각적 경험과 관찰 및 실험에서 형성되고 파생되며 축적된다. 그러면서도 이성과 논리의 중요성을 무시하지는 않는다.

경험주의는 감각적 데이터를 구성하고 해석하는 데 추론을 허용한다. 그럼에도 추론조차도 궁극적으로는 경험에 근거하며 지식은 경험적 증거를 통해 판단되고 검증되어야 한다. 그래서 경험주의 방법은 실험과 관찰을 중시하는 과학적 방법을 활성화시키는 데에 기여했다. 경험주의 방법은 공유된 경험과 증거에 의존하여 지식에 대한 공통 기반을 구축하기 위해 주관적인 믿음이나 추측보다는 검증 가능한 사실에 초점을 맞춘다. 세상의 현상들을 탐구할 때 객관적이며 이해 가능한 측면을 중요시 한다.

하지만 경험주의 방법은 추상적인 개념이나 형이상학이나 의식의 본질과 같이 직접 관찰할 수 없는 문제를 다룰 때는 한계가 초래된다. 당연히 기독교 영성의 세계에 대한 접근은 제한적이다. 더욱이 경험적 관찰은 개인의 주관성, 개인적 편견 또는 문화적 요인의 영향을 받을 수도 있다. 관찰자마다 데이터를 이해하고 해석하는 경로와 차원이 다를 수밖에 없는 사실도 간과할 수 없는 경험주의 방법의 한계다. 결과적으로 경험주의 방법은 특정 관찰을 기반으로 일반적인 결론을 도출하는 것을 포함한 귀납적 추론에 종종 의존할 수밖에 없다. 오류와 성급한 일반화가 발생할 소지도 있다. 귀납적 추론은 복잡한 현상에 대한 부정확하거나 불완전한 이해로 이어질 수 있기 때문이다.

② <u>인간행동과 사회현상에 대한 법칙 탐구</u>

연구방법론은 인간과 사회현상에 관한 법칙인 인간 존재의 가치와 목적을 설명해야 하고 이것이 하나의 이론으로써 사회과학의 과학성을 향상시킬 수 있어야 한다. '인간이란 무엇이며 인생은 도대체 어떤 것인가', '인간이 살아가는 사회는 어떤 구조와 문화적 삶의 방식으로 이뤄지는가'와 같은 질문처럼, 사회 속에서 발생되는 다양한 인간행동의 원인과 궤적 및 경로 등을 연구할 때, 연구방법론이 적용된다.

인간의 인생은 태내에 생성되면서부터 시작되어 변화를 거쳐 소멸로 나아간다. 그리고 인간은 그 과정 속에서 수많은 삶의 상황들에 직면한다. 인간이 인생의 과정에서 겪는 대부분의 일들은 한 개인의 뜻대로 진행되지 않는다. 개인은 타인들과의 상호작용을 통해서 채워지는 시간의 흐름 속에서 변화무쌍한 현실을 접한다. 개인의 삶의 여정은 제 각각 모두 다르다. 문제는 오늘날 문명화된 현대사회에서 실제 인간이 사회 구조에 가려지는 현상이 두드러지는 데 있다. 이는 과학기술 문명의 발달과 과도한 도시화와 그에 따른 인구 집중, 디지털 기반의 기계화된 사회 환경 때문에 더욱 가속화되고 있다. 인간이 본래의 존재 그 자체라면 규격화되고 관습화되어 자동화된 '인간 구조'로 억압되는 일이 현대사회의 슬픈 모습일 것이다. 획일화된 일상과 밀집해 있는 인구 규모가 우리에게 규격화된 '인간 구조'를 강요한다(이준우, 최희철, 2021). 이러한 문제에 대해 사회과학은 다각적으로 접근한다. 이때, 연구방법론이 효과적으로 기능한다.

③ 인간의 합리적인 사고(인식)작용에 기초

연구방법론은 질서정연한 논리적 체계를 사용함으로써 사회현상의 법칙을 발견하고 객관적인 이론 형성을 추구한다. 그러다보니 연구방법론은 합리적인 사고(인식) 작용을 강조한다. 이와 같은 합리적인 사고는 문제해결능력, 의사결정능력을 향상시키고, 주어진 상황에 대하여 체계적이고 합리적인 접근을 취할 수 있게끔 한다. 또한 합리적인 사고를 통하여 오류나 틀린 판단을 줄일 수 있고 효율적인 의사결정을 내릴 수 있다. 연구방법론은 최대한 비합리적인 사고를 배제하고 합리적인 사고를 논리적으로 펼쳐내게끔 돕는다.

④ 종합과학적인 접근방법 활용

다양한 과학적 이론들을 활용하여 종합적으로 연구문제를 해결하려고 시도한다. 이와 같은 종합과학적인 접근방법은 현상을 설명하는 가설을 수립하고, 이 가설에 의한 예측이 들어맞는지를 검증하기 위해 실험을 설계한다는 특성을 갖고 있다. 과학적 방법에 의해 설계된 실험은 실험의 각 단계를 구체적으로 제시한다. 실험을 통해 수립된 가설은 다시 독립적인 다수의 시험을 통해 동일한 조건에서 그 결과가 같게 나오는지를 검증받는다. 만약 새롭게 검증된 가설이 있다면 그 가설은 이론을 이루고, 이론에 따라 또다시 새로운 가설이 만들어지기도 한다.

종합과학적인 접근방법의 과정은 대체로 '문제 정의 → 정보와 자료의 수집과 관찰 → 가설 설정 → 실험을 통한 데이터 수집과 가설 시험(판단) → 데이터 분석 → 분석된 데이터 결과로 가설 평가와 새로운 가설 수립 → 결과 보고 → 다른 연구 가설과의 비교와 면밀한 가설 검증 → 반복된 실험에 의해 검증된 가설의 이론화'로 진행된다.

⑤ 객관적 접근방법의 사용

인간의 생존과 가치적인 생활 지향성, 사회 문화적인 현상에 대한 다각적이고 다양한 설명과 해설 등을 일반화된 진술로 객관화시키려고 노력한다. 특히 연구방법론에서는 자료수집과 분석에서의 합의된 수준과 범위에 부합하려는 데에 주목한다. 바로 이와 같은 성향을 객관성이라 할 수 있다. 결국 객관성은 고정된 사실에 대한 일정 기준을 형성하는 예측가능한 반복을 전제한다. 그래서 객관적 접근방법은 인간의 성격과 사회문화적 현상을 일정 수준의 사회적 합의에 따른 기준으로 관찰함으로써 정보를 습득하고 조사 과정이 객관적이어야 함을 강조한다. 당연히 예측불가능하거나 불규칙적이어서는 안 된다. 당연히 사회현상의 실제는 반복될 수 있고, 조사가 반복되면서 동일 조건에서는 가급적 동일한 결과가 도출되어야 함에 집중한다.

(2) 연구방법론의 목적

연구방법론의 목적을 간략하게 정리하면 보고, 기술, 예측, 설명으로 나눌 수 있으며 그에 따른 설명은 다음 [그림 2-1]과 같다.

[그림 2-1] 연구방법론의 목적

(3) 연구방법론의 역할

연구방법론의 역할은 다음 [그림 2-2]와 같다.

- 첫째 | 연구목적을 위해 필요한 자료수집이나 분석을 위한 기준이나 방향을 제시한다.
- 둘째 | 인간의 행동과 사회현상을 지배하고 있는 법칙을 발견하도록 해준다.
- 셋째 | 연구결과의 객관화와 이론화에 기여한다.
- 넷째 | 양적 방법을 통해 경험적으로 인식할 수 있는 사회현상과 질적 방법을 통해 인간내면의 가치를 설명하는 역할을 한다.
- 다섯째 | 종합 과학적인 접근방법을 취함으로써 학문이론을 체계적으로 융합시키는 역할을 한다.
- 여섯째 | 연구결과를 체계적으로 보고, 기술, 설명, 예측할 수 있도록 한다.

[그림 2-2] 연구방법론의 역할

3) 연구과정

연구의 과정이 어떻게 진행되는지를 정리하면 다음과 같다. 물론 여기에서 설명하는 연구과정은 다소 양적연구방법에 치중된 내용이다. 그럼에도 가설의 설정과 연구가설의 검증 부분을 제외하면 질적연구방법에도 공유될 수 있는 내용이다.

연구문제와 가설의 설정 → 연구방법 설계 → 자료 수집 → 자료 분석 → 연구문제 해설, 연구가설 검증

[그림 2-3] 연구과정

① 연구문제와 가설 설정 단계

연구문제 상의 개념을 조작적으로 정의하고 구체적인 가설을 설정한다. 연구문제는 개인적인 경험, 기존의 이론, 연구자와의 이해관계, 연구용역 기관의 요구, 연구자의 가치, 이념 등으로부터 파생된다.

② 연구방법 설계 단계

연구문제와 가설이 설정된 후에 실질적으로 연구하는 단계로서 연구문제가 계량적이고 분석적이면 양적연구방법, 내면적이거나 심리적이면 질적연구방법, 연구기간이 특정시점이라면 횡단적 방법이, 장기간이면 패널연구, 경향연구, 코호트연구 등의 종단적 방법이 사용될 것이고 분석단위가 개인이면 미시적 분석 방법, 집단이라면 거시적 분석방법이 사용될 것이다.

③ 자료수집 단계

자료수집의 방법으로는 모집단 전체로부터 자료를 수집하는 '전수조사'나 '표본조사'로 구분되고 표본조사는 다시 '확률표집방법'과 '비확률표집방법'으로 구분된다.

④ 자료분석 단계

수집된 자료는 연구목적에 맞게 정리되고, 부호화시켜 컴퓨터에 입력하게 된다. 입력된 자료는 다양한 통계기법을 활용하여 연구목적에 맞게 분석된다. 물론 질적연구방법의 경우는 다르다. 이후 질적연구 부분에서 상세히 다룰 것이다.

⑤ 연구문제 해석 및 연구가설 검증 단계

자료 분석을 통해 연구문제에 대한 해석을 찾고 가설에 설정된 변수간의 관계를 검증하는 단계로서 이 작업은 과학적이고 객관적이어야 한다. 이 단계는 양적연구의 핵심적 과정이 된다.

4) 목회 및 선교와 연구방법론의 관계

(1) 과학적 기준 = 준거틀의 역할
연구방법론은 목회와 선교를 체계적이고 과학적으로 수행하기 위한 '준거 틀'의 역할을 한다. 인간의 영적 욕구를 충족하여 행복한 삶을 영위할 수 있도록 하는 '목회와 선교'의 목적을 수행하는데 과학적인 기준이 된다. 이를 통해 목회와 선교가 인간 삶에 미치는 심리사회적인 순기능 또는 사회적응 역량 강화 등을 구체적인 자료로 제시할 수 있게끔 한다.

(2) 과학적 발전
연구방법론은 학문적으로 목회와 선교를 과학화하는데 기여한다. 기존의 이론과 법칙을 기각하거나 강화, 또는 새로운 이론을 형성함으로써 목회와 선교를 학문적으로 발전시킨다.

(3) 실행 오류와 시행착오 감소에 기여
연구방법론은 목회와 선교 현장에서 발생할 수 있는 실행 오류와 시행착오를 줄이는데 기여한다. 많은 목회자와 선교사들은, 특히 목회와 선교 경력이 오래된 목회자와 선교사일수록 자신의 목회 및 선교 경험을 대단히 중시한다. 때때로 이러한 경험은 풍성한 경륜으로 나타나 큰 도움이 되기도 하지만 마치 동전의 양면처럼 어느 경우에는 아집과 독선이 되기도 한다. 그러므로 연구방법론은 목회자와 선교사 자신의 경험을 보다 객관화시킴으로써 발생할 수 있는 여러 가지 오류와 시행착오를 사전에 예방하거나 감소시키는 데에 도움이 된다.

(4) 사회문제 측정 및 효과성 평가에 기여
연구방법론은 목회와 선교 과정 전반에 기여한다. 특히 목회와 선교의 기본이라 할 수 있는 세상 속의 목회와 선교 현장에서 문제를 측정하고 문제 해결을 위한 목회 선교적인 실천개입 유형 및 개입 시점을 찾아내고, 결과에 대한 효과성을 평가하는 데 기준이 된다.

(5) 현장에서 일어나는 인과관계 설명

연구방법론은 목회와 선교 현장에서 일어나는 다양한 문제의 인과관계를 설명하고, 해결책을 찾는 데 기여한다. 서비스이용당사자와 가족, 교회 및 지역사회 등이 안고 있는 문제의 원인을 밝히고 이를 토대로 목회와 선교 현장에서 실행될 사업 및 프로그램을 개발하여 양질의 영성적인 서비스로 제공할 수 있도록 하여 개입 이후의 효과성을 제고할 수 있다.

2. 사회과학적인 조사와 목회와 선교 현장에서의 연구조사

1) 사회과학적인 조사의 이해

사회과학적인 조사란 사회현상을 파악하거나 해결하기 위한 방안을 강구하기 위해 합리적이고 과학적인 절차와 타당한 논리적 원칙에 입각하여 기존의 지식을 기각 또는 강화하거나 새로운 지식을 만들어 내려는 실천적인 지식탐구활동이다. 또한 사회과학적인 조사는 연구 목적을 달성하였다고 하더라도 외부로 공개되고 보고되어야 하는 공공성을 갖는다. 따라서 조사과정에 사용된 언어는 명확하고 경험적으로 입증되어야 하며 객관성을 가져야 한다. 뿐만 아니라 오류를 최소화할 수 있는 방안이 강구되어야 한다.

따라서 사회과학적인 조사는 연구자가 이해하고 있는 사회현상을 어떠한 방법으로 진행할 것인지를 말하는 사회과학방법론의 핵심 요소가 된다. 때로는 이론적 배경과 연구철학까지 반영되기도 한다. 사회과학방법론에서 가장 많이 활용되는 철학적 토대인 '존재론'과 '인식론'에 기초한 조사이기도 하다. '존재론'은 말 그대로 '존재의 본성'에 대한 연구이다. '존재론'에서는 이 세상의 현실을 구성하고 있는 것이 과연 무엇인지를 끊임없이 고민하고 탐구한다.

'존재론'의 대표적인 두 가지 경향으로는 첫째, '객관주의'가 있다. '객관주의'는 구성원에게 영향을 받지 않고 독립적이면서 동시에 객관적인 존재의 시각으로 세상을 인식하는 것을 말한다. 둘째, '구성주의'가 있다. 이는 구성원들의 인식과 행동을 통해 세상이 구성된다는 주장이다. 한편, '인식론'은 어떠한 것이 타당하고 적법한 지식인지, 과연 그와 같은 지식을 받아들일 수 있는 지에 대한 판단을 해야 한다는 주장이다. 어떤 것을 지식으로 받아들일 수 있는지와 관련해서 '실증주의', '현실주의', '비판적 현실주의', '후기 현대주의', '실용주의', '경험주의' 등 다양한 이론들이 제시되어 왔다. 결국 연구자가 이상에서 제시한 연구 패러다임을 바탕으로 연구 질문을 제기한 후 이를 발전시켜 연구 방법을 결정하거나 또는 연구 질문을 먼저 설정한 후에 그에 맞는 연구 방법을 찾는 접근을 모두 아우르는 사회과학연구방법론에서 사회과학적인 조사는 가장 기본적인 전제가 된다.

2) 목회와 선교 분야에서 진행되는 현장연구 조사의 정의 및 특성

(1) 목회와 선교 분야 현장연구 조사의 개념

목회와 선교 분야의 현장연구 조사란 '목회와 선교의 목적을 수행하기 위한 하나의 도구로서 개인의 영성적 욕구를 충족시키고 목회와 선교 현장에서 발생되는 여러 가지 문제를 해결하기 위한 방안을 강구하기 위해 자료를 수집하는 지식탐구 절차'이다.

현대 목회와 선교에서 제기해야 할 가장 중요한 질문은 '이 시대 사람들은 교회를 통하여 예수를 진정으로 만나고 있는가? 교회를 통하여 만나고 있는 그 존재가 예수님이 과연 맞는가?'이다. 이는 교회의 본질과 존재의 목적에 관한 근본적인 질문이다. 영성은 바로 이와 같은 질문 앞에서 중요한 대답이 된다. 하나님은 영이시다. 영이신 하나님께서 당신의 형상을 따라 인간을 만드셨다. 영성은 인간이 존재하는 기반이며 삶의 의미일 뿐 아니라 그 구체적인 목표이고 더 나아가 생각하고 행동하는 태도이며 문제를 해결하는 양식(樣式)이다. 참 사람 예수는 그 하나님 영성의 표상(表象)이셨다. 사람이 예수를 믿고 거듭나서 하나님의 자녀로 태어나고 성령으로 충만하여 예수 그리스도의 인격과 성품으로 성장하면 하나님의 형상으로 지어진 참 인간을 회복하여 예수의 삶을 살아가게 된다. 목회와 선교는 이 세상의 사람들을 '하나님의 형상으로 회복된 인간'으로 세워나가려는 적극적인 행위이자 그리스도적인 삶의 방식이며 그리스도인으로서의 존재근거다.

목회와 선교가 지향하는 영성적 목표를 달성하기 위해 세상과 그 세상 속에서 살아가는 사람들, 그리고 그 사람들과 관계된 자연과 생태체계적인 자원들 모두가 목회와 선교 분야에서 이뤄지는 현장연구의 대상이 된다. 그러므로 목회와 선교 분야의 현장연구 조사도 사회과학연구방법론에서 강조하는 바와 동일하게 '과학적 방법'으로 수행해야 한다. 당연히 과학적 조사를 추구해야 한다. 목회와 선교 분야에서의 현장연구가 과학적 조사가 되기 위해서는 논리성, 검증가능성, 반복가능성, 일반성 등의 일반적인 사회과학의 특징을 가져야 한다.

(2) 목회와 선교 분야 현장연구 조사의 특성

목회와 선교에서 수행되는 현장연구 조사의 특성은 사회과학연구방법론의 경우와 유사하다. 이는 목회와 선교 분야의 현장연구 조사도 과학성과 객관성을 지향해야 함을 반증하는 것이다. 이를 정리하면 다음과 같다.

① 응용조사와 순수조사의 양면성

목회와 선교 분야 현장연구 조사는 지적 이해와 지식 자체만을 획득하려는 순수조사의 목적도 지니고 있지만 조사의 이유가 주로 인간의 영성적인 욕구 충족과 더불어 세상 현실에서 성서적 가치관으로 살아가야 하는 삶의 목적과 배치됨에 따라 발생하는 여러 문제들을 해결하려는 데에 있다. 그 결과, 뚜렷한 연구의 목적과 필요에 부응하는 기독교 사역 프로그램 수행 등에 필요한 지식 산출이라는 측면에서 응용조사의 성격이 강하다.

② 서비스이용당사자의 본질적인 변화를 추구하는 특성

목회와 선교 분야 현장연구 조사는 서비스이용당사자들의 '영적 만족도' 및 '영성적 수준'이나

'심리사회적 기능', '의사소통 능력', '사회적 역할수행 능력' 등의 향상을 목표로 하는 경우가 빈번하기 때문에 서비스이용당사자의 본질적인 변화를 추구하는 성격을 가지고 있다.

③ 계획적 특성

목회와 선교 분야 현장연구 조사의 하나인 욕구조사는 서비스이용당사자 선정과 욕구의 종류 및 수준을 파악함으로써 목회와 선교를 계획적으로 수행할 수 있도록 도와준다.

④ 평가적 특성

목회와 선교 분야 현장연구 조사는 영성적 서비스의 효과성과 효율성을 평가하기 위한 도구로써 활용한다. 이와 같이 목회와 선교 프로그램이나 기독교적인 목회 선교 사역의 개입 효과를 평가하는 조사를 평가조사라고 한다.

⑤ 시험적 특성

목회 선교 프로그램이나 사업이 서비스이용당사자들의 영성적인 욕구에 적합한 것인지 시험해 봐야 하는데, 실제적인 조사를 통해 이를 확인할 수 있다. 또한 목회 선교 프로그램 또는 사역의 상호작용과 상관관계를 분석해봄으로써 간접적으로도 시험할 수 있다.

⑥ 영성적 특성

목회와 선교 분야 현장연구 조사는 하나님과 좀 더 깊고 밀접한 관계로 나아가는 영적 성장에 주목한다. 영성은 인격적인 변화와 삶의 질의 변화, 정신과 신체의 치료 등 다양한 측면에서 큰 성과들을 나타낸다. 목회와 선교 분야 현장연구 조사는 이와 같은 영성의 문제를 조작적 개념화 하는 데에 집중한다.

(3) 목회와 선교 분야 현장연구 조사의 과학적 활용

목회와 선교 분야 현장연구 조사가 과학적으로 어떻게 활용되는지를 살펴보면 다음과 같이 간략하게 설명할 수 있다.

① 조작적 정의에 활용

관찰되고 측정 가능한 경험적 용어를 사용하는 개념의 조작적 정의에 활용한다. 물론 기독교적 영성이라든지 회심의 상태 또는 성화의 모습 등과 같은 개념을 어떻게 측정 가능한 요소로 도출할 수 있을지에 대한 논의는 지금도 치열하게 진행 중에 있다.

② 효과성 검증

개입과정에서 기존의 경험이나 연구에 입각하여 논리적인 가설을 설정하고 검증과정을 거침으로써 개입 결과의 효과성을 평가할 수 있고 인과성을 증명하게 된다. 물론 질적 분석에서는 참여관찰과 연구자와 연구 참여자 간의 상호작용을 통한 효과성 검증이 이뤄진다.

③ 목회 및 선교 현장 프로그램 개발과 제공

연구 방법을 활용할 수 있는 기술과 이론을 토대로 목회 및 선교 현장 프로그램 개발과 서비스 제공을 가능케 한다. 즉, 목회 및 선교 현장연구 조사 과정에서 밝혀진 기술과 이론으로 목회 및 선교 현장에 유용한 사역 서비스 개발에 사용한다.

3) 목회와 선교 분야 현장연구 조사의 유용성과 한계

(1) 목회와 선교 분야 현장연구 조사의 유용성

목회와 선교 분야 현장연구 조사의 유용성을 정리하면 다음과 같다.

① 목회 및 선교 현장의 과학적 기초 구성

목회 및 선교 현장은 기독교 영성과 복음의 구현이 이뤄지는 하나님 나라임과 동시에 세상 사람들의 삶의 터전이다. 그러면서도 동시에 목회자와 선교사의 열정적인 헌신이 사역 실천으로 하나님 나라의 확장이 경험되는 과학적 조사방법이 활용될 수 있는 연구 현장이기도 하다. 하나님 나라를 향한 '연구 수행의 과정과 연구 내용'은 그리스도인과 세상에 속한 사람들 모두가 성서적 관점을 실제 생활에 적용하기 위한 지식을 도출한다는 측면에서 응용과학이다.

결국 목회 및 선교 분야의 현장연구는 하나님의 속성과 뜻, 그 속에서 발현하는 인간의 복잡한 내면과 세상과의 상호작용을 연구의 핵심 대상으로 설정함으로써 다양한 학문적 접근이 필요한 학제적인 성격을 띤다. 그럼에도 영성적 영역과 계시된 하나님의 말씀인 성서의 가르침을 학문적 전제로 받아들임으로 인해 세상에서 일반화된 과학적인 기초를 마련하는 데에는 한계를 나타낸다. 물론 세상의 과학적 이론과 방법이 진리가 아니기 때문에 성서적 관점과 신앙적 인식 및 경험만을 독자적으로 추구해도 별 무리는 없다. 실제로 지금까지 그래왔다. 그럼에도 진리인 성서의 말씀들이 세상에서도 충분히 논의될 수 있어야 한다면 보다 적절한 지식과 이론, 효과적인 실천방법을 발전시킨다는 차원에서도 목회와 선교 분야의 현장연구 방법의 과학화를 도모해야 한다. 이를 위한 수단으로서 체계적인 조사방법이 활용되어야 한다.

② 과학적 실천을 가능하게 함

과거 기독교 사역자들은 과학적인 실천과 연구조사에 대한 인식 자체가 매우 미흡했다. 그저 성령님의 능력을 의지하여 주님을 바라보며 열심히 사역했을 뿐이다. 그러다보니 자신이 수행하고 있는 사역을 면밀하게 살펴보는 측면은 사실상 거의 이뤄지지 못했다. 하지만 이제 목회 및 선교 현장에서 사역하는 목회자와 선교사들은 사역의 과학적 실천 활동에 대한 체계적 지식을 수집하기 위한 수단으로 조사방법을 활용해야 한다. 인간의 영적이며 존재론적인 근원적 고민과 문제에 대한 객관적인 자료를 수집하고 개입 계획을 세우며 개입 후 효과성을 평가하여 가설의 연관성과 문제의 인과관계를 검증할 수 있어야 한다. 아울러 인터뷰(면담)와 참여관찰, 각종 관련 자료들을 분석하면서 목회와 선교를 수행한 이후의 결과들을 파악할 수 있어야 한다.

③ 목회 및 선교 이론과 기술체계 구축에 유용

목회 및 선교 분야 현장연구 조사는 목회 및 선교와 관련된 여러 가지 사회현상 내지 문제들을 설명하고 예측할 목적으로 변수 간의 관계를 구체화시키고 현상에 대한 체계적인 지식을 제시하는 목회 및 선교 이론의 형성과 이를 바탕으로 목회와 선교를 수행할 때 유용한 실천 기술을 구축하는 데 유용하다.

(2) 목회와 선교 분야 현장연구 조사의 한계

목회와 선교 분야 현장연구 조사의 한계를 정리하면 다음과 같다.

① 경험적 인식의 제한성

목회 및 선교 분야 현장연구 조사는 하나님 나라, 영성, 신앙 등과 같은 영역과 직결된 경우가 빈번하여 인간의 경험적 인식의 범위로는 한계가 있다.

② 시간적 제한성

목회 및 선교 분야 현장연구 조사는 일정기간 동안 수행되는데 시간적으로 오래 걸리는 단점이 있다. 목회와 선교를 수행한 실질적인 결과를 파악하기란 단기간에 결코 쉽지 않다.

③ 지리적 제한성

목회 및 선교 분야 현장연구 조사는 일정한 지역 내에서 수행되므로 표본의 대표성 문제가 발생한다. 아울러 목회와 선교가 이뤄지는 실질적인 모습들은 사역자들의 배경과 특성만큼 다양하다. 그리고 그 배경과 특성은 한정된 지역에 기반하고 있다.

④ 비용 제한성

투입되는 조사 요원과 조사 대상의 확대, 조사 기간의 연장 등에 대한 상당 부분의 비용을 지불

해야 한다. 특히 목회와 선교 분야 현장연구 조사는 공공의 지원을 통해 이뤄지는 것이 아니기 때문에 최소한의 비용으로 최대한의 효과를 산출할 수 있어야 하는 한계가 있다.

⑤ 개인의 가치와 선호

목회학과 선교학은 기독교적인 가치에 기초하는 학문이므로 연구 조사자의 개인 신앙적인 가치가 조사과정에 개입될 가능성이 있다.

⑥ 정치적, 문화적, 사회적 요인에 따른 제한성

목회 및 선교 분야 현장연구 조사는 기독교에 대한 사회문화적인 인식과 태도의 영향을 받을 수밖에 없다. 이에 따라 연구 조사의 결과는 논리의 타당성보다는 조사 당시의 사회적 사상과 이념이나 정치적인 통제 및 문화적인 요인에 따라 수용과 거부가 결정되기도 한다. 이에 대한 면밀한 대처와 지혜로운 조사 수행이 요구된다.

3. 목회와 선교 분야 현장연구 조사의 형태

목회와 선교 분야에서 활용할 수 있는 현장연구 조사를 유형별로 정리할 필요가 있다. 이는 사회과학방법론에서 일반적으로 다루는 현장연구 조사의 여러 형태다(사회복지교육연구센터, 2012).

1) 탐색적 조사

탐색적 조사에 대한 간략한 소개를 먼저 하면 다음과 같다.

첫째, 예비조사라고도 하는데 그 이유는 조사 설계를 확정하기 전에 예비적으로 실시하는 조사이기 때문이다.

둘째, 예비조사이므로 융통성 있게 운영될 수 있고 수정이 가능하다.

셋째, 연구 문제에 대한 사전 지식이 부족할 경우 실시한다.

넷째, 탐색조사를 바탕으로 연구 문제를 확인하고 변수를 파악한 후 변수 간 상관관계를 파악하여 가설을 정립한다.

다섯째, 문헌조사, 경험자 조사, 특례조사 등이 있다.

탐색적 조사로서 매우 빈번하게 사용되는 몇 가지 조사를 좀 더 구체적으로 살펴보면 다음과 같다.

① 문헌조사

조사대상이나 조사 분야에 대한 지식이 부족한 경우에 행하는 최초의 조사로서 관련 분야의 문헌을 조사한다. 문헌조사는 문제를 규명하고 가설을 정립하기 위한 가장 경제적이고 빠른 방법이다. 문헌조사를 통해 얻어지는 자료는 2차 자료이다.

② 경험자 조사(전문가 의견조사)

조사 분야에 대한 경험이나 전문지식을 가지고 있는 사람으로부터 정보를 획득하는 방법이다. 문헌조사의 보완적인 방법으로서 연구초보자에게 도움이 된다. 전문가의 의견으로 해결책을 찾는 것이 아니라 전문가의 의견을 참조하기 위해 실시되는 조사이다.

③ 특례분석(특례조사)

연구문제의 설정이 빈약하거나 기존의 연구 자료가 부족할 경우 사용되는 사례조사의 하나로 본 조사의 상황과 유사한 상황을 찾아내어 분석함으로써 현 상황에 대한 논리적인 유추를 하는 분석 방법이다. 특례분석은 문제의 규명과 관련된 변수들의 관계를 명확히 하는 데 효과적이지만 사전적인 조사방법이므로 그 결과가 결정적인 것이 아니라 시사적인 의미만 가진다.

2) 기술적 조사

기술적 조사에 대한 간략한 소개를 하면 다음과 같다.

첫째, 현상의 모양이나 분포, 크기, 비율 등 단순 통계적인 것에 대한 조사이다.
둘째, 기술조사는 발생빈도와 비율을 파악할 때 사용한다.
셋째, 관련 변수간의 상관관계(긍정적, 부정적 관계)를 설명하지만 인과관계(특정 변수가 다른 변수에게 영향을 끼치는 영향의 방향)를 기술하는 것은 아니다.
넷째, 미래에 대한 예측을 할 수 있다. 관심 있는 변수의 미래상황을 이와 관련 있는 변수의 변화를 통해 개략적으로 예측한다.
다섯째, 기술조사는 탐색적 조사와 달리 연구문제와 가설을 설정한 이후 실시된다.
여섯째, 기술조사는 어떤 현상에 대한 단순한 실태를 기술하기 때문에 실태조사의 형태를 띤다.
일곱째, 횡단조사와 종단조사가 있다.

대표적인 기술적 조사인 횡단조사와 종단조사를 보다 더 구체적으로 살펴보자.

① 횡단조사

횡단이란, 서로 다른 연령, 인종, 종교, 성별, 소득수준, 목회와 선교 현장수준 등 광범위한 사람들의 표집이다. 횡단조사란 인구의 횡단을 조사하는 것이다. 즉, 일정 시점에서 특정 표본이 가지고 있는 특성을 파악하거나 이 특성에 따라 집단을 분류하는 것으로 목회와 선교 현장 분야에 널리 사용된다.

❶ 일정시점에서 측정하므로 정태적인 성격을 갖는다.
❷ 주로 표본조사를 행하며 측정이 반복해서 이루어지지 않는다.
❸ 조사대상의 특성에 따라 여러 집단으로 분류하므로 표본의 크기가 커야 한다.

② 종단조사

시간의 흐름에 따라 조사대상이나 상황의 변화를 측정하는 것으로 일정한 시간 간격을 두고 반복적으로 측정하여 자료를 수집하는 조사방법이다.

❶ 일정한 시간적 간격을 두고 측정하므로 동태적이다.
❷ 주로 표본조사를 행하며 수주일, 수개월의 장기간 동안 측정이 반복해서 이루어진다.
❸ 장기간, 반복적으로 측정이 이루어지므로 비용이 많이 든다.
❹ 유형에 따라 서로 다른 시점에서 동일 서비스이용당사자를 추적해 조사해야 하므로 표본의 크기가 작을수록 좋다.
❺ 장기간에 걸쳐 조사서비스이용당사자의 상황의 변화를 조사할 수 있다.
❻ 조사 결과 얻어진 자료는 변화분석에 의해 분석되어진다.
❼ 패널조사, 경향조사, 동년배 조사로 나뉜다.

<표 2-1> 횡단조사(연구)와 종단조사(연구)의 차이점

횡단조사(연구)	종단조사(연구)
표본조사	현장조사
일정 시점에 상이한 특성을 가진 집단을 조사, 비교하는 방법	일정한 기간 동안 수행하는 연구
단일 측정(1회 측정)	반복적 측정
일정시점의 특정 표본이 가지고 있는 특성을 파악 (정태적)	일정 기간 변화하는 상황에 대한 조사 (동태적)
단기간에 자료 수집 용이	시간의 흐름에 따라 특정현상이 어떻게 변화되었는지 명확하게 파악 가능
종단연구에 비해 경제적	자료수집에 비용, 시간이 발생
조사대상의 특성에 따라 집단을 분류하여 비교분석 하므로 종단 연구에 비해 표본의 크기가 큼	내적 타당도가 결여될 가능성

3) 설명적 조사

설명적 조사란, 사실의 인과관계를 규명하거나 미래의 사실에 대해 미리 예측하는 조사로서 전자를 진단적 조사, 후자를 예측적 조사라고 한다. 특정 변수에 영향을 미치는 변수의 조사 등이 해당된다. '왜?'에 대한 해답을 제공하는 것으로 목회와 선교 현장에 있어서 문제의 원인을 파악하고 개입활동이 어떠한 효과가 있는지 파악하기 위해 설명적 조사를 실시한다.

4) 순수조사와 응용조사

순수조사는 기초조사(basic research)라고도 하며 조사자의 지적 호기심을 충족하기 위해 순수하게 지식 자체만을 획득하려는 조사를 말한다. 응용조사는 문제를 해결하거나 개선하기 위해서 기존의 조사결과를 재응용하여 활용하려는 목적으로 사용되는 조사로 현장응용도가 높은 조사방법이다. 목회와 선교 현장 분야에서는 인간과 관련된 현상이나 문제를 해결하는데 목적이 있으므로 대부분 응용조사를 실시한다. 즉, 목회와 선교 현장 프로그램을 효율적으로 실시되도록 하기 위한 지식이나 자료를 획득하기 위해 실시된다.

5) 평가조사

평가조사란 목회와 선교 현장 정책이나 프로그램의 효과성을 평가하기 위해 실시되는 조사이다. 조사의 목적은 지식의 획득이 아니라 프로그램의 지속, 중단 등의 여부의 평가이다. 응용조사의 하나로 최근 목회와 선교 현장 분야에서 책임성을 요구하는 일과 관련하여 중요시되고 있다.

6) 통계조사: 전수조사와 표본조사

전수조사란 조사대상이라고 생각되는 모든 부분을 대상으로 조사하는 것이다. 목회와 선교현장에서 전 교인이나 사역에 참여한 이들을 모두 조사할 경우 전수조사에 해당이 된다, 그러나 이런 전수조사의 경우 시간과 비용이 많이 들기 때문에 전수조사가 어려운 경우 표본조사를 고려할 수 있다. 표본조사는 모집단의 일부만을 선출하여 조사대상 전체를 추정하는 조사를 말한다.

7) 사례조사와 서베이조사

'사례조사'란 특정 사례를 조사하여 현상이나 문제를 전체적으로 파악하고 실증적으로 분석하는 조사이다. 조사대상의 독특한 성질을 구체적으로 상술하며 행동이나 특성의 변화와 영향요인들과의 인과관계를 파악하는데 유용하다. '서베이조사'는 모집단을 대상으로 추출된 표본에 대하여 설문지 같은 표준화된 조사도구나 혹은 간략한 질문지 등을 사용하여 직접 질문함으로써 필요한 자료를 수집하는 방법이다. '서베이조사'는 표본조사이며 설문지, 질문지 등과 같은 도구를 사용하지만 실험을 행하지 않는다. 지역사회 욕구조사나 전문가 인식조사 등을 대표적인 예로 들 수 있다.

8) 현지조사

연구문제를 설정하거나 가설을 형성하기 위해 현장에 나가서 직접 면접을 통해 자료를 수집하는 조사이다. 조사대상의 개인적 요인(가치관, 행동, 태도 등)과 사회적 요인(환경)을 조사하여 이들의 관계를 연구한다(예: 노숙자 조사). 현지조사는 현지의 영향요인에 대해 실험조작을 하지 않고 있는 그대로 조사한다. 현지조사에는 관찰, 면접, 사례연구 등이 있다. 특히 선교 현장에서 사역하는 선교사의 경우 현지조사는 매우 유용한 연구방법이 될 수 있다.

9) 실험조사

조사자가 외생적 요인들에 대해 의도적으로 통제하고 인위적으로 관찰조건을 조성함으로써 독립변수의 효과를 측정하거나 독립변수(원인 변인)가 종속변수(결과 변인)에 영향을 미치는 인과관계에 대한 가설을 검증하는 조사방법이다.

10) 양적조사와 질적조사

양적조사는 대상의 속성을 계량적으로 표현하고 그들의 관계를 통계분석을 통해 밝혀내는 조사이다. 질적조사는 언어, 몸짓, 행동 등 상황과 환경적 요인들을 조사하는 방법이다. 목회와 선교현장에서 설문지를 활용하여 사역의 만족도, 참여자들의 변화를 수치로 환산하여 조사하려면 양적조사에 해당하게 된다. 한편 사역 프로그램에 참여한 서비스이용당사자들의 경험과 변화를 분석한다면 질적조사를 수행하게 된다. 양적 및 질적조사는 상이한 연구과정과 분석기법이 상이하기 때문에 연구자의 관심사와 연구 질문에 따라 구분되어 지기도 하고 혼합방법론을 활용할 수도 있다.

11) 미시조사와 거시조사

미시조사란 분석단위가 개인인 개별적 조사이며 거시조사란 사람들의 집합이나 큰 지역 등 집합적 조사이다. 목회와 선교현장에서 특정한 교회나 선교단체 내에 개개인을 위한 조사는 미시조사에 해당되며, 지리적 범주 안에 위치한 교회, 선교기관에 대한 조사를 실시할 경우는 거시조사에 해당된다.

4. 목회와 선교 현장의 평가를 위한 연구조사

1) 목회와 선교 현장에서 평가의 중요성과 개념

(1) 목회와 선교 현장에서 평가의 중요성
목회와 선교 현장에서 평가가 왜 필요하며 중요한지를 간략하게 정리하면 다음과 같다.

① 제한된 자원의 효율적 활용 점검
목회와 선교 현장에서의 사역이 양적, 질적으로 팽창하게 되면 목회자와 선교사에 할당되거나 가용할 수 있는 자원은 최대한 효율적으로 활용되어야 한다. 더욱이 교회와 성도의 눈물어린 헌금과 후원으로 형성된 자원을 효과적이며 효율적으로 사용하는 것은 매우 중요한 일이다. 이에 자원 사용의 투명성과 신뢰성의 검증을 요구할 수밖에 없다. 평가는 바로 이런 점에서 반드시 필요한 사역 절차 중 핵심이 된다.

② 평가를 위한 근거와 명분의 마련
목회와 선교 현장에서 이뤄지는 다양한 사역들을 평가하게 되면, 그와 같은 실행된 평가가 이후의 사역 가운데서도 실행되는 근거가 된다. 사역에 대한 평가가 건전한 문화로 자리 잡게 되면 평가 자체가 사역을 지속해나가는 명분이 됨과 아울러 원동력이 된다. 그래서 평가는 꼭 해야 한다.

③ 목회와 선교 현장 내부에서 성숙되어 온 평가의 필요성과 이해의 증대
평가를 통해 목회와 선교가 더욱 건강해지고, 점차 양질의 사역으로 성숙될 수 있다. 그래서 목회와 선교 현장에서 활동하는 목회자와 선교사를 비롯하여 동역하는 평신도 지도자들과 동료 사역자들도 자연스럽게 사역의 평가는 필요하다는 인식이 확대된다.

④ 목회와 선교 현장에서의 평가 미흡

❶ 과도한 업무와 재정 부족으로 특징 지워진 목회와 선교 현장 환경

평가의 소중성이 크고, 동시에 사역과정의 주요 책무로 인식됨에도, 부족한 재정과 열악한 근무 환경 속에서 오로지 사명감으로 과도한 업무를 감당해야 하는 한국교회의 목회와 선교 환경이 평가를 또 하나의 업무로 여기게 한다. 결과적으로 평가를 기피하게 하거나 어렵게 한다.

❷ 평가에 대한 노하우 부족과 과학적 평가에 대한 이해 부족

목회자와 선교사들의 평가에 대한 경험과 노하우가 부족하다보니 사역현장에서 평가를 제대로 하지 못하는 경우가 빈번하게 발생된다. 더욱이 목회와 선교의 특성상 과학적 평가가 어렵다는 오도된 인식이 만연하게 퍼져 있다. 사역에 대한 점검과 평가는 필요 없고, 오직 기도하고 성령 충만하기만 하면 하나님께서 모든 것을 다 해주신다는 신념이 절대시되어서는 안 된다. 어떤 측면에서는 이는 결코 틀린 말이 아니다. 하지만 때때로 이와 같은 신념으로 포장된 억지 주장이 자기방관 내지 핑계의 요소로 오용되어서는 절대 안 된다.

(2) 목회와 선교 분야 현장연구 평가의 개념과 유형

목회와 선교 현장에서 활용할 수 있는 평가의 개념과 유형을 살펴보면 다음과 같다.

① 목회와 선교 현장에서 사용 가능한 평가

개인, 가족, 소집단에서 이뤄지는 목회자와 선교사의 사역 활동에 대한 평가에 초점을 모을 수 있다. 이때, 활용하는 목회와 선교 현장 평가란 목회와 선교 현장 프로그램, 기관 계획, 수행, 활용 등 포괄적 활동에 대한 체계적 판단을 의미한다.

② **평가 분류**

목회와 선교 현장 평가를 몇 가지로 분류하면 자료속성, 평가시점, 총괄평가방법, 개입 대상에 따라 구분할 수 있다.

<표 2-2> 평가 유형에 따른 분류

분류	평가 방법	내용
자료 속성	양적 평가	계량화 가능, 많은 대상으로 실시 가능
	질적 평가	계량화 어려움, 소수 사례 분석
평가 시점	형성 평가	목회와 선교 현장의 개입과정을 사정하는 것
	총괄 평가	개입 방식의 효과나 성과연구
총괄 평가 방법	결과 평가	의도된 결과 성취정도, 대상 개입결과 평가, 비교적 평가 수행
	평가 연구	목회자와 선교사의 개입으로 결과가 성취된 것인가를 밝히고 개입과 결과의 인과적 관계를 파악하고자 사용
개입 대상	실천 평가	목회자와 선교사 개입 노력 사정
	프로그램 평가	프로그램의 효과성과 효율성을 평가

(3) 집단설계와 단일사례연구설계의 특성 비교

목회와 선교 현장에서 평가의 일환으로 빈번하게 활용할 수 있는 집단설계와 단일사례연구설계를 상호 비교하면서 그 특성을 정리하면 다음과 같다.

① **집단설계**

집단설계에는 다음과 같은 유형들이 있다.

❶ 실험집단설계: 연구대상이 되는 두 집단을 무작위로 표집한 후, 실험집단에 의도적인 개입을 하고, 통제집단에는 개입을 하지 않고 두 집단 간 결과 차이를 비교함으로 개입 성과를 파악하는 것이다.

❷ 유사 실험설계: 평가대상의 의도적 표집을 전제한다.

❸ 집단실험연구의 한계성: 개별적 문제를 평균화함으로 개입차를 무시하고 통계적 의미를 중심함으로 임상적 의미는 약화될 가능성이 높으며, 목회와 선교 실천의 현장에서 많은 수의 서비스 이용당사자를 확보하기 어렵다. 또한 실험연구를 시행함에 있어 다양한 윤리적 문제 발생 가능성이 높다.

② 단일사례연구설계

단일사례연구설계에 대해 간략하게 설명하면 다음과 같다.

❶ 독립변수와 종속변수 사이의 인과결과를 설정하기 위해 통제된 환경 하에 하나의 유기체에 대해 개입하기 전과 후의 변화를 측정하는 평가연구방법이다.

❷ 단일 서비스이용당사자를 대상으로 개입 전, 개입동안, 후를 반복적으로 관찰하여 변화를 평가한다.

❸ 평가 절차가 이렇게 이뤄진다. '목표구체화→적절한 측정도구 선택→기초선 자료에 대한 기록→개입과 점검→변화 사정→효과성 추론'이다.

<표 2-3> 집단설계와 단일사례 연구 특성 비교

비교	집단설계	단일 사례연구
대상	집단	개인
개입 횟수	한번	집중적 개입
종속변수 규정	평균값 측정치	표적행동 변화
관찰횟수	한두 번 정도	반복해서 측정
자료 분석	통계적 추론	단순화 도표
개입절차 융통성	미리 정해진 절차로	숙련 정도에 따라 체계적 순서대로 다소 융통성 있게 실시
연구주제 범위	어떤 주제 연구에도 적용가능	목표행동의 습득과 일반화 유지효과를 입증하기 위한 연구주제 한정
서비스 이용당사자 선정방법	무선 표집	무선 표집과 의도적 표집
측정절차	간접적 측정을 주로, 사전·사후와 같은 불연속적 측정을 함	직접적 관찰이나 측정, 연속측정을 함.
수집 자료 규모	종속변인이 많아도 됨, 서비스이용당사자 많아야 함	종속변인 수가 적음(1개)
신뢰도 측정	종속변인에 대한 관찰자간 신뢰도로 충분	종속변인뿐 아니라 독립변인에 대한 신뢰도 중요
독립변인	주로 명명되므로 수량화에 어려움 있음	주로 기술되거나 조작적으로 정의되므로 수량화 가능
자료 분석	추리 통계적으로 처리	그래프를 통한 시각적 분석

③ **프로그램 평가를 위한 지침**

목회와 선교 사역 또는 프로그램 수행에 따른 평가를 위한 몇 가지 지침을 제시하면 다음과 같다.

❶ 평가 자료와 보고의 사용자 명확화
❷ 평가가 가능한지 결정
❸ 프로그램 목표와 목적 진술
❹ 평가될 프로그램의 개입 서술
❺ 변화에 대한 측정 가능한 지표 선정
❻ 적절하고 사용 가능한 자료수집과 측정도구 선정
❼ 자료를 어떻게 수집하고 도표화하여 분석할 지 계획
❽ 평가 결과 해석

④ **평가 윤리**

목회와 선교 분야 현장연구의 평가에서도 윤리적 접근은 매우 중요하다.
❶ 비밀보장, 서비스이용당사자 자기 결정, 기록을 서비스이용당사자가 볼 수 있는 권리에 대한 평가적용이 중시 된다.
❷ 집단연구의 윤리를 반드시 준수해야 한다. 의도적 통제집단의 설정의 경우 서비스이용당사자의 문제를 방임하는 것이 문제가 될 수 있다. 그러므로 서비스이용당사자를 보호하는 윤리적 지침을 마련해서 지켜야 한다.

2) 목회와 선교 현장에서의 연구윤리 지침

연구윤리적인 원칙과 지침은 매우 중요하다. 이는 연구를 설계하는 단계에서부터 연구의 전 과정에 걸쳐 철저하게 고려되고 준수되어야 한다. 그런데 목회와 선교 현장에서 이뤄지는 연구들의 경우 이미 목회자와 선교사가 오랜 기간 사역을 수행한 성과로부터 출발할 때가 많다. '연구자이면서 실천가'이며 '실천가이면서 연구자'인 독특한 모습이 목회자와 선교사에게 나타나는 것이 다반사. 그러다 보니 현장연구를 시작하는 단계가 사역의 경험이 이미 풍성해져 있을 때이고, 연구 참여자 또는 연구 대상자와 친밀한 인간관계가 형성되어 있거나 더욱이 삶의 터전도 공유되어 실제로 함께 살아가는 경우가 많다.

그 결과, 현실적으로 연구의 설계 단계라 해도 사역은 지속적으로 수행되어오는 과정이 된다. 즉, 기존의 사역을 평가할 때가 곧 본격적인 현장연구를 시작하는 시점이 되는 것이다. 그래서 사역을 일차적으로 평가 단계에서부터라도 연구윤리 지침에 대한 분명한 이해가 있어야만 연구를 수행할 때 윤리적 접근을 할 수 있게 되는 것이다.

(1) 연구윤리 지침의 필요성

연구윤리 지침을 이해하는 작업은 연구수행 과정 중에 발생할 수 있는 다양한 연구윤리 문제 상황에 적절히 대응할 수 있게 하는 최선의 방법이 된다. 실례로 부당한 저자표시, 중복게재, 표절 등 빈번하게 발생하는 연구부정행위를 사전에 방지하고 이를 토대로 연구의 진실성을 확보하는 데에도 연구윤리 지침은 크게 유용하다. 특히 목회자와 선교사는 하나님의 일을 대행하는 성직자이며 그러기에 연구자의 사회적 책임을 그 어떤 사람들보다도 강하게 감당해야 한다. 또한 목회 및 선교 현장에서의 현장연구는 사회적 약자와 취약계층, 현지 원주민 등 지역사회의 열악한 생활환경 속에 자리한 사람들을 대상으로 할 가능성이 크므로 더더욱 윤리적으로 책임 있는 연구수행이 필수적이다.

(2) 연구윤리 지침의 개념

연구의 '제안과 계획, 수행, 보고, 검토, 확산(예: 출판, 고지 등) 등'과 같은 '연구의 전 과정'이 바람직한 연구로 이뤄지도록 연구자의 책임 있는 태도와 자세를 견지할 수 있는 '윤리적 원칙과 올바른 행동 규범'이 바로 연구윤리 지침이다. 특히 여기에서 주목해야 할 지점은 연구수행과 그에 따른 연구결과의 도출이 정직하고 타당한 연구방법에 의해 이뤄져야 한다는 것이다. 이렇게 연구수행이 투명하면서도 진실하게 진행되어 연구의 신뢰성을 확보할 수 있도록 정확한 연구기록이 무엇보다도 중요하다.

(3) 연구윤리 지침에 담겨져 있는 핵심 내용

연구의 전 과정에서 연구의 핵심가치를 지켜가도록 이끄는 내용이어야 한다. 대표적인 핵심가치는 다음과 같다(이효빈, 조진호, 엄창섭, 현명호, 2019).

첫째, 객관성이다. 객관성은 특정한 동기가 연구자의 연구수행에 영향을 미치지 않도록 해야 하는 것을 말한다.

둘째, 정직성이다. 정직성은 연구의 전 과정에서 연구자료와 데이터를 사실 그대로 활용하고 보고해야 한다는 것이다.

셋째, 개방성이다. 연구수행을 통해 획득된 데이터와 결과를 투명하게 공개해야 한다는 것이다.

넷째, 공정성이다. 연구자원을 배분하거나 연구업적을 평가하는 경우 등에서 친분이나 이해관계에 영향을 받지 않아야 한다는 것이다.

다섯째, 책무성이다. 연구수행 과정과 연구결과의 타당성을 입증할 수 있어야 한다는 것이다.

여섯째, 관리이다. 관리는 연구의 가치가 잘 확산되고 연구자들의 활동이 진작될 수 있도록 연구공동체를 운영해야 한다는 것이다.

결국, 핵심가치로 표현되는 튼실한 윤리적 원칙들을 바탕으로 최고 수준의 전문가성과 엄격성을 토대로 연구를 수행하게끔 돕는 내용이 연구윤리 지침 속에 담겨야 한다. 특히 목회와 선교 현장은 인류가 당면한 수많은 삶의 문제들 가운데서도, 특별히 인생의 곤고함, 고통과 좌절 등을 복음으로 해결해가려는 치열한 노력과 사역자들의 수고가 담겨져 있다. 이때 유의해야 할 점은 연구 참여자 또는 연구 대상자에 대한 정보 보호와 인권적 침해의 예방 등이다. 이를 위해 연구진실성 확보와

'연구 참여자 또는 연구 대상자' 권리 보장, '이해 충돌' 관리 등을 담당하기 위한 부단한 노력이 요구된다.

여기에서 가장 먼저 연구진실성을 확보하기 위해서는 '연구부정행위'를 해서는 안 된다. '연구윤리 확보를 위한 지침(2018. 07. 17 시행)'에 따르면 '연구부정행위'란 연구의 제안, 연구의 수행, 연구결과의 보고 및 발표 등에서 행하여진 위조, 변조, 표절, 부당한 논문저자 표시 행위 등을 말한다. '위조'는 존재하지 않는 데이터 또는 연구결과 등을 허위로 만들어내는 행위를 말한다. '변조'는 연구재료와 장비, 과정 등을 인위적으로 조작하거나 데이터를 임의로 변형, 삭제함으로써 연구내용 또는 결과를 왜곡하는 행위를 말한다. '표절'이라 함은 타인의 아이디어, 연구내용과 결과 등을 정당한 승인 또는 인용 없이 도용하는 행위를 말한다. '부당한 논문저자 표시'는 연구내용 또는 결과에 대하여 과학적, 기술적 공헌 또는 기여를 한 사람에게 정당한 이유 없이 논문저자 자격을 부여하지 않거나 과학적, 기술적 공헌 또는 기여를 하지 않은 자에게 감사의 표시 또는 예우 등을 이유로 논문저자 자격을 부여하는 행위를 말한다.

다음으로 '이해 충돌'은 목회자와 선교사가 매우 유심히 살펴야 하는 연구윤리적인 이슈가 된다. 즉, 목회자와 선교사가 연구자로서 현장연구에 임하는 순간부터는 모든 연구 활동에서 사적인 이해관계가 관련되어서는 안 되는 것이다. 공정하고 청렴한 연구개발이 이뤄져야 하는 것이다. 목회자와 선교사로서 연구를 수행할 때, 그 어떤 연구자들보다도 스스로 연구윤리를 중요하게 인식하여야 한다. 단순히 규정을 준수하는 이상으로 사회의 변화와 요구를 수용하여 책임 있는 연구를 수행하려는 노력이 요구된다.

한편, 연구자의 인권과 권익을 보호하는 장치도 마련되어야 한다. 많은 경우 목회자와 선교사의 사역 현장은 위험과 위협에 노출되어 있을 가능성이 크다. 예를 들면 무슬림 지역이나 공산권에서 선교활동을 하는 경우를 말할 수 있을 것이다. 이런 현장에서 연구를 수행할 때는 목회자와 선교사의 안전과 신체적 및 정신적 건강 보호를 최우선으로 염두에 둬야 한다.

(4) 연구윤리 실천의 첫걸음: 기관생명윤리위원회

연구윤리를 실천하는 가장 기본적인 출발은 연구 참여자로부터 연구 동의를 득하는 것이다. 이를 위해 별도의 설명문과 연구 참여 동의서를 마련하여 제시함으로 연구 참여자의 권리를 보장할 수 있어야 한다.

「생명윤리 및 안전에 관한 법률」은 연구자가 지켜야 할 최소한의 윤리적 기준을 준수할 수 있도록 보건복지부장관이 지정한 공용기관생명윤리위원회(IRB)를 두어 연구자의 연구윤리교육을 지원하고 연구에 필요한 권고서식을 제정하여 연구자들이 활용할 수 있도록 하고 있다.

또한 대학을 비롯한 교육기관과 의료, 연구기관은 보건복지부에 등록한 심의기구로 기관생명윤리위원회(Institutional Review Board: IRB)를 두고 있다. 기관생명윤리위원회는 인간 대상 연구나 인체 유래물 연구에 있어서 생길 수 있는 인간존엄성에 대한 침해와 연구대상자에 대한 물리적·심리적 위험을 사전에 예방하고 그 위험을 최소화하도록 하는 역할을 한다. 이를 위해 인간 대상 연구, 인체 유해물 연구 등의 윤리적·과학적 타당성을 사전에 검토하고 심의하여 연구 수행을 승인하고, 승인 이후 연구의 진행과정 및 결과에 대해 조사·감독하며, 소속 연구자 및 종사자 교육 및 연구자 윤리지침 마련 등의 역할을 수행하고 있다.

연구 승인 과정에서 기관생명윤리위원회는 다음 사항을 판단한다(스티븐 B 헐리 외/임상시험 리뷰연구회 역, 2015).

첫째, 연구대상자의 위험도가 최소화되었는가?
둘째, 예상되는 혜택 및 연구 결과물에서 기대되는 지식의 중요도와 비교할 때 위험이 합리적인 수준인가?
셋째, 연구대상자 선정과정이 공정한가?
넷째, 연구대상자의 혹은 그들의 법적 대리인으로부터 사전동의를 구하였는가?
다섯째, 비밀히 적절히 보호되고 있는가?

단, 다음의 경우에는 기관생명윤리위원회 심의 시 연구대상자에 대한 서면동의를 면제할 수 있다(공용기관생명윤리위원회, 2024).

첫째, 연구대상자의 동의를 받는 것이 연구 진행과정에서 현실적으로 불가능하거나 연구의 타당성에 심각한 영향을 미친다고 판단되는 경우

둘째, 연구대상자의 동의 거부를 추정할 만한 사유가 없고, 동의를 면제하여도 연구대상자에게 미치는 위험이 극히 낮은 경우

제2부

통합연구의 세부 방법

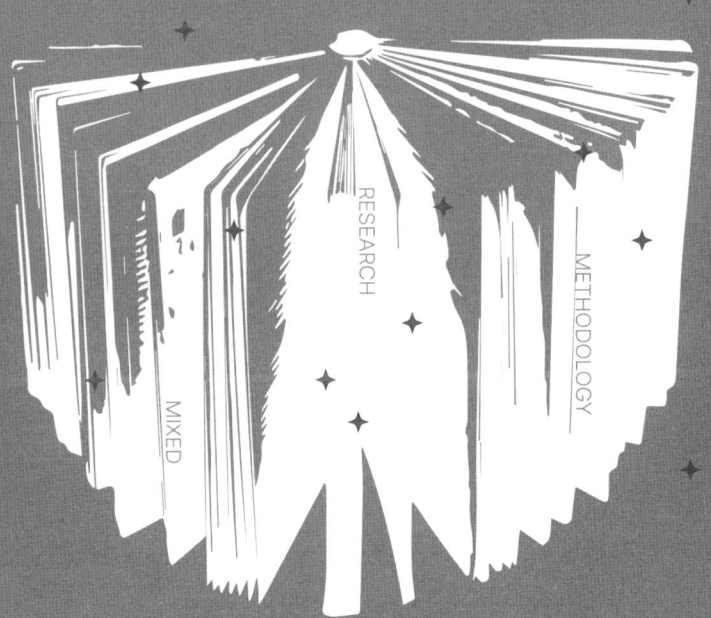

제2부
통합연구의 세부 방법

    제1부에서는 '통합연구방법의 개념과 실제'를 일목요연하게 정리해서 설명하였다. 제2부에서는 통합연구방법을 구성하는 양적연구와 질적연구를 보다 세부적으로 면밀하게 다룬다.

    이에 제2부에서는 우선 양적연구방법을 이해하기 위해 연구 과정부터 세밀하게 살펴보면서 이를 연구자 자신의 연구에 적용할 수 있게끔 내용을 구성했다. 다음으로, 질적연구방법을 수행하는데 필요한 이론적 핵심을 파악하고 자신의 연구에 맞는 연구방법을 선택할 수 있게끔 의도했다. 특히 질적연구의 유형들을 알고, 각 유형에 따른 주요 사항들과 자료수집 방법을 파악할 수 있도록 했다.

교회의 목회와 선교를 위한 연구를 시작할 때, 다음과 같은 질문을 하면 유용하다.

첫째, 어떤 종류의 사역을 하려는가?
둘째, 어떤 종류의 리더십을 필요로 하는가?
셋째, 어떤 종류의 정보가 사역에 더 큰 도움을 주겠는가?
넷째, 그 기관(또는 교회)의 연구활동은 어떤 역할을 하고 있는가?

* 출처: 소가드, 비고. (Sogaard, Viggo). 김에녹 역. (2011). 현장사역: 조사연구 방법론. 서울: CLC. p. 34.

[제3장]

양적연구방법의 이해

1. 양적연구의 이해

　양적연구란 사회과학조사의 하나로 사회현상을 연구하기 위해 연구대상의 속성에 숫자를 부여하여 자료를 수집하고, 그 자료를 분석하는 데 기술통계와 추리통계라는 통계분석기법을 사용하는 연구방법이다. 양적연구의 대표적인 방법은 실험과 서베이 조사를 들 수 있다. 자료수집 수단으로는 설문지 또는 구조화된 면접을 사용하여 표본으로부터 수집된 정보를 토대로 모집단에 대한 일반화를 추구한다(김구, 2008: 73).

　양적연구는 계량적이고 측정 가능한 결과를 도출하며 연역적 속성을 지닌다. 연역적 방법은 일반적인 것에서 구체적인 것으로 결론을 내리는 접근방식으로 주로 하향적 접근이라고 불리는데 연구자는 이론이나 논리로부터 가설을 도출하고 경험적으로 검증해 나감으로써 이론을 확인하는 과정을 거친다.

　과학에 대한 접근방법으로 경험주의적 접근방법은 바로 양적연구를 말하며 이는 전통적으로 과학이라는 용어와 동의어로 인식되어 왔다. 특히 사회과학에서 양적연구는 심리학, 사회복지학, 교육학 등 광범위한 학문 분야에서 오랫동안 주류 연구방법으로 자리 잡아왔다.

2. 양적연구의 과정

양적연구의 과정은 학자마다 상이하지만 일반적인 체계는 문제 형성, 연구 설계, 자료 수집, 자료 분석, 결과 제시 등 5단계로 구성된다. 과학적 연구의 단계 및 활동을 살펴보면 [그림 3-1]과 같다.

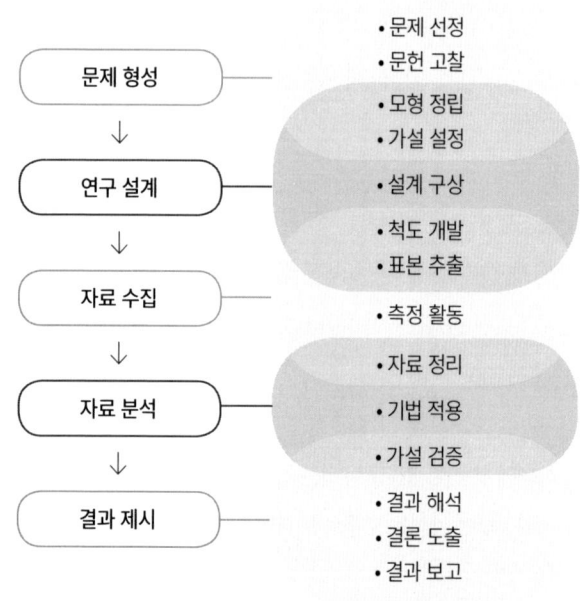

[그림 3-1] 과학적 연구의 단계 및 활동

* 출처: 김렬. (2011). 사회과학도를 위한 연구조사방법론. 서울: 박영사. pp. 32-33.

1) 문제 형성

(1) 연구문제의 도출

연구자는 연구문제를 선정할 때 다음과 같은 이유를 들 수 있다(채서일, 김주영, 2016).

① 기존 지식의 미비

우리가 알고자 하는 부분에 대해 기존에 알려진 바가 없거나 연구된 바가 없다면 이 부분에 대한 지식이 결핍되어 있음을 확인할 수 있다. 따라서 연구문제를 도출할 때는 현재 우리가 아는 부분과 모르는 부분을 정확하게 파악하고 지식상태를 아는 것이 중요하다.

② 연구결과의 상충

가령 자율적인 선교방법과 강제적인 선교방법 중에서 어느 방법이 서비스이용당사자들의 회심과 성숙을 도모하는데 바람직한 방법인가에 대한 기존의 연구결과들이 미흡하거나 혹은 일치하지 않고 있다면 이는 실험설계, 개념의 정립, 변수의 조작화 과정을 개선하거나 당사자들의 성격, 가정환경 등과 같은 외생변수들을 통제하면서 계속적인 연구를 하여야만 진정한 인과관계를 정립할 수 있을 것이다.

③ 새로운 현상과 기존 지식체계와의 연결

문제를 인식하는 다른 방법으로 우리가 기존에 알고 있는 현상들이 서로 어떻게 관련되어 있는가 혹은 새로운 현상이 나타났을 때 이러한 현상과 기존의 현상이 어떤 관련성이 있는가를 질문해 보는 것이다.

④ 연구문제의 가치

학문적 공헌도와 실질적 효용성이 있어야 한다. 물론 어떠한 문제라 할지라도 실제로 연구의 수행을 위해서는 연구가 관련 분야의 지식축적에 상당한 공헌을 할 수 있어야 한다. 연구라는 것은 현상에 대한 이해와 설명 및 미래의 예측을 위한 지식의 축적에 의의를 두기 때문에 지식의 축적에 도움을 줄 수 없는 문제는 연구의 가치를 상실하게 되는 것이다.

(2) 연구질문과 가설

연구문제를 선정하였다면 다음 단계로 연구질문과 가설을 도출하는 것이다. 각 단계의 의미를 잘 파악하고 가설을 도출하는 과정은 연구문제 형성 단계와 연구 설계에서 중요한 역할을 한다.

① 연구질문

목회와 선교, 기독교사회복지실천 분야에서 보통 아이디어는 당사자에 대한 관찰, 개인적 경험, 사회적 요청, 동료와의 토론 또는 문제에 관련된 문헌을 읽다가 생긴다. 연구질문은 주로 연역적 또는 귀납적 방법을 통해서 제시된다. 다른 분야의 조사질문과 달리 목회와 선교, 기독교사회복지실천의 조사질문은 실제 해결해야 할 당사자의 삶의 문제나 사회환경적 문제에서 유래한다. 그리고 일단 질문이 대략적으로 정해지면 다음 단계는 이 질문을 연구 조사할 수 있는 구체적인 질문으로 다시 진술한다(황성동, 2019: 52-53). 예를 들어 살펴보자. 독거 노인은 그렇지 않은 노인보다 심리적으로 어려움을 더 많이 경험할 것인가?라는 질문이 있다고 하자. 심리적 어려움을 측정하기 위해서 연구자는 좀 더 구체적인 연구 질문을 세워야 할 것이다. 심리적 어려움을 측정하는 변수로 우울 척도를 사용할 수 있는 우울감을 선택한다면 측정 가능한 연구 질문이 만들어지게 될 것이다.

<표 3-1> 연구 질문의 예시

일반적 질문	연구 질문
독거 노인은 그렇지 않은 노인보다 심리적 어려움을 더 경험할까?	저소득 노인은 그렇지 않은 노인보다 더 우울감을 경험할까?

② 가설 설정

가설이란 참인지 거짓인지 판단할 수 있어야 하며 이것이 참, 거짓의 여부가 밝혀지면 해결될 수 있는 것을 말한다. 예를 들어 길거리에서 차량에 무궁화가 그려져 있는 것을 보고 "저게 무엇일까"

라고 의문을 가지게 되는 경우 이것은 연구문제의 제기에 해당되며 구체적으로 무궁화 표시와 무궁화가 우리나라를 상징하는 꽃이라는 관계를 연결시켜서 '무궁화가 그려진 차는 정부소유차이다.'라고 표현하게 된다면 이것이 참, 거짓을 판단할 수 있는 가설이 된다. 따라서 가설은 일반적으로 두 개 이상의 변수들 간의 관계를 검증 가능한 형태로 서술해 놓은 하나의 문장이라고 정의할 수 있다. 가설을 세울 때는 ~ 해야 한다는 식의 서술을 하지 않아야 한다. 이러한 주관적 생각이나 가치판단은 검증할 수 없기 때문이다.

<표 3-2> 가설 설정의 예시

일반적 질문	연구 질문
부부관계 불화의 원인 중 경제적 원인 외에 심리적 원인으로는 어떤 것들이 있는가?	남편과 관계가 좋지 못한 아내의 경우 자신의 아버지에 대한 태도는 어떠한가?

조사가설: 남편과 관계가 좋지 못한 아내는 대체로 자신의 아버지에 대한 태도가 부정적일 것이다.

* 출처: 황성동. (2019). 알기 쉬운 조사방법론. 서울: 학지사. p. 52.

2) 연구 설계

문제 형성과정에서 연구문제를 선정하고 연구 질문과 가설을 설정하였다면, 이제 연구 설계 단계에서는 가설을 검증하기 위한 주요 설계를 수행하게 된다. 여기에는 양적연구의 세 가지 목적 중에서 자신의 연구에 맞는 목적에 따른 연구 설계를 수행하게 되며, 가설을 구체화하기 위해 변수를 선정하고 변수를 측정하기 위한 측정 도구를 선정하게 된다.

(1) 조사의 유형

조사 유형은 탐색적 조사, 기술적 조사, 설명적 조사로 구분된다(바비, 얼/고성호 외 공역 2013: 137-140).

① 탐색적 조사

연구자가 필요한 지식 수준이 가장 낮은 형태로 보통 기존의 정보가 별로 없는 주제에 관해 조사될 때 사용된다. 탐색적 조사는 향후 연구가 필요한 주제가 무엇인지를 확인해 내는데 동력이 된다. 즉, 새로운 정치, 종교집단을 조사하고 새로운 마약이 어떻게 통용되는지에 대해 뭔가를 알게 되는 식이다. 탐색적 조사는 사회과학연구에서 매우 가치가 있으며, 연구자가 새로운 작업을 착수할 때 필수적이며, 연구주제에 관해 신선한 통찰력을 제공해 준다.

② 기술적 조사

연구자가 상황과 사건을 기술하는 것에 목적을 두며 미국 센서스 조사가 대표적인 예에 해당된다. 즉, 실업률이 어느 정도인가, 특정 도시의 인종구성 비율이 몇 퍼센트인가 등을 나타낸다. 경험적 기술이 조심스럽게 이루어지면 추측이나 막연한 인상을 대신할 수 있으며, 일상적 기술보다 정확하고 정밀하다는 장점이 있다.

③ 설명적 조사

종종 사회조사는 설명적(explanatory) 목적으로 행해져서 인과관계의 형태로 어떤 현상에 대해 그 이유를 부여하게 된다. 왜 어떤 도시는 다른 도시에 비해 실업률이 높은지, 왜 어떤 사람들은 다른 사람들보다 편견이 더 심한지, 왜 여성은 남성과 같은 일을 하면서도 돈을 덜 버는지 등이 예가 된다. 이러한 질문들에 대해 일상에서도 여러 답변들이 있기는 하지만, 설명적 사회조사는 보다 믿음직한 설명을 제시해 준다.

(2) 변수

사회과학에서 사용하는 변수는 '둘 이상 또는 그 이상의 값 또는 가치를 취하는 경험적 속성을 나타내는 것으로 그 속성에 수치를 부여할 수 있는 개념 또는 경험적으로 측정가능한 개념'을 말한다. 예를 들면 성별은 남자와 여자라는 두 개의 속성으로 이루어졌기에 변수이지만 여자는 속성이 하나이므로 변수에 해당되지 않는다. 자동차 종류(대형, 중형, 소형)는 변수이지만 자동차라는 개념은 변수가 아니게 된다(김구, 2008: 190-191).

변수에는 여러 가지 종류가 있다.

① 독립변수

다른 변수의 변화를 일으키거나 영향을 미친다고 생각되는 변수로 원인변수(Explanatory variable) 혹은 예측 변수(Predictor variable)라고 부른다. 여기서 '독립'이라는 용어를 사용하는 이유는 다른 변수에 영향을 받지 않음을 나타내기 위해서다. 그러니까 독립변수는 다른 변수에 영향을 받지 않는다.

② 종속변수

다른 변수에 의해 영향을 받아 결과를 나타내는 변수 (결과가 되는 변수)이다. 실제적으로 설명하면 독립변수가 입력 값이나 원인을 나타낸다면 종속변수는 결과물이나 효과를 나타낸다.

③ 매개변수

독립변수와 종속변수에 매개역할을 하는 변수로서 독립변수는 매개변수로 인해 종속변수에 간접적으로 영향을 주게 된다.

④ 조절변수

독립변수와 종속변수 사이의 관계를 조절하는 변수이며, 주로 상황을 나타내는 경우가 많아 상황변수라고도 한다.

(3) 조작적 정의 또는 조작화

조사 연구에서 인식되고 측정되어야 할 변수를 결정하고 나면 이것을 구체적으로 정의하는 일이 필요하다. 즉, 연구자는 변수에 대해 정확하게 조작적으로 규정하여 어떤 사람도 변수가 측정되고 관찰된 것을 정확히 이해하는데 문제가 없도록 해야 한다(황성동, 2019; 60). 보통 조작적 정의를 연구자 스스로 판단하기 어렵다. 따라서 기존 문헌 검토를 통해 내가 조사하고자 하는 변수를 어떻게 정의하였는지 살펴보고 기존 척도를 활용할 수 있다.

(4) 분석단위 명확화

조사 연구과정에서 도출된 내용들을 분석할 때, 분석단위를 명확하게 하는 작업이 매우 중요하다(바비, 얼/고성호 외 공역 2013: 150-154).

① 개인

개인은 사회과학 연구를 비롯하여 현장연구에서도 가장 전형적인 분석단위에 속하며, 개인에 대한 기술을 종합하고 분석함으로써 사회집단과 상호작용을 기술하고 설명한다. 또한 어떤 유형의 개인도 분석단위가 될 수 있으며, 연구는 특정한 유형 혹은 집단의 개인들을 다룬다(예: 대학생, 빈곤장애인, 독거노인, 노숙자, 교회신도, 편부모, 조부모, 미국유권자 등).

② 집단

하나의 개체로 여겨지는 어느 한 집단의 특징에 대하여 관심을 가질 수 있다(예: 친구집단, 부부, 센서스 조사구, 도시 혹은 지리적 지역 등).

③ 조직

사회조직을 분석단위로 조사하는 것으로 대학, 군대, 학과 등을 예로 들 수 있다.

④ 사회적 가공물

모든 인간의 생산물과 행동을 의미하는 사회적 가공물로는 책, 시, 그림, 자동차, 건물, 노래, 도자기, 농담, 결시에 대한 학생의 변명 등을 예로 들 수 있다.

<표 3-3> 사회적 가공물을 분석단위로 조사한 연구

> 리노어 와이츠만(Lenore Weitzman)과 그녀의 동료들은(1972) 성역할이 어떻게 가르쳐지는지에 관심을 가졌다. 그들은 어린이 그림책을 분석단위로 선택했다. 칼데콧 상(Caldecott Medal)을 수상한 책을 조사했다. 그들의 결과는 다음과 같다. 우리들은 우리들이 조사한 모든 표본에서 제목, 중심역할, 그림, 그리고 스토리 측면에서 여성이 과소 대표되었음을 발견했다. 어린이책의 대부분은 장난감, 남성, 동물의 수컷에 관한 것이었으며, 배타적으로 남성의 모험을 다루고 있다. 대부분의 그림은 남성들은 혼자 혹은 집단으로 보여준다. 책에서 여성이 발견되는 경우에도 그들은 종종 중요하지 않은 역할을 담당하며 눈에 띄지도 않고 이름도 없다.

* 출처: Weitzman et al., 1972: 1128; 바비, 얼. (Babbie, Earl R.), 고성호 외 공역. (2013). 사회조사방법론. 서울: 센게이지러닝코리아. p. 154. 재인용

(5) 분석단위에 관한 오류

분석단위를 선정할 때는 다음과 같은 오류를 유념해야 한다(황성동, 2019: 65).

① 생태학적 오류

집단 또는 집합체에게 발견된 내용을 개인에게 적용하는 경우이다. 즉, 집단을 대상으로 한 조사결과에 근거해서 개인에게도 똑같이 나타날 것으로 가정함에 따라 발생하는 오류이다. 이는 전형적인 집단을 분석단위로 한 조사결과에 기초해 개인(들)에 대한 결론을 내리는 오류라 할 수 있다.

② 개별(개인)주의적 오류

개인에게서 밝혀진 내용을 집단이나 사회에 적용하는 경우이다. 즉, 개인을 분석단위로 한 조사결과에 기초해 집단을 단위로 하는 해석(결론)을 내리는 오류를 말한다. 개인을 분석단위로 한 조사결과에 기초해 집단에 대해서도 똑같을 것이라고 가정할 때 발생하는 오류이다. 소수의 개별(개인) 사례를 사회전체적인 상황에 적용할 때 빈번하게 나타난다. 가령 보수정당을 지지하는 보수적인 교회의 장로를 연구자가 발견했을 때, 이를 통해서 연구자가 모든 기독교인은 보수정당을 지지한다는 결론을 내리면 이것이야말로 개별(개인)주의적 오류를 범한 것을 들 수 있다.

③ 축소주의적 오류

어떤 현상의 원인이나 설명을 한 가지 개념이나 변수로 지나치게 제한하는 경우, 즉 지나치게 축소, 단순화한 경우이다. 이와 같은 축소주의적 오류는 거의 대부분 환원주의 오류로 귀결된다. 축소주의적 오류와 환원주의 오류는 실제로 연결된 개념이라 할 수 있다. 오류 현상의 성격을 어떤 부분에서 더 강조하느냐에 따라 구분되는 것이다. 축소인지, 환원인지에 따른다.

④ 환원주의 오류

사회현상의 원인은 다양한 것이 있을 수 있는데도 불구하고 인간과 사회에 대한 현상들의 원인으로 생각되는 개념이나 변수를 지나치게 제한하거나 한 가지로 환원시킴으로써 지나친 단순화로 잘못을 범하는 오류, 즉 복합적 현상을 단 하나 혹은 몇 개의 개념으로 협소하게 설명해 버리는 오류를 말한다. 특히 이는 목회자와 선교사가 현장연구를 할 때, 빈번하게 범하는 오류이다. 다양한 사회문화적 원인으로 인해 어떤 어려움이 생겼고, 이를 해결하기 위해서는 다차원적이면서도 다각적인 논의가 필요함에도 '기도하면 다 된다는 식'의 극단적으로 단순화된 문제해결 방식을 추구하는 일이 종종 생긴다. 환원주의 오류의 대표적인 사례라 할 수 있다.

(6) 표본추출방법

표본이란 모집단을 가장 잘 대표할 수 있는 대상을 말한다. 연구자는 표본을 선정하는 과정을 표본추출 또는 표집(sampling)이라고 한다. 표본추출은 크게 확률표집(probability sampling)과 비확률표집(nonprobability sampling)으로 나눌 수 있다(황성동, 2019: 184-185).

① 확률표집

확률표집은 조사자가 대체로 모집단의 규모와 구성원의 특성에 대해 알고 있으며, 모집단의 각 요소가 표본으로 선정될 확률이 동일하다. 확률표집의 유형에는 단순무작위표집, 체계적 표집, 층화표집, 집락표집이 있다.

- 단순무작위표집은 모집단의 각 요소가 표본으로 뽑힐 확률이 동일하다는 원칙이 적용되고, 모집단의 특성을 가장 잘 반영해 주는 표집방법이다. 대표적인 예로 조사대상자 모두에게 번호표를 부여한 후 바구니에 번호표를 다 집어넣고 하나씩 번호표를 뽑아내는 것을 들 수 있다. 이 경우 번호표는 표본으로 뽑힐 수 있는 확률이 항상 일정하게 된다.
- 체계적 표집은 무작위표집의 장점을 살리면서 모집단에서 일정한 순서에 따라 표본을 추출하는 방법이다.
- 층화표집은 모집단을 우선 층화(소집단)로 나누고 각 층화에서 무작위표집을 하는 방법이다.
- 집락표집은 표집 단위를 개인이 아닌 집락, 즉 자연집단을 단위로 하는 표본추출방법이다.

② 비확률표집

비확률표집은 확률표집의 반의어다. 사회과학연구는 종종 대규모 사회조사에서 사용되는 유형의 확률표본을 얻을 수 없는 상황에서 시행된다. 노숙자를 연구한다고 가정해보자. 전체 노숙자들에 대한 목록은 없으며 만들 수도 없다. 더욱이 확률표집이 가능하더라도 적합하지 않은 때가 있다. 그러한 상황에서는 비확률표집이 요구된다. 비확률표집은 확률이론이 제시하지 않은 방식들로 표본을 추출하는 기법을 말한다. 이용 가능한 연구 대상자들에게 의존하기, 유의적(판단적)표집, 할당표집, 그리고 눈덩이표집이 그 예에 속한다.

- 유의적(판단적)표집은 비확률표집의 한 형태로, 연구자의 판단 하에 가장 유용하거나 가장 대표성이 있다고 생각되는 것들을 관찰될 단위들로 추출하는 방법이다.
- 눈덩이표집은 현장연구에서 자주 전개되는 비확률표집의 방법이며 면접한 각 개인들에게 다음에 면접할 사람들을 말해달라고 요청할 수 있다.
- 할당표집은 표본의 특성이 연구될 모집단에 존재하고 있을 특성과 동일하게 만들기 위해 미리 특정화된 특성들에 기초하여 단위를 표본으로 추출하는 비확률표집의 형태이다.

3) 자료 수집

적절한 표본이 선정되면 이를 대상으로 자료를 수집해야 한다. 연구결과의 타당성과 신뢰성은 수집된 자료의 질에 의해 크게 좌우되기 때문에 필요한 자료를 어떻게 수집할 것인가 하는 문제는 매우 중요하다. 이 때 질문지, 면접, 관찰 등 다양한 방법을 통해 연구문제 해결에 가장 적합한 자료를 수집하도록 한다. 자료의 종류에는 우선 1차 자료(primary data)와 2차 자료(secondary data)가 있다. 1차 자료는 연구자가 직접 자신의 필요에 의해 수집한 자료이다. 반면 2차 자료는 다른 사람이나 조직이 그들의 필요에 의해 만든 자료로서 보통 연구보고서, 통계자료 등이 해당된다.
조사에 대한 설계를 마치면 자료수집에 들어가게 되는데 이때 주의해야 할 점은 조사자가 조사대상자에게서 자료를 수집할 때 의도하지 않은 영향, 즉 편향됨(bias)이 있어서는 안 된다는 점이다.

자료를 수집할 때 시간, 장소 등은 자료 수집에 중요한 영향을 줄 수 있으며 아동, 청소년, 노인 등에게 자료수집 시, 각별한 관심과 지원이 필요하다.

4) 자료 분석

자료수집이 완료된 후 조사자는 자료 분석과정에 들어가게 된다. 자료수집까지 마쳤다면 결과를 떠나 어느 정도 연구의 후반 작업에 들어가게 되는 셈이다. 양적연구에서 자료분석은 주로 통계분석 소프트웨어(예: SPSS, SAS 등)를 활용하여 비교적 쉽게 분석을 할 수 있다.

다만 자료에 대한 해석은 조사자가 선행연구 자료와 비교하며 자신의 연구에서 유의미한 부분이나 차별적인 부분을 찾아내는 데 중점을 둘 필요가 있다. 이러한 과정은 연구결과 제시와 함의점, 후속연구 제안에 큰 역할을 하기 때문이다.

5) 보고서 작성

일련의 과정을 마쳤다면 조사자는 조사보고서를 작성한다. 물론 연구를 진행하는 과정에서 조사보고서를 틈틈이 작성해 두는 것이 좋다. 또한 연구를 진행하면서 생각나는 아이디어나 의문점, 질문 등을 함께 메모해 두면, 조사보고서 작성 시 유용하게 활용할 수 있다. 일반적으로 조사보고서에서 담겨야 할 내용은 다음과 같다.

- 연구의 필요성
- 문헌 고찰(이론적 배경)
- 연구방법
- 연구결과
- 논의 및 제언

[제4장]
양적연구방법의 실제

1. 설문지 작성

1) 설문지의 중요성

연구조사나 논문 작성 과정에 있어서 설문지는 조사목적에 맞는 유용한 자료를 수집하는 수단이 된다. 설문지를 통해 얻어진 정보와 자료는 연구조사의 결론에 도달하는 중요한 부분으로서 객관적이며 과학적인 절차와 방법에 따라 분석된다.

설문지 작성 시에는 필요한 정보의 종류와 측정방법, 분석의 내용과 분석방법까지를 모두 고려하여야 한다. 따라서 설문지의 완성시점에서는 이미 조사 설계와 분석방법이 결정된 상태이어야 한다. 물론 연구조사결과에 대한 개괄적인 방향도 추정되어 있어야 한다.

만약 목회자와 선교사를 비롯한 기독교 사역자들이 무작정(그럴 일은 절대 없으시겠지만) 설문지부터 만들고는 실제 조사를 돌리고 나면 잘못된 부분을 발견하였다 하더라도 그 부분의 교정이 어려우며 자칫 조사를 처음부터 다시 시작해야 할 심각한 상황이 발생할 수도 있다. 이처럼 설문지는 1차 자료를 이용한 실증조사의 핵심이 되는 만큼 많은 시간과 노력이 설문지 작성에 투입되어야 한다. 그러므로 일단 설문지가 완성되면 조사의 절반 이상이 완료된 상태라고 보아도 무방하다.

특히 설문지는 측정도구의 최종적인 형태라고 할 수 있다. 목회와 선교 분야에서 일반적으로 다루고 있는 연구변수들은 신앙이나 영성과 관련된 추상적인 개념이 주를 이룬다. 따라서 측정하고자 하는 속성의 명확한 개념적 정의와 이를 측정이 가능한 형태로 바꾸는 조작적 정의를 적합하게 내려야 한다. 아울러 가설검증에 필요한 분석기법을 고려하여 적합한 형태의 척도를 이용하여야 한다. 또한 이러한 척도는 신뢰도와 타당도가 높도록 하여야 한다.

2) 설문지의 구성요소

설문지는 일반적으로 다음과 같은 다섯 가지 요소로 구성된다.[5]

(1) 응답자에 대한 협조 요청

연구자나 연구를 수행하는 조사기관의 소개와 조사의 취지를 설명해야 한다. 동시에 개인적인 응답항목에 대한 비밀보장을 상기시켜 주어야 한다. 그럼으로써 응답률을 높이고 응답을 보다 쉽게 얻어낼 수 있도록 해야 한다. 응답자가 자신이 응답하는 내용에 대한 염려와 불안이 없어야 하는 것이다. 이는 설문문항 전체에 대한 응답자의 신뢰를 형성하는 데에 결정적인 역할을 한다.

(2) 식별자료

각 설문지를 구분하기 위한 일련번호와 추후의 확인조사를 위한 응답자의 이름이나 조사 또는 조사를 실시한 면접자의 이름과 면접 일시를 기록한다. 일반적으로 설문지의 첫 장에 제시된다. 다만 익명을 필요로 할 경우에는 응답자의 이름을 기입하지 않을 수도 있다. 최근에는 구글 폼과 같은 온라인상에서 이뤄지는 조사들도 늘어나는 추세다. 그래서 식별자료를 최소화하기도 한다.

✦ 5) 설문지를 구성하는 구체적인 내용은 채서일. (2007). 사회과학조사방법론. 서울: 비엔엠북스. pp. 193-213.의 내용을 토대로 목회 및 선교 사역적인 관점에서 재구성하였다.

(3) 지시사항

각 항목에 대한 응답 방법이나 응답의 순서 등 응답자가 설문지의 모든 항목을 어려움 없이 완성하고 이를 조사기관이나 조사연구자가 회수하기까지의 모든 과정에 대한 상세한 지시사항이 수록되어야 한다. 이러한 지시사항은 다음 세 가지의 세부적인 지시문에 의하여 설문에 삽입하게 된다. 이는 온라인 조사에도 동일한 방식으로 이뤄진다.

① 전반적 지시문

응답에 관련된 일반적 사항으로서 설문 전반에 걸쳐 준수해야 할 사항이다. 설문의 맨 앞에 기술하며 '다지 선다형'일 경우에는 선택표시 기호와 방법, '자유 응답'형일 때는 단어 수 등을 제한하는 것과 같은 응답요령과 주의사항에 대해 간단히 설명한다.

② 구체적 지시문

문항별로 응답 요령을 제시한 지시문이다. 다수의 응답, 최적 응답, 순위 응답 등에 대한 구체적 지시사항을 간단히 설명한다. 필요한 경우 '인포그래픽' 같은 도상성과 기호적 표현 등을 활용하여 응답자의 이해를 도모하기도 한다. 특히 발달장애인이나 문해능력에 제한이 있을 때, 이는 큰 도움이 된다. 한편 수어를 제1언어로 사용하는 청각장애인인 '농인'의 경우에는 수어 영상 설문 문항과 그에 따른 수어 지시문이 사용된다.

③ 면접자 지시사항

면접방식을 이용하는 경우에 면접자들 간의 행위와 태도의 표준화(일관성)를 위해서 각 설문 문항에 구체적인 행동 지시사항을 설명한다.

(4) 필요한 정보 획득을 위한 문항

이는 설문지에서 가장 중요한 부분일 뿐만 아니라 연구목적에 필요한 대부분의 자료가 수집되는 부분이 된다.

(5) 응답자의 분류를 위한 자료

응답자들의 특성을 파악하기 위한 자료들이다. 응답자의 사적 권리가 침해되지 않도록 신경을 많이 써야 한다. 일반적으로 설문지의 가장 뒷부분에서 조사되어지나 할당 표본법과 같이 사전에 응답자의 특성을 파악하여 응답 자격을 선별하는 설문지의 경우는 조사의 첫 부분에서 질문하여야 한다.

3) 설문지 작성의 일반적인 과정

설문지 작성의 일반적인 과정은 다음과 같은 '설문지 작성의 절차'를 통해 이루어진다.

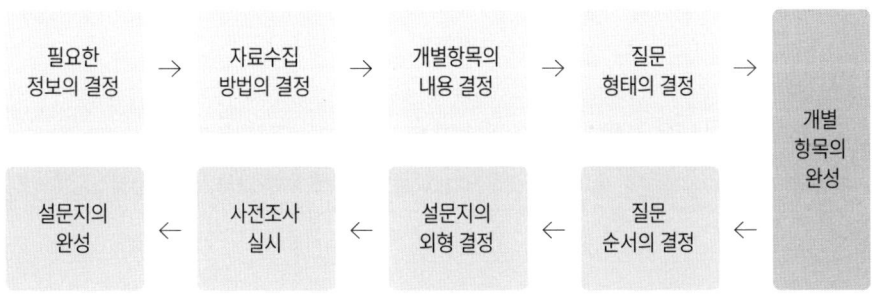

[그림 4-1] 설문지 작성의 과정

(1) 필요한 정보의 결정

설문지 작성 시에 연구조사자가 가장 먼저 결정하여야 할 사항은 설문조사를 통해서 얻어야 할 정보의 종류를 결정하는 것이다. 정보는 '조작적 정의'를 통해서 측정이 가능한 형태로 전환하게 되며 설문지를 통해 측정하게 된다.

가령 지역사회의 영성적 욕구 조사에 있어 주민들의 인구통계학적인 변수들에 대한 정보를 얻는다는 정도로만 알고 설문지를 작성하려 하면 안 된다는 것이다. 즉 인구통계학적 변수들이라 하더라도 나이, 성별, 학력 등이 필요한지 또한 학력도 교육을 받은 정도를 초등학교와 교육현장, 중학교와 교육현장, 고등학교와 교육현장, 대학교와 교육현장 및 대학원 이상 등의 5단계로 표시하면 충분한지, 아니면 교육받은 기간, 즉 대학교와 교육현장 3학년 중퇴면 14년이 되는데, 그 때까지 자세히 알아야 하는지 등을 결정하여야 한다. 아울러 종교적 성향과 지역사회에 존재하는 종교 기관 등에 대해서도 살펴볼 필요가 있는지를 고민해야 한다. 다시 말해 필요한 정보를 정하고 그 정보를 얼마나 자세한 정도까지 측정해야 조사 목적을 달성할 수 있는가도 파악하여 결정되어야 한다.

(2) 자료수집 방법의 결정

'대인면접법 / 전화에 의한 조사 / 우편에 의한 조사 / 전자메일에 의한 조사 / 온라인 플랫폼을 활용한 조사' 등 다양한 자료수집 방법들 가운데서 가장 적합한 경우를 결정해야 한다.

(3) 개별항목의 내용 결정

설문지에 필요 없는 질문이 들어가는 것을 막는 과정으로 이를 위해 다음의 요소들을 고려하여야 한다.

① 꼭 필요한 내용인가?

꼭 필요한 내용을 질문해야 한다. 설문지에 응답하는 시간이 제한되어 있기 때문이다. 가령 신앙

생활의 유형을 조사하는 설문에 응답자의 몸무게나 신장(키)과 같은 내용만 묻는 경우를 들 수 있다. 보다 더 중요한 질문을 해야 하는 것을 포함한다.

② 응답자가 필요한 정보를 알고 있는가?

응답자가 이미 알고 있는 정보에 대한 고려를 하면서 질문을 해야 한다. 예를 들면 "당신의 집으로부터 500m 이내에 커피숍이 몇 개 있는지 아십니까?"라는 질문에 대해 정확한 대답을 할 수 없는 사람이 태반이다. 즉 연구자가 이론적으로는 쉽게 얻어낼 수 있다고 가정하는 정보의 많은 부분이 응답자로부터 얻어내기 어려운 경우가 흔하다.

③ 응답자가 그 정보를 제공해 줄 수 있는가?

응답자가 정보를 제공해 줄 수 있는 능력이 있어야 한다. 가령 어느 회사원에게 "당신이 지난 일 년 동안 신용카드를 이용해 먹고 마신 음식의 총 가격은 얼마나 됩니까?"라는 질문에 대해, 많은 경우 바로 그 자리에서 대답하기가 쉽지 않을 것이다.

④ 한 문항으로 충분한가?

복합적인 응답이 나올 수 있는 질문을 지양하고 분명한 답을 할 수 있게끔 질문해야 한다. 예를 들어 보면, "당신은 왜 A사 화장품을 사용하십니까?"라고 질문을 하였을 때,
* 예뻐지기 위해서
* 친구가 권해서라는 응답이 나올 수 있다.

이때 첫 번째 응답은 사용하는 이유를 말하며, 두 번째 응답은 이 화장품을 처음으로 사용하게 된 동기를 말하는 것이 된다. 따라서 이 질문은 다음 두 개의 질문으로 나누어 하는 것이 옳은 것이라 하겠다.
* "A사" 화장품을 사용하는 이유는 무엇입니까?
* "A사" 화장품을 처음으로 사용하게 된 계기는 무엇입니까?

(4) 질문형태의 결정

① 자유 응답형
* 당신이 노트북을 구입한 이유는 무엇입니까? (   )
* 2030년 이후에 유망 직종은 어떠한 것이 되리라고 생각하십니까? (   )

② 다지 선다형
질문을 다지 선다형으로 만드는 경우에 특히 주의를 기울여야 하는 요소로서 응답의 항목들은 상호 배타적이고 모든 응답을 포괄할 수 있어야 한다는 조건을 만족시켜야 한다. 이를 위해 각 항목들 간에 중복되는 내용이 있는가를 확인해야 하며 또한 기타 항을 만들어서 연구자가 제시하지 못한 답변도 응답자가 응답할 수 있도록 하여야 한다.

③ 양자 택일형
○×퀴즈 같은 형태를 포함하여 여러 가지 '양자택일 형'을 생각할 수 있다.

(5) 개별 항목의 완성
첫째, 가능한 한 쉽고 의미가 명확하게 구분되는 단어를 이용한다.

예를 들면, 다음과 같이 해서는 안 된다.

* 당신은 AI(인공지능)에 대해 얼마나 알고 계십니까?
① 전혀 모른다.   ② 거의 모른다.   ③ 잘 모른다.   ④ 보통
⑤ 조금 안다.   ⑥ 상당히   ⑦ 매우 많이

여기에 쓰인 '매우', '상당히', '거의', '잘'이라는 형용사 간에는 명확한 개념의 구분이 없기 때문에 'AI(인공지능)'에 대해 똑같은 정도로 알고 있는 응답자라도 당시 각자의 느낌 정도에 따라서 선택항목이 달라질 수 있는 것이다.

둘째, 다지 선다형 응답에 있어서는 가능한 응답을 모두 제시해 주어야 한다.

이는 응답이 포괄적이어야 한다는 조건으로서 응답자들이 생각할 수 있는 응답을 모두 제시해 줌으로써 응답자가 갖고 있는 의견이 응답에 반영될 수 있도록 하여야 한다. 다음과 같은 예를 들어보자.

* 환경오염에 대한 1차적 책임은 개인, 기업, 정부 중 어디에 있다고 생각하십니까?

라는 질문에 대해 어떤 응답자는 어느 한 기관이 아니라 여러 기관이 공동으로 경비를 부담해야 된다고 생각할 수도 있으며, 또 어떤 응답자들은 이러한 문제에 전혀 관심을 갖지 않는 응답자들도 있을 것이다. 따라서 이러한 모든 응답자들의 의견을 응답항목들로 나타내기 위해서는 다음과 같이 응답항목을 제시해 주어야 하는 것이다.

① 개인　　　② 기업　　　③ 정부　　　④ 개인+기업
⑤ 개인+정부　⑥ 기업+정부　⑦ 개인+기업+정부　⑧ 모르겠다.

셋째, 응답항목들 간의 내용이 중복되어서는 안 된다.

이는 각 항목들이 상호배타적이어야 한다는 조건으로서 한 응답자가 반드시 하나의 항목만을 선택하도록 하여야 한다는 것이다. 한 가지 생각을 갖고 있는 응답자가 두 가지 응답을 같은 내용으로 이해하여 이들 모두를 선택하도록 하여서는 안 된다는 것이다. 즉 응답의 항목들 간에 내용이나 범위가 중복되어서는 안 된다는 것이다. 예를 들어 다음과 같은 문항을 생각하여 보자.

* 귀하께서는 현금 서비스 받으신 돈을 주로 어떤 용도에 쓰고 계십니까?

① 생활비　　② 헌금　　③ 의료비　　④ 신용카드 대금 결제
⑤ 부채청산　⑥ 기타

이 경우 헌금과 의료비는 크게 생각하면 생활비에 포함될 수 있으며, 신용카드 대금결제도 넓은 의미에서는 부채청산이라고 볼 수 있으므로 항목 간에 상호배타적이라는 조건이 위배될 수 있다.

넷째, 하나의 항목으로 두 가지 내용이 포함되어서는 안 된다.
다음과 같은 경우를 생각해 보자.

* 귀하께서는 현재 근무하는 회사의 임금수준과 작업조건에 대해 만족하고 계십니까?

이러한 질문에 대해 임금수준과 작업조건 모두에 만족 또는 불만족하는 응답자들에게는 문제가 없으나, 어느 한 조건에만 만족하고 나머지 조건에는 불만족한 응답자들에게는 문제가 생긴다. 따라서 이러한 문제점을 예방하기 위해서 위와 같은 질문은 다음의 두 가지 질문으로 분할하여 질문하여야 하는 것이다.

* 귀하는 현재 근무하는 회사의 작업조건에 대해 만족하십니까?
* 귀하 회사의 임금수준에 대해 만족하십니까?

다섯째, 연구자 임의로 응답자들에 대한 가정을 하여서는 안 된다.
이는 연구자들이 질문을 제시할 때 질문내용 중에 무의식적인 가정을 둠으로써 응답자들을 임의로 분류하거나 그들의 의견을 유도하는 경우를 들 수 있다.

* 서울에 있는 백화점 중에서 귀하께서 특정 백화점만을 고집하여 간다고 한다면 그 주된 이유는 어디에 있습니까?

위의 질문은 연구자가 모든 응답자들이 백화점에서 물건을 구입하고 있음을 가정한 경우라고 볼 수 있는데 백화점에서 물건을 구입하지 않는 사람들은 본 문항의 주된 목적인 특정 백화점 선택

요인에 대해서는 의미가 없게 될 것이다. 따라서 이 때도 내포된 가정에 대한 질문을 사전에 분리하여 물어보아야 할 것이다.

여섯째, 단어들의 뜻을 명확히 설명하여야 한다.

이는 하나의 단어가 여러 가지 의미로 해석될 수 있는 경우 응답자들이 혼란을 가져올 수 있으므로 단어의 구체적인 뜻을 설명해 주어야 함을 의미한다. 즉 다음과 같이 어떤 기업의 이익에 대하여 질문할 경우, 이익의 종류에는 영업이익, 법인세, 납부전이익, 순이익 등 많은 종류가 있기 때문에 각 응답자별로 이익에 대한 해석을 달리 함으로써 응답이 달라질 수 있다.

* 귀하 기업에서 1년간 발생한 이익은 모두 얼마나 됩니까? (   )원

따라서 이러한 혼동을 막기 위해서 이익의 종류를 순이익, 영업이익, 세전, 세후 등으로 명확히 지정해 주어야 하는 것이다. 그러나 이 때 주의해야 할 점은 일반적으로 알기 쉬운 단어의 뜻을 지나치게 상세히 설명하면 응답자를 무시하는 느낌을 줄 수 있다는 것이다.

일곱째, 응답자들에게 지나치게 자세한 응답을 요구해서는 안 된다.

가령 다음과 같은 질문에 대해 정확한 답변을 제시할 수 있는 응답자들은 거의 없기 때문에 실제로는 그렇게 상세한 질문은 아무 의미가 없게 된다.

* 지난 일 년 동안 귀댁의 비목별 가계지출 중 식생활비와 문화 오락비는 각각 얼마이었습니까?

식생활비
주식비   (   )원
부식비   (   )원
외식비   (   )원

문화비
신문과 잡지비 　　(　　　　　)원
전문서적지 　　　(　　　　　)원
영화 및 여가활동비 (　　　　　)원
스포츠 오락비 　　(　　　　　)원

여덟째, 응답자가 대답하기 곤란한 질문들에 대해서는 직접적인 질문을 피하도록 한다.
가령 다음과 같은 질문에 대해 실제로 그러한 행동을 하고 있는 사람도 '예' 대답 대신 '아니오'라는 대답을 하게 된다.

* 당신은 아직도 부인을 때리십니까?(　　)
① 예　　② 아니오

따라서 이러한 질문에 대해 보다 솔직한 응답을 얻기 위해서는 다음과 같이 응답자 자신의 직접적인 문제가 아닌 일반적인 문제로 바꾸어 질문을 하는 방법이 좋을 것이다.

* 당신은 남자들이 아직도 자신의 부인을 때리고 있다고 생각하십니까?(　　)
① 예　　② 아니오　　③ 모르겠다.

아홉째, 대답을 유도하는 질문을 해서는 안 된다.
다음과 같은 질문을 고려해 보자.

* 환경부에 따르면 쓰레기 분리수거를 하면 자원재활용에 상당한 도움을 줄 수 있다고 합니다. 이러한 상황을 고려할 때, 귀하는 쓰레기 분리수거를 찬성하십니까? 아니면 반대하십니까?
① 찬성한다.　　② 반대한다.　　③ 잘 모르겠다.

위의 질문은 정부의 공식기관인 환경부가 쓰레기 분리수거의 유용성에 대한 발표를 인용한 것으로, 평소에 쓰레기 분리수거를 귀찮게 생각하여 반대하던 사람들조차 이의 영향으로 인해 분리수거에 찬성하는 의견을 나타내게 될 가능성이 높아 사실상 쓰레기 분리수거를 찬성하는 방향으로 결론을 유도할 우려가 있다.

열, 응답자들이 정확한 대답을 모르는 경우에는 중간값을 선택하는 경향이 있음을 알아야 한다.

특히 대답이 수치로 나타난 경우에 있어서 응답자들이 정확한 답을 모를 경우에는 대개 중간값이나 보다 상세한 설명이 된 답을 고르게 된다.

* 2024년 7월 1일 현재 국내에 '갤럭시 S24'로 광고되는 최신 스마트폰이 몇 대나 보급되어 있다고 생각하십니까?(　　)
① 500만대　　　② 750만대　　　③ 1,000만대　　　④ 1,250만대

위의 질문에 있어서 전국에서 신형 스마트폰 보급 대수를 알고 있는 사람들은 정답을 선택하게 되지만 정확한 대수를 모르는 경우에는 특히 대답이 위와 같이 일련의 수치로 제시되어 있을 경우에는 ①이나 ④의 극단치보다는 ②나 ③과 같은 중간값을 선택하게 되는 경향이 있다는 것이다.

(6) 질문 순서의 결정
다음의 요소들을 고려하면 도움이 될 것이다.

① 첫 번째 질문은 가능한 한 쉽게 응답할 수 있고 흥미를 유발할 수 있는 것이어야 한다.
② 응답자의 인적사항에 대한 질문은 가능한 한 나중에 하는 것이 좋다.
③ 질문항목 간의 관계를 고려하여야 한다. 즉 앞의 질문이 다음 질문에 어떠한 연상 작용을 일으켜

응답에 영향을 미칠 수 있는 경우에는 이러한 질문들 사이의 간격을 멀리 떨어뜨려 놓아야 한다.

④ 응답자가 심각하게 고려하여 응답하여야 하는 성질의 질문은 위치선정에 주의하여야 한다. 가령 사회적인 문제점에 대한 질문을 응답자로부터 응답거부를 방지하기 위하여 평범한 질문 속에 삽입하거나 맨 뒤에 배치하는 경우가 이에 해당한다.

⑤ 문항이 담고 있는 내용의 범위가 넓은 것에서부터 점차 좁아지도록 문항을 배열하는 것이 좋다. 예를 들어 산업전체에 관련된 문항을 묻고 특정품목에 대한 문항은 다음에 배열하는 것이 응답자의 생각을 정리해 나가는 데 보다 효과적이기 때문이다.

이상과 같이 '설문지 작성'에 관한 내용을 독자 여러분이 숙지하게 된 것으로 보고, 다음으로는 실제 사용된 설문지 예시를 제시한다. 제시된 설문지를 꼼꼼하게 읽어가다 보면 '아하! 설문지는 이렇게 만드는구나!'라고 깨닫게 될 것이다.

(7) 설문지 예시 [6]

※ID ☐-☐☐

지구촌사회복지재단 경영 진단지

안녕하십니까?

저희 베데스다사회복지연구원에서는 사회복지법인 지구촌사회복지재단으로부터 "지구촌사회복지재단 법인진단 및 컨설팅" 연구를 의뢰받아 지구촌사회복지재단의 운영 전반에 대해 파악하여 법인의 운영 방향과 사업 방향을 수립하고 법인의 가치관과 정체성이 공유되는 조직 문화를 형성하는데 기초자료를 형성하고자 합니다.

본 온라인 설문조사는 지구촌사회복지재단 전 직원들의 의견을 적극 수렴하고자 실시하는 것이오니, 적극적인 협조를 당부드립니다.

응답에는 최소 10분에서 최대 20분 정도 소요될 예정이며, 참여에 따라 예상되는 위험이나 손실, 이득은 없습니다. 또한 개인을 식별할 수 있는 어떤 정보(성명, 연락처, 소속기관명 등)도 수집하거나 분석에 활용하지 않을 것입니다. 응답하신 내용은 연구 목적 이외에는 절대 사용되지 않으며, 통계법 33조에 의해 비밀이 반드시 보장됩니다. 모든 질문에 성의껏 응답해 주시면 감사하겠습니다.

조사기관 : OOO 연구소
책임 연구원 : 이준우 교수(강남대학교 사회복지학부)

<조사 문의>
- 이준우 책임연구원 / 연락처 / 이메일
- OOO 공동연구원 / 연락처 / 이메일
- OOO 공동연구원 / 연락처 / 이메일
- OOO 공동연구원 / 연락처 / 이메일

✦ 6) 본 설문지는 사회복지법인 지구촌사회복지재단의 운영 전반에 대해 파악하여 법인의 운영 방향과 사업 방향을 수립하고 법인의 가치관과 정체성이 공유되는 조직 문화를 형성하는데 기초자료를 형성하기 위하여 이준우 등(2020)이 수행했던 연구에서 사용한 설문지의 예시이다.

| 응답 방법 | 해당되는 번호에 "∨" 표시 또는 해당내용을 기입해 주시기 바랍니다. |

A. 귀하의 일반적인 사항에 관한 질문입니다.

1. 귀하의 성별은?
① 남성　　　② 여성

2. 귀하의 연령은?
(만)　　세

3. 귀하의 학력은?
① 고졸　　　　　② 전문대졸　　　　③ 대졸
④ 대학원(석사)　⑤ 대학원(박사)

4. 귀하의 전공은?

| 제1전공 | | 제2전공 | |

① 사회복지학　② 심리학　　③ 특수교육학
④ 경영학　　　⑤ 간호학　　⑥ 치료/재활학　　⑦ 기타(　　　)

5. 귀하의 직위는?

구분		직책
사무국		① 사원(사무원) ② 팀장 ③ 사무국장 ④ 상임이사 ⑤ 대표이사 ⑥ 기타(　　)
산하시설	업무	① 사회복지사 ② 직업재활사 ③ 치료사 ④ 간호사 ⑤ 특수교사 ⑥ 서무 ⑦ 영양사 ⑧ 조리사 ⑨ 운전기사 ⑩ 사회복무요원 ⑪ 기타(　　)
	직급	① 사원 ② 주임/대리 ③ 팀장/과장/실장 ④ 부장/국장 ⑤ 원장/센터장/관장 ⑥ 기타(　　　)

6. 귀하가 속한 기관(조직)의 유형은?

① 사무국   ② 직영시설   ③ 수탁운영시설   ④ 기타(   )

7. 귀하가 속한 기관(조직)을 주로 이용하는 대상은?
   (우선순위대로 3개를 선택해주세요)

① 아동   ② 청소년   ③ 장애인   ④ 노인   ⑤ 다문화가족
⑥ 교인   ⑦ 사회복지사   ⑧ 지역주민   ⑨ 기타(   )

8. 귀하가 현재 직장에서 근무한 경력은?

(만)   년   개월

9. 귀하의 사회복지 현장 실무 총 경력은?

(만)   년   개월

10. 귀하가 현재 주로 담당하는 일은?

(   )

11. 귀하의 종교는?

① 개신교   ② 천주교   ③ 불교   ④ 종교없음   ⑤ 기타(   )

B. 다음 문항들은 귀 재단의 비전에 대한 이해도와 공유 정도, 충실성 등을 측정하기 위한 질문입니다. 살펴보시고 해당되는 점수에 "∨" 표시해 주시기 바랍니다.

내용	전혀 그렇지 않다	그렇지 않다	보통이다	그렇다	매우 그렇다
1. 지구촌사회복지재단(이하 지구촌)의 비전은 목표, 전략, 사역 등으로 구체화되어 있다.	①	②	③	④	⑤
2. 지구촌의 비전은 이해관계자(이용자, 후원자, 봉사자, 성도 등)의 욕구를 충족하고 있다.	①	②	③	④	⑤
3. 지구촌의 비전은 사회복지 환경 변화에 능동적으로 대응한다.	①	②	③	④	⑤
4. 지구촌은 비전 성취 정도를 지속적으로 확인하며 점검한다.	①	②	③	④	⑤
5. 지구촌은 구성원과 비전을 지속적으로 공유한다.	①	②	③	④	⑤
6. 지구촌은 다양한 활동을 통해 지역사회에 비전을 알리고 전달한다.	①	②	③	④	⑤
7. 지구촌의 비전은 나에게 꿈을 주고 열정을 불러일으킨다.	①	②	③	④	⑤
8. 나는 지구촌의 비전을 정확히 이해하고, 공감한다.	①	②	③	④	⑤
9. 나는 지구촌의 비전을 나의 직무에 반영한다.	①	②	③	④	⑤
10. 나는 지구촌 내외의 다른 사람들에게 지구촌의 비전을 알린다.	①	②	③	④	⑤

C. 다음 문항들은 귀 재단의 이해관계자들이 현재와 미래에 실제적으로 또 전략적으로 영향을 미치는 정도를 측정하기 위한 질문입니다. 살펴보시고 해당되는 점수에 "V" 표시해 주시기 바랍니다.

유형 \ 항목	현재 재단의 운영에 실질적으로 기여하는 정도				미래의 사회복지경영 환경변화에 따라 영향도가 높아지는 정도				재단의 위상과 관련된 외부평판이나 여론 형성에 영향을 주는 정도				재단의 사업과 관련된 다양한 외부 평가에 직·간접적으로 영향을 주는 정도			
	낮음	보통	높음	무관	낮음	보통	높음	무관	낮음	보통	높음	무관	낮음	보통	높음	무관
이사회	①	②	③	⊙	①	②	③	⊙	①	②	③	⊙	①	②	③	⊙
경영진(관리자)	①	②	③	⊙	①	②	③	⊙	①	②	③	⊙	①	②	③	⊙
사무국 직원	①	②	③	⊙	①	②	③	⊙	①	②	③	⊙	①	②	③	⊙
산하시설 직원	①	②	③	⊙	①	②	③	⊙	①	②	③	⊙	①	②	③	⊙
고객(서비스이용자)	①	②	③	⊙	①	②	③	⊙	①	②	③	⊙	①	②	③	⊙
서비스이용자 가족	①	②	③	⊙	①	②	③	⊙	①	②	③	⊙	①	②	③	⊙
법인사무국	①	②	③	⊙	①	②	③	⊙	①	②	③	⊙	①	②	③	⊙
법인직영시설	①	②	③	⊙	①	②	③	⊙	①	②	③	⊙	①	②	③	⊙
법인수탁운영시설	①	②	③	⊙	①	②	③	⊙	①	②	③	⊙	①	②	③	⊙
지구촌교회	①	②	③	⊙	①	②	③	⊙	①	②	③	⊙	①	②	③	⊙
정부	①	②	③	⊙	①	②	③	⊙	①	②	③	⊙	①	②	③	⊙
지자체	①	②	③	⊙	①	②	③	⊙	①	②	③	⊙	①	②	③	⊙
지역사회	①	②	③	⊙	①	②	③	⊙	①	②	③	⊙	①	②	③	⊙
타 사회복지기관	①	②	③	⊙	①	②	③	⊙	①	②	③	⊙	①	②	③	⊙
NGO 단체	①	②	③	⊙	①	②	③	⊙	①	②	③	⊙	①	②	③	⊙
언론기관	①	②	③	⊙	①	②	③	⊙	①	②	③	⊙	①	②	③	⊙
후원기관	①	②	③	⊙	①	②	③	⊙	①	②	③	⊙	①	②	③	⊙
개인후원자	①	②	③	⊙	①	②	③	⊙	①	②	③	⊙	①	②	③	⊙
자원봉사자	①	②	③	⊙	①	②	③	⊙	①	②	③	⊙	①	②	③	⊙

D. 다음 문항들은 귀 재단의 자기평가에 관한 사항입니다. 질문을 읽고 해당되는 점수를 채워주시기 바랍니다.

1점(최소) ~ 10점(최대)

구분	설문문항	점수
리더십	1. 우리 재단은 업무 개선을 위하여 재단 구성원의 의견을 수시로 청취한다.	( )
	2. 우리 재단은 재단의 목적 및 목표를 성취하기 위하여 정기적으로 업무 진행 과정을 점검한다.	( )
	3. 우리 재단은 장기 비전을 실현하기 위한 구체적인 추진 계획과 재단 운영 방침을 설정하고 있다.	( )
	4. 우리 재단은 하부 조직 간 업무 조정을 합리적으로 하며, 하부 조직의 통합 능력이 있다.	( )
	5. 우리 재단은 업무 개선을 위하여 책임을 갖고 노력 한다.	( )
	6. 우리 재단은 재단 구성원을 중요한 존재로 여긴다.	( )
	7. 우리 재단의 운영 방침을 재단 구성원들은 잘 이해하고 있으며, 방침대로 따르고 있다.	( )
전략 기획	8. 우리 재단은 목적 또는 목표를 달성하기 위하여 구체적인 전략을 수립한다.	( )
	9. 우리 재단은 재단의 강점을 명확하게 알고 구체적인 전략을 수립한다.	( )
	10. 우리 재단은 재단의 약점을 명확하게 알고 구체적인 전략을 수립한다.	( )
	11. 우리 재단은 재단 목표를 달성하는 과정을 평가하기 위한 객관적인 성과 측정 기준이 있다.	( )
	12. 우리 재단의 장기발전 계획은 서비스이용자의 요구를 반영하고 있다.	( )
	13. 우리 재단의 장기발전 계획은 구성원의 요구와 의견을 수렴하고 있다.	( )
	14. 우리 재단은 재단 발전을 위한 우선순위를 정할 때 최신 정보를 이용한다.	( )
	15. 우리 재단은 정책을 결정할 때 업무 방침과 업무 절차 등 현실적 측면을 고려한다.	( )

구분	설 문 문 항	점수
서비스 이용자 및 시장 중시	16. 우리 재단 구성원들은 서비스이용자가 누구인지를 잘 알고 있다.	( )
	17. 우리 재단의 구조는 서비스이용자의 만족 및 서비스이용자가 원하는 결과를 산출하는데 초점을 두고 설계되어 있다.	( )
	18. 서비스이용자가 우리 재단이 제공하는 서비스의 품질에 관해 생각하는 것을 알기 위하여 정기적으로 조사를 한다.	( )
	19. 서비스이용자가 우리 재단이 제공하는 서비스의 품질에 관해 생각하는 것을 알기 위하여 비공식적으로 문의한다.	( )
	20. 우리 서비스이용자는 우리 재단이 그들에게 제공하는 서비스의 품질에 만족한다.	( )
	21. 우리 서비스이용자는 우리 재단의 서비스가 적시에 공급되는 것에 만족한다.	( )
	22. 우리 재단은 서비스이용자의 만족 및 불만 사항을 잘 알고 있다.	( )
	23. 우리 재단은 서비스이용자의 불만 사항을 효과적으로 해결하고 있다.	( )
정보와 분석	24. 우리 재단은 산하기관 간의 네트워크 구축 기회를 많이 제공한다.	( )
	25. 우리 재단은 산하기관 직원 간의 네트워크 구축 기회를 많이 제공한다.	( )
	26. 우리 재단 구성원들은 효과적인 업무 수행을 위하여 필요한 자료와 정보를 재단 내에서 쉽게 얻을 수 있다.	( )
	27. 우리 재단은 서비스 질 개선을 위하여 모든 구성원에게 정보를 제공하고 참여를 유도한다.	( )
	28. 우리 재단은 서비스이용자의 요구를 체계적인 방법으로 수시로 점검한다.	( )
	29. 우리 재단은 정책 결정시 수집된 정보를 효과적으로 활용한다.	( )
	30. 우리 재단은 정책 결정시 다른 재단의 모범사례를 연구, 비교하여 참고하고 있다.	( )

구분	설문문항	점수
인적 자원 중시	31. 우리 재단의 구성원들은 업무 달성을 위하여 상호 협력한다.	( )
	32. 우리 재단은 재단의 목적 달성을 위하여 　　업무를 적절히 수행할 수 있도록 인력을 적절히 배치하고 있다.	( )
	33. 우리 재단은 구성원의 고충에 관심이 있다.	( )
	34. 우리 재단은 구성원의 고충을 해결하기 위해 노력한다.	( )
	35. 우리 재단은 구성원에 대하여 객관적으로 평가하고 있다.	( )
	36. 우리 재단 구성원들은 업무 성과에 대하여 적절한 보상을 받는다.	( )
	37. 우리 재단은 인재 양성을 중요시한다.	( )
	38. 우리 재단은 업무에 필요한 교육 및 훈련을 적절히 실시하고 있다.	( )
	39. 나는 재단에서 제공하는 교육 및 훈련에 만족한다.	( )
과정 관리	40. 우리 재단 구성원들은 업무를 효과적으로 수행하고 　　업무를 개선하는데 적극적으로 동참한다.	( )
	41. 우리 재단은 수평적인 의사결정 구조를 지향한다.	( )
	42. 우리 재단은 업무 개선을 위하여 구성원의 　　의견을 수용하는 공식적인 통로가 있다.	( )
	43. 우리 재단은 업무 개선이 필요한지에 관해 　　구성원의 견해를 수용하는 비공식적인 통로가 있다.	( )
	44. 우리 재단은 업무 개선을 위하여 재단의 목적 또는 　　목표 달성과 관련된 자료를 분석하고 있다.	( )
	45. 우리 재단 구성원들은 업무를 개선하는데 중요한 역할을 하고 있다.	( )
	46. 우리 재단은 효율적 업무 수행을 위하여 하부로 권한이 적절히 이양되어 있다.	( )

구분	설문문항	점수
사업 성과	47. 우리 재단은 성과를 객관적인 방법으로 측정하고 있다.	( )
	48. 우리 재단은 성과가 재단의 목표 및 기준, 목적과 부합되는지 비교하고 있다.	( )
	49. 우리 재단은 성과에 대한 직원들의 의견에 관심을 기울인다.	( )
	50. 우리 재단은 재단의 성과를 다른 유사 재단의 성과와 비교하고 있다.	( )
	51. 우리 재단은 성과 측정 결과를 재단의 문제점을 구체화하고 해결하는데 이용하고 있다.	( )
	52. 우리 재단은 재단의 성과를 객관적인 제3자로부터 평가받고 있다.	( )
	53. 우리 재단은 재단의 직무를 정기적으로 분석하고 있다.	( )
	54. 우리 재단은 성과 측정 결과를 인정하고, 변화가 요청되는 경우 변화를 위해 노력한다.	( )
조직 문화	55. 우리 재단은 투명하고 정직하다.	( )
	56. 우리 재단은 젊고 생동감 있다.	( )
	57. 우리 재단은 사람을 귀하게 생각한다.	( )
	58. 우리 재단은 구성원들의 역량강화를 위해 노력한다.	( )
	59. 우리 재단은 상사, 동료, 부하 직원 간 자유로운 대화가 가능하다.	( )
	60. 우리 재단은 중요한 의사결정 과정에서 구성원의 의견을 최대한 반영하려고 한다.	( )

E. 다음 문항들은 귀하께서 소속된 기관의 자기평가에 관한 사항입니다. 질문을 읽고 해당되는 점수를 채워주시기 바랍니다.

1점(최소) ~ 10점(최대)

구분	설문문항	점수
리더십	1. 우리 재단은 업무 개선을 위하여 재단 구성원의 의견을 수시로 청취한다.	( )
	2. 우리 재단은 재단의 목적 및 목표를 성취하기 위하여 정기적으로 업무 진행 과정을 점검한다.	( )
	3. 우리 재단은 장기 비전을 실현하기 위한 구체적인 추진 계획과 재단 운영 방침을 설정하고 있다.	( )
전략 기획	4. 우리 재단은 하부 조직 간 업무 조정을 합리적으로 하며, 하부 조직의 통합 능력이 있다.	( )
	5. 우리 재단은 업무 개선을 위하여 책임을 갖고 노력 한다.	( )
	6. 우리 재단은 재단 구성원을 중요한 존재로 여긴다.	( )
	7. 우리 재단의 운영 방침을 재단 구성원들은 잘 이해하고 있으며, 방침대로 따르고 있다.	( )
서비스 이용자 및 시장 중시	8. 우리 재단은 목적 또는 목표를 달성하기 위하여 구체적인 전략을 수립한다.	( )
	9. 우리 재단은 재단의 강점을 명확하게 알고 구체적인 전략을 수립한다.	( )
	10. 우리 재단은 재단의 약점을 명확하게 알고 구체적인 전략을 수립한다.	( )
정보와 분석	11. 우리 재단은 재단 목표를 달성하는 과정을 평가하기 위한 객관적인 성과 측정 기준이 있다.	( )
	12. 우리 재단의 장기발전 계획은 서비스이용자의 요구를 반영하고 있다.	( )
	13. 우리 재단의 장기발전 계획은 구성원의 요구와 의견을 수렴하고 있다.	( )

구분	설문문항	점수
인적 자원 중시	14. 나는 내 업무를 잘 파악하고 있다.	( )
	15. 나는 내 업무에 대하여 자긍심을 갖고 있다.	( )
	16. 우리 기관은 직원들의 고충에 관심이 있다.	( )
	17. 우리 기관은 직원들의 고충을 해결하기 위해 노력한다.	( )
과정 관리	18. 우리 기관 직원들은 업무를 효과적으로 수행하고 업무를 개선하는데 적극적으로 동참한다.	( )
	19. 우리 기관은 수평적인 의사결정 구조를 지향한다.	( )
	20. 우리 기관은 업무 개선을 위하여 직원의 의견을 수용하는 공식적인 통로가 있다.	( )
	21. 우리 기관은 업무 개선이 필요한지에 관해 직원의 견해를 수용하는 비공식적인 통로가 있다.	( )
사업 성과	22. 우리 기관은 성과를 객관적인 방법으로 측정하고 있다.	( )
	23. 우리는 기관의 성과에 대한 직원들의 의견에 관심을 기울인다.	( )
	24. 우리 기관은 직무를 정기적으로 분석하고 있다.	( )
조직 문화	25. 우리 기관은 사람을 귀하게 생각한다.	( )
	26. 우리 기관은 직원들의 역량강화를 위해 노력한다.	( )
	27. 나는 조직 내 또는 타 기관 간 협업을 위해 내가 가진 정보를 언제든지 공유할 수 있다.	( )
	28. 나는 중요한 업무를 동료에게 믿고 맡길 수 있다.	( )
	29. 우리 기관 직원들은 다른 부서의 업무 지원 요청에 적극 응한다.	( )
	30. 우리 기관 직원들은 재단 발전에 기여하는 의사결정과 행동을 한다.	( )

F. 다음은 마지막으로 주관식 문항입니다. 질문을 읽고 자신의 생각을 자유롭게 기입해주시기 바랍니다.

1. 지구촌 구성원들의 역량강화를 위해 추가적으로 진행하였으면 하는 교육 및 훈련 프로그램은 어떤 것이 있습니까?(우선순위대로 3가지를 적어주세요)

1순위		2순위		3순위	

2. 지구촌사회복지재단이 앞으로 강화하거나 확장했으면 하는 사회복지 영역은 어떤 것이 있습니까?(우선순위대로 3가지를 적어주세요)

1순위		2순위		3순위	

3. 지구촌사회복지재단만의 강점이나 자랑거리는 무엇이라고 생각하시나요?

4. 앞으로의 발전을 위해 지구촌사회복지재단이 개선할 점은 무엇이라고 생각하시나요?

성실한 응답에 깊이 감사드립니다!

2. 통계 분석을 위한 기초 지식

통계 분석은 양적 조사에서 가장 빈번하게 사용되는 방식이다. 사실 양적 분석은 연구자가 자료를 수치 형태로 바꾸어서 통계 분석을 하는 기법이다. 어떻게 보면 양적 분석은 관찰이 반영하는 현상을 기술하고 설명하기 위한 목적으로 관찰을 숫자로 표현하고 조작하는 것이라 할 수 있다.

오늘날 양적 분석은 거의 대부분 SPSS나 MicroCase 같은 컴퓨터 프로그램에 의해 처리된다. 이러한 프로그램들이 마술을 부릴 수 있도록 하려면, 조사에서 수집된 자료를 읽을 수 있어야 한다. 예를 들어 서베이(조사)를 했다면 나이나 수입의 경우처럼 자료의 일부는 원래 숫자로 되어 있다. 반면에 설문지에 쓴 답이나 표기한 것들은 원래 질적이지만 갈겨쓴 나이도 쉽게 양적 자료로 전환된다.

이렇게 자료를 숫자 형태로 전환시키는 과정을 '양화(quantification)'라고 한다. 이는 사회과학 자료를 기계가 읽을 수 있는 형태로, 가령 컴퓨터나 양적 분석에 이용되는 유사 기계들에 의해 읽혀지고 조작될 수 있는 형태를 들 수 있는데 이와 같이 기계가 파악할 수 있는 자료 형태로 전환하는 것이다.

여러 자료들이 쉽게 양화된다. 남성과 여성을 '1'과 '2'로 전환할 수 있다. 출신지역이나 종교성 등과 같은 변수에 이를 대변하는 숫자를 쉽게 부여할 수 있다. 여기에서 우선 변수와 상수, 나아가 개념화와 조작화가 무엇인지에 대해 알 필요가 있다. 물론 이는 앞서 이미 언급한 내용 가운데 일부 중복되기도 한다. 그럼에도 다시 한 번 점검하면서 전체적으로 간략하게 정리하는 차원에서 새삼 제시하는 것이다.

1) 기초 용어 이해

(1) 변수(variable)
속성의 논리적인 집합을 의미한다. 가령 성(sex)이라는 변수는 남성과 여성이라는 속성으로 구성된다.

(2) 상수(constant)
변수의 반의어다. 즉 어느 관계를 통하여 변하지 않는 일정한 값을 가진 수나 양을 말한다. 가령 원주율, 탄성률 따위가 있다.

(3) 개념화(conceptualization)
모호하고 정밀하지 않은 생각(개념)들이 보다 구체화되고 정확해지는 정신적 과정을 말한다. 가령 편견을 연구할 때 여러분은 '편견'을 어떤 의미로 쓰는가? 편견에는 어떤 종류가 있으며, 그것들은 무엇인지를 생각하는 과정을 들 수 있다.

(4) 조작화(operationalization)
개념화 다음에 나타나는 단계를 의미한다. 조작화는 조작적 정의를 개발하는 과정이거나 변수 측정에 포함되어 있는 정확한 조작을 구체화하는 것이다.

(5) 코딩(coding)
어떤 자료들은 다루기가 어렵다. 예를 들어 서베이를 통해 현재 한국의 수도인 서울특별시가 직면한 가장 큰 문제가 무엇이라고 생각하고 있는지를 물어본 결과 응답자들이 '미세먼지'라고 응답하였다면 컴퓨터는 이러한 응답을 수치로 전환하여 처리할 수 없다. 여러분이 응답을 코딩(coding)하여 일종의 번역을 해주어야 하는 것이다.

코딩 과정에는 두 가지 기본적인 접근 방식이 있다. 첫째, 연구목적에 기반해서 비교적 잘 개발된 코딩 방식을 활용하여 시작할 수 있다. 두 번째는 수집된 자료로부터 자신의 코딩 방식을 개발하는 것이다.

여러분들이 코딩을 하게 될 때, 너무 염려는 안 해도 된다. 왜냐하면 흔히 사용하고 있는 코딩 방식을 쓰게 될 것이기 때문이다.

2) 핵심 용어 이해

자! 다음으로는 양적연구를 하게 될 때, 무엇보다도 염두에 둬야 할 사항들은 무엇일까? 여러 가지를 말할 수 있겠지만 가장 먼저는 신뢰도와 타당도일 것이다.

(1) 신뢰도(reliability)

같은 현상을 반복적으로 측정했을 때, 매번 같은 결과를 얻을 수 있도록 하는 측정방법상의 특징을 말한다. 서베이 조사의 경우 "지난주에 교회에 갔는가?"는 질문은 "평생 동안 예배에 몇 번 정도 참석했는가?"라는 질문에 비해 높은 신뢰도를 기대한다. 다만 타당도와 혼동하지 말아야 한다.

(2) 타당도(validity)

측정하려고 의도된 개념을 정확하게 반영하는 측정을 기술하는 용어. 가령 지적능력을 측정하는 데 있어서 지능지수 점수가 도서관에서 보낸 시간에 비해 더 타당한 측정이다. 비록 측정의 궁극적인 타당도는 결코 밝혀질 수 없지만 액면타당도, 기준관련 타당도, 내용타당도, 구성타당도, 내적 타당성 및 외적 타당성 등에 기초해서 상대적 타당도에는 합의할 수 있다.

- 액면타당도는 어떤 변수의 합리적인 측정치로 보이도록 만드는 지표의 특성을 뜻한다. 종교 행사에 참여하는 빈도가 한 개인의 종교성을 나타내는 지표라는 점은 많은 설명이 없어도

수긍할 수 있는 데, 이것이 액면타당도다.
- 내용타당도는 측정이 개념에 포함된 의미들의 범위를 포괄하는 정도를 말한다.
- 구성타당도는 측정이 이론적 관계의 틀에서 기대된 바대로 다른 변수들과 연관된 정도를 말한다.
- 외적타당도는 지수나 척도와 같은 측정이 동일한 지표와 어떤 관계를 갖는지 조사하여 측정의 타당도를 검증하는 과정이다. 예컨대 지수가 편견을 잘 측정한다면 편견을 나타내는 다른 지표와도 관계를 가져야 한다.

(3) 측정의 수준(명목, 서열, 등간, 비율)

측정의 수준은 다음백과 사전의 내용을 중심으로 정리한다.

- 명목측정은 변수의 속성이 오직 망라적인 특성과 상호배타적인 특성만을 가진 변수, 다시 말해 서열, 등간 및 비율측정과는 달리 변수를 단지 서로 다른 속성으로 구분하는 측정수준이다. 성별이 명목측정의 한 예이다.
- 서열측정은 변수를 어떤 차원에서 순서를 매길 수 있는 속성으로 기술하는 측정수준이다. 고, 중, 저의 속성으로 구성된 사회경제적 지위가 한 예이다.
- 등간측정은 변수를 순서가 있고 인접한 값 간에 같은 거리를 갖는 속성으로 기술하는 측정수준이다. 화씨온도가 한 예인데, 17도와 18도 간의 거리는 89도와 90도 간의 거리와 같기 때문이다.
- 비율측정은 속성에 대한 순위를 부여하되 순위 사이의 간격이 동일할 뿐만 아니라 측정값 사이의 비율계산이 가능하여 실질적인 값을 갖는 수준이다. 속성에 대한 순위의 부여와 순위와 순위 사이의 비율 계산이 가능하다. 가령 A사의 발행부수가 100, B사의 발행 부수가 50이라면 A사는 B사보다 발행 부수가 높을 뿐만 아니라 A사는 B사에 비해 2배의 발행 부수를 가지고 있다고 할 수 있다. 시장 점유율, 가격, 소비자의 수, 생산원가 등 객관적으로 계량화가 가능한 변수는 비율측정이 가능하다.

위의 4가지 측정 수준을 알아두는 것은 매우 중요하다. 설문지 작성부터 어떤 통계기법을 염두에 두고 분석할 것인가에 대한 계획을 세워야 하기 때문에 각 질문이 갖는 측정 수준을 파악하고 그에 맞는 분석 기법을 활용하는 것이다. 아래 표는 측정 수준 유형에 따른 분석방법을 요약한 것이다.

<표 4-1> 측정 수준에 따른 분석방법

종속변수 \ 독립변수	명목척도	서열척도	등간/비율척도
명목척도	교차분석 독립성검증	교차분석 독립성검증	로짓, 프로빗 분석, 판별분석
서열척도	교차분석, 범주형 분산분석 등 비모수통계	교차분석, 범주형 분산분석 등 비모수 통계분석, 서열상관관계	더미정준상관분석, 로직, 프로빗 분석, 서열상관관계
등간/비율척도	티검정, 분산분석, 다차원 분산분석	티검정, 분산분석, 다차원 분산분석	피어슨상관관계, 다변량분석, 회귀분석(매개변수 있을 시 경로분석) 구조방정식 등
종속변수 없음	-	-	요인분석, 군집분석

* 출처: 우수명. (2010). 마우스로 잡는 PASW 18.0. 서울: 인간과복지. p. 40.

(4) 평균

모호한 용어인데, 통상 전형적이거나 정규적임-즉 중심 집중-을 시사한다. 즉 평균은 '중심 집중치'다. 산술평균, 중앙값, 최빈값이 수학적 평균의 특정한 예이다. 우리는 일상생활에서 어떤 변수의 '전형적인' 값을 표현하기 위해 사용하는 여러 종류의 평균값에 익숙하기 때문에 '중심 집중치', 곧 '평균'이라는 개념을 이미 잘 알고 있다. 예를 들어 야구에서 0.3이라는 타율은 타자가 평균적으로 10회의 타석에서 3번 정도 안타를 친다는 뜻이다. 야구 시즌 중에 타자는 꽤 오랫동안 전혀 안타를 치지 못할 수도 있고, 한 번에 수많은 안타를 쳐낼 수도 있다. 하지만 일정기간 동안의 타율은 열 번 타석에 들어서면 세 번 안타를 친다는 '중심 집중치'로 표현될 수 있다.

이러한 '중심 집중치' 또는 '평균 값'은 보다 정확하게 표현하면 산술평균(값의 총합을 전체 사례수로 나눈 결과치)이라고 부른다. 산술평균은 중심 집중치 혹은 '전형적인' 값을 측정하는 하나의 방법이다. 가령 여러 관찰에서 얻은 값을 더한 뒤 관찰횟수로 나눠 계산된 평균이라 할 수 있다. 10 과목에서 4.0학점을 받고, 한 과목에서 F학점을 받았다면 학점의 산술평균은 3.6이 된다. 다른 두 가지 중심 집중치에는 최빈값과 중앙값이 있다. 최빈값은 가장 빈번하게 관찰되는 값이나 속성을 보여주는 평균이다. 표본에 1,000명의 개신교도, 275명의 가톨릭교도, 33명의 불교도가 있다면, 개신교가 최빈 범주이다. 중앙값은 관찰된 속성들을 순위로 나열하였을 때, 가장 중간 위치에 있는 속성이다. 즉 관찰값을 순서로 나열했을 때, '중간'에 해당하는 사례의 값을 대변하는 평균인 것이다. 만약 5명의 나이가 16, 17, 20, 54, 88살이라면, 중앙값은 20살이 된다. 이 경우 산술평균은 39살이다.

(5) 표준편차

산술평균 주위에 값이 퍼진 정도를 측정하는데, 모든 경우의 약 68%가 평균으로부터 ±1 표준편차 내에 놓이고 95%는 ±2 표준편차, 99%는 ±3 표준편차 내에 놓이는 방식으로 측정한다. 따라서 예를 들어, 집단의 나이가 산술평균 30세이고, 표준편차가 10세이면 68%는 20-40세 사이에 놓인다. 표준편차가 작을수록 값들이 산술평균 주위에 조밀하게 밀집되어 있고, 표준편차의 값이 크면 측정치들이 넓게 펴져 있음을 의미한다.

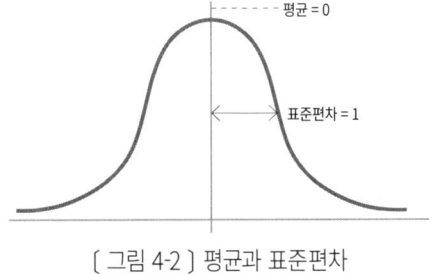

[그림 4-2] 평균과 표준편차

(6) 분산

평균치 같은 어떤 중심 집중치 주위에 값들이 흩어져 있는 정도를 의미한다. 분산이 클수록 데이터가 평균 주변에 분포되어 있음을 의미한다. 범위는 분산측정의 간단한 예이다. 범위는 가장 큰 값과 가장 작은 값 간의 차이를 말한다. 그래서 예를 들어 집단의 산술 평균적 나이는 37.9세이고, 범위는 12-89세라고 말할 수 있다. [그림 4-3]은 평균이 같지만 분산이 다른 두 확률 분포의 예이다. 빨간색 분포는 100의 평균값과 100의 분산값을 가지고 있지만, 파란색 분포는 100의 확률값과 2500의 분산값을 가지고 있다.

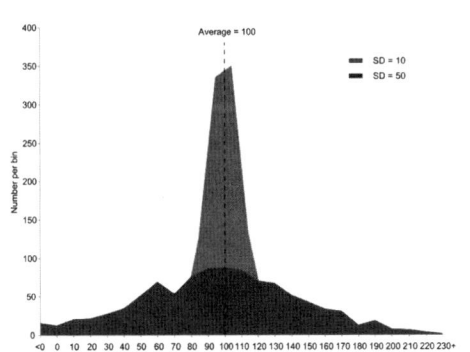

[그림 4-3] 평균은 같지만 분산은 다른 두 확률 분포

* 출처: 위키백과, https://ko.wikipedia.org

(7) 정규분포

정규 밀도함수의 부정적분을 분포함수로 갖는 분포를 말한다. 정규 밀도함수의 모양은 종 모양이며 가운데 봉우리를 축으로 좌우대칭인 분포를 말한다. 분포가 중앙에 집중되며 중앙에서 멀어질수록 빈도가 점차 감소하게 된다. 정규분포곡선에서는 중앙값(median), 평균값(mean), 최빈값(mode)이 일치한다.

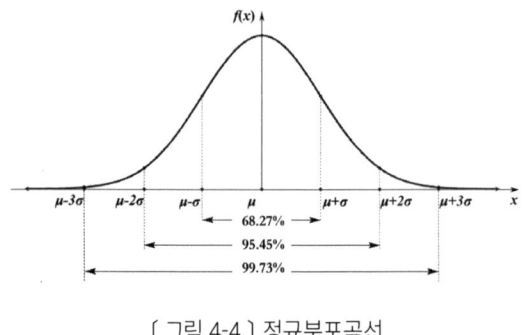

〔그림 4-4〕 정규분포곡선

* 출처: https://www.eajohansson.net/on-the-standard-normal-distribution

(8) 추리통계

표본에서 얻어진 자료를 바탕으로 해당 모집단에 대해 통계적으로 추정하는 통계 기법이다. 사실 통계는 크게 나눠 두 부분으로 구성된다.

하나는 '기술(記述)통계'이고 또 하나는 '추리통계'이다. 기술통계란 관측을 통해 얻은 데이터에서 그 데이터의 특징을 뽑아내기 위한 기술을 말한다. 가령 구약성서의 민수기에 나오는 인구조사의 결과들이 쭉 나열되어 있는 경우가 기술통계의 모습을 띠고 있는 것이다. 오늘날의 기술통계는 데이터의 특징을 극단적으로 끌어내는 도구로써 '도수분포표'나 '히스토그램' 등 표와 그래프로 표현하는 방법론과 여러 가지 평균값이나 표준편차 같은 통계량으로 표현하는 방법론이 널리 활용된다. 이와 같은 방법들은 사회나 경제 상황을 파악하거나 기상이나 해양, 안전과 재난 등의 환경 문제 등을 조사하는 데에 사용된다.

  이에 비해 추리통계는 통계 방법과 확률 이론을 조합한 것으로 '전체를 파악할 수 없을 정도의 큰 대상'이나 '아직 일어나지 않은, 미래에 일어날 일' 등에 관해 추측하는 것을 예로 들 수 있다. 즉, '부분으로 전체를 추측한다.'는 것이다. 흔히 우리가 접할 수 있는 선거 개표 예상 방송에 나오는 수치들이 추리통계의 성과라 할 수 있다. 지금 막 개표가 시작되었는데 '당선 확실!' 같은 보도가 나올 수 있는 것이 바로 추리통계의 힘입은 바다. 이외에도 주가 변동 예상이라든지 지구온난화 전망 등도 추리통계에서 중요한 사례들이다.

(9) 독립표본 t-검정

  먼저 t-검정부터 살펴보자. t-검정은 SPSS 통계에서 평균차이 비교를 위한 통계방법으로 사용되며 집단과 분석변인에 따라 일표본 t-검정, 독립표본 t-검정, 대응표본 t-검정의 방법이 있다. 특히 t 분포를 기반으로 하여 모수치의 추정과 가설을 검정하는 방법이 t-test다. t-test는 표본집단을 표집하여 그 결과를 비교하고자 할 때 그 결과를 표집의 결과치로 신뢰할 수 있는지 유무를 검정할 때 사용한다.

  t-test는 두 집단 간의 평균 차이를 평균 간 차이의 표준오차로 나눈 값(t값)과 자유도를 기초로 하여 그러한 차이가 표집의 오차에 의하여 일어날 확률을 계산하여 그 확률이 대체로 5%이하이면 표집에 의한 차이가 전체 집단의 차이인 것으로 인정한다. 표본의 평균값의 차이가 모수치에서도 나타나는 차이에 의한 것인지 아니면 표본에서 발생한 우연한 차이에 의한 것인지를 검정할 수 있으며 모수치를 추정하는 95%의 신뢰구간의 값을 구할 수 있다. 다만 t-test의 가정을 유의해야 한다. 즉 종속변수가 양적변수(등간 혹은 비율)이어야 한다.

  모집단의 분산, 표준편차를 알지 못할 때 사용한다. 알고 있다면 Z 검정을 한다. 또한 모집단의 분포가 정규분포이어야 한다. 정규분포라는 가정이 충족되지 않으면 비모수통계를 사용한다. 아울러 등분산 가정이 충족되어야 한다. 등분산 가정이 충족되지 않으면 Welch-Aspin 검정을 사용한다.

독립표본 t-검정은 서로 다른 모집단으로부터 추출된 두 변수의 평균값을 비교 분석하는 것이다. 독립변수 내의 두 집단의 평균을 비교하는 방법이다. 즉 두 집단 간의 평균차이를 검정하는 것이다. 대응되는 두 변수 모두 구간, 비율척도로 살펴볼 수 있다. 가령 두 가지 색상의 과자 제품 포장에 대한 판매량 차이라든지 취업모와 비 취업모의 결혼만족도 차이, 남녀 간의 정서 지능의 평균 차이를 보는 것으로 말할 수 있다.

(10) 일원분산분석

일명 ANOVA 즉 분산분석(변량분석)을 이해해야 한다. 표본이 3개 이상일 때, 평균값을 비교하여 통계적 유의성을 확인한다(t-test=표본 1개 또는 2개). 독립변수와 종속변수의 개수에 따라 "단일변량 분산분석, 다변량 분석"으로 구분된다.

(11) 카이제곱검정

카이제곱(x^2)은 사회과학에서 빈번히 사용되는 유의도 검증기법으로 이 검증에서 영가설(null hypothesis, H0)은 "모집단에서 두 변수 간의 관련성이 없다."이다. 이 검증을 위해서는 먼저 두 변수 각각의 분포를 바탕으로 두 변수가 교차되어 새로이 형성하는 교차분포표(또는 관찰빈도표)를 만들어낸다. 다음으로 만일 두 변수 간에 아무런 관련이 없다고 가정했을 경우에 형성되는 교차분포표를 만들어낸다. 이 표의 각 칸(cell)에 제시되는 빈도를 가리켜 기대빈도(expected frequency)라고 한다. 그리고 나면 두 표(즉 관찰빈도표 및 기대빈도표)의 각 칸에 제시된 수치들의 차이를 서로 비교하고 그 차이가 오직 표집오류에 기인한 것인지의 가능성(또는 확률)을 결정한다.

(12) 상관관계분석

변수 간의 밀접한 정도 즉 상관관계를 분석하는 통계적 분석방법으로 상관관계분석을 사용하기 위해서는 몇 가지 조건이 선행되어야 한다.

첫째, 두 변수가 모두 연속적 변수이어야 한다. 따라서 한 변수라도 비연속적(서열 또는 명목) 변수일 때는 상관관계분석을 사용할 수 없다. 그러나 서열변수인 경우에는 때때로 연속적 변수로 취급되어 상관관계분석을 사용할 수 있다.

둘째, 두 변수의 관계는 직선관계, 즉 일차 함수관계이어야 한다. 두 변수 간의 관계가 곡선인 경우에는 상관관계분석을 사용할 수 없다.

셋째, 두 변수가 모집단에서 정규분포를 가져야 한다. 특히 표본수가 적을 경우에는 모집단이 정규분포를 가질 것이 강력히 요구된다. 그러나 표본수가 30 이상일 때는 정규분포의 요건이 충족된 것으로 간주되어 상관관계분석을 이용할 수 있다. 상관관계분석은 두 변수가 얼마나 상호 관련되어 있는가만 분석할 뿐이며 어느 변수가 어느 변수에 영향을 미치는지는 분석하지 않는다. 즉 독립변수와 종속변수의 관계가 불분명하고 두 변수의 상호 관련성만을 파악하고자 할 때 주로 사용한다.

상관계수(correlation coefficient)는 두 변수 간의 연관 정도를 나타내며 인과관계를 확인하는 것은 아니다. 인과관계는 회귀분석을 통해 확인할 수 있다. 상관관계 분석을 위해서는 두 개의 변수가 어느 정도의 관계가 있는가를 측정하는 단순상관분석(simple correlation analysis)와 2개 이상의 변수 간 상관관계를 측정하는 다중상관분석(multiple correlation analysis)가 있다.

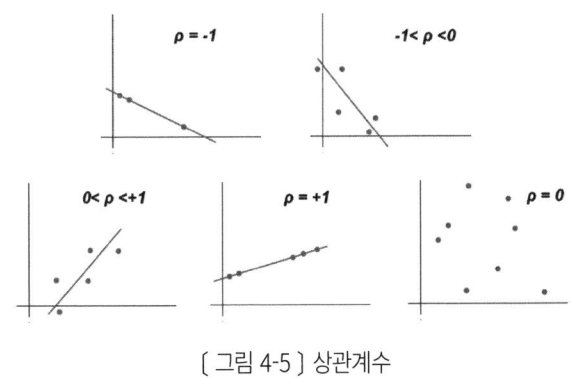

〔그림 4-5〕 상관계수

* 출처: 위키백과, https://ko.wikipedia.org

(13) 회귀분석

회귀분석은 한 변수가 다른 변수들과 어떠한 관계가 있는지(영향을 미치는지, 인과관계가 있는지)를 분석하기 위하여 사용되는 방법으로 한 변수의 값을 가지고 다른 변수의 값을 예언해 주는 것이다. 회귀등식이라고도 부르는 등식의 형태로 변수들 간의 관계를 표현하는 자료 분석의 기법이다. 하나의 종속변수와 하나의 독립변수 사이에 관계를 분석할 경우 단순회귀분석이라 하며, 하나의 종속변수와 두 개 이상의 독립변수 사이의 관계를 규명하고자 할 경우 다중회귀분석(Multiple Linear Regression)이라 한다.

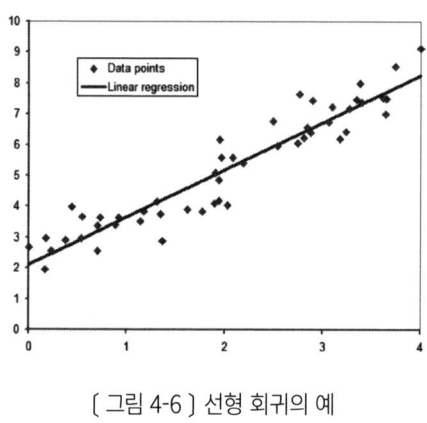

〔그림 4-6〕 선형 회귀의 예

* 출처: 위키백과, https://ko.wikipedia.org

다중회귀분석은 일정한 종속변수에 대한 두 가지 이상의 독립변수의 영향을 나타내주는 등식을 찾아내는 통계기법이다. 사실 사회과학을 비롯한 많은 실증연구에서는 주어진 종속변수가 여러 가지 독립변수들에 의해 동시적인 영향을 받는 경우가 매우 흔하다. 다중회귀분석은 바로 이러한 경우에 사용된다.

3. 엑셀과 SPSS, 빅 데이터와 데이터마이닝

엑셀과 SPSS, 빅 데이터와 데이터마이닝 분석에 관한 실제적인 활용법은 여러분 각자가 잘 수행하길 바란다. 이들 프로그램 패키지는 판매되고 있고 수많은 자료들이 시중에 나와 있으므로 충분히 접근 가능하리라고 본다. 또한 SPSS를 활용한 데이터 분석과 결과표 작성은 관련된 다양한 온라인 자료와 서적을 활용하여 충분히 수행할 수 있으며, 필요시 데이터 분석 관련 강좌를 수강하여 부족한 부분을 보충해 나갈 수 있다.

특별히 목회 및 선교현장에서 양적 연구를 수행할 경우 SPSS 통계 프로그램을 가장 많이 활용할 것이다. 이는 통계 분석이나 설문조사 데이터 분석에서 많이 활용되는 프로그램으로 데이터 변환과 관리, 통계 테스트를 진행할 수 있다. 빅데이터는 기존 전통적인 데이터 처리 도구로는 처리하기 어려운 데이터를 대규모로 분석할 수 있다는 장점이 있다. 주로 고객의 행동을 분석하거나 예측, 실시간 데이터 처리 등에 많이 활용되며 사회과학 분야에서는 소셜 미디어 플랫폼에서 수집한 데이터를 분석한 연구와 범죄 예측 및 예방, 건강 및 전염병 확산에 관한 공중 보건 전략 수립 연구 등에 활용될 수 있다.

데이터마이닝은 내용기반 분석과 구조기반 분석으로 구분된다. 구조기반 분석에 소셜 네트워크 분석이 포함되며 내용기반 분석 방법 중 하나가 텍스트마이닝 기법이다.

먼저 텍스트마이닝(Textmining)은 비정형 데이터 마이닝 유형 중 하나이며 비정형 데이터에 대하여 자연어 처리기술과 문서 처리기술을 적용하여 유용한 정보를 추출한 후 필터링하는 목적으로 하는 기술이며 텍스트분석은 텍스트에 내재된 단어와 그들 간의 관계 네트워크로 모델링될 수 있으며 텍스트 네트워크 내에서 개념들의 위치와 연결패턴들을 통해 텍스트의 의미 또는 중요한 주제에 대해 이해할 수 있다.

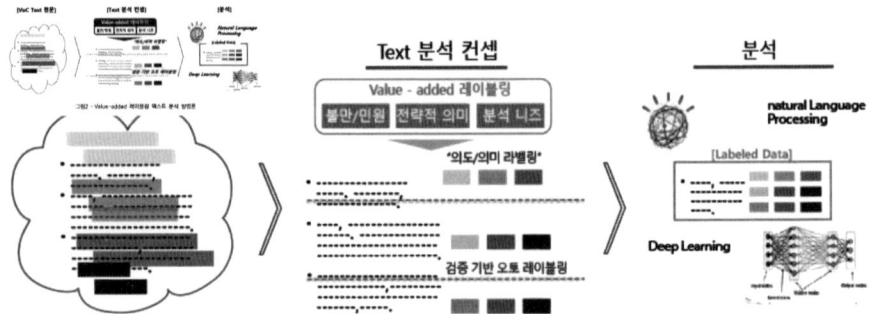

[그림 4-7] 텍스트 분석 방법 (Value-added 레이블링)

* 출처: https://www.samsungsds.com/kr/insights/ai_voc.html

따라서 텍스트마이닝은 구조화되지 않은 대규모의 텍스트 집합으로부터 새로운 지식을 발견하는 과정이며 문서 내에서 유용한 정보를 찾는 기술로 빅데이터 분석에서 대량의 문서 데이터에서 의미를 도출해내는 일련의 과정이다. 이러한 데이터들을 일컬어 비정형데이터라고 하는데 이는 상당히 복잡해 구조화하여 분석하는 것은 어려운 일이다. 이 가운데 최근 인터넷 미디어 환경에서 형성되는 다양한 텍스트자료들이 중요한 의미를 제공해준다. 이와 같은 비정형 데이터야말로 여론의 흐름을 정확하게 파악하며, 이슈가 되는 현상에 대한 대중의 감정을 제대로 알 수 있는 유용한 자료라고 할 수 있을 것이다(한국언론학회, 2012).

텍스트마이닝 또는 텍스트 기반의 지식발견은 텍스트 기반 데이터베이스로부터 기존에 알려지지 않은 새로운 정보를 자동적으로 추출하는 기법이다. 구체적으로 비정형의 텍스트 데이터를 자연어 처리와 형태소 분석기술에 기반하여 정제하고, 유용한 단어와 그 빈도수를 추출하여 맥락 수준의 의미를 찾아내는 프로세스로 여러 문서에서 동시에 출현하는 단어의 빈도를 통해 단어의 중요도를 알 수 있으며, 검색 결과의 순위 또는 문서나 인식의 유사성을 포착하는 용도로 많이 사용된다(정근하, 2010; 전채남·서일원, 2013).

다음으로 소셜 네트워크 분석이다. 소셜 네트워크 분석에서 도출된 단어의 중요도는 문서 내 또는 문서 간 등장 빈도, 총 등장 빈도 등 다양한 방법으로 측정할 수 있으며 그 중 TF-IDF(Term Frequency-Inverse Document Frequency)는 문서에서의 특정 단어의 중요도를 측정할 수 있어 매우 널리 활용되는 방법이다. 즉 TF-IDF값이 높은 단어는 해당 문서 내에서 중요한 메시지로서 큰 의미를 갖는다.

소셜네트워크 분석은 소셜미디어의 확산, 대인관계 네트워크, 질병 감염 경로 등을 시각화하는데 유용하게 활용되며, 많은 양의 데이터를 처리하고 관계 네트워크 구조를 설명할 수 있다. 아울러 네트워크 내에서 영향력 있는 노드를 확인하여 그 관계를 분석할 수 있다는 점에서 장점이 있다. 이를 목회, 선교현장에 적용하면 교인들의 교회 참석과 교회 내 활동 참여와 네트워크 수준에 대한 분석, 교회의 복지선교 현장 참여를 위한 지역 내 사회복지기관 연결망 분석, 복지 사각지대에 처한 서비스이용당사자의 복지선교 프로그램 구축을 위한 지역자원 조사 등에 적용해 볼 수 있다. 선교현장에서도 건강과 불평등의 문제, 질병 예방, 불합리한 위치에 처한 이들의 사회구조 조사나 교육모델 연구 등에 활용될 수 있다.

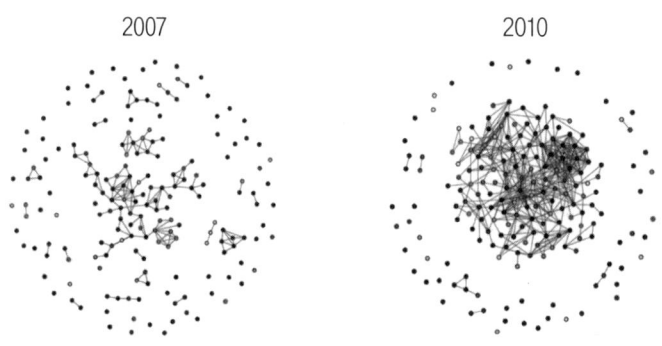

[그림 4-8] 소셜 네트워크 분석을 통해 살펴본 학제간 연구의 증가 현상

* 출처: Luke, D. A., Carothers, B. J., Dhand, A., Bell, R. A., Moreland-Russell, S., Sarli, C. C., & Evanoff, B. A. (2015). Breaking down silos: mapping growth of cross-disciplinary collaboration in a translational science initiative. Clinical and Translational Science, 8(2), 143-149.

[그림 4-8]은 2008년 임상 및 전환과학 연구소(ICTS) 코호트의 보조금 제출 네트워크 조사 결과로서 각 노드는 ICTS 회원을 말하고 있다. 노드 간의 링크는 조사자가 적어도 한 건의 보조금에 함께 핵심 인력으로 참여했음을 나타낸다. 보조금 제출에 대한 파트너십은 2007년에서 2010년 사이에 거의 3배 증가했으며, 특히 학제 간 파트너십에서 증가한 것을 알 수 있다.

특히 소셜 네트워크 분석은 사람들이 사회적 관계를 기반으로 상호작용을 통해 거미줄처럼 서로 엮여져 있다는 개념으로 다양한 사회적 현상을 설명하는 데 있어서 기존의 관점과는 다른 새로운 시각을 제공한다. 소셜 네트워크 분석에 사용되는 방법으로는 연결성과 밀도이다. 연결성이란 개인이 가지는 인기도나 사회적 성향 등을 바탕으로 집단 내에서 개인이 갖는 연결 성향을 의미하며 밀도란 네트워크에서 구성원들 간에 얼마나 많은 관계를 형성하고 있는가를 표현하는 개념이다.

소셜 네트워크 분석방법으로는 연결중심성 분석, 근접중심성 분석, 매개중심성 분석이 있다. 먼저 연결중심성 분석은 하나의 노드(네트워크에 연결되어 있는 '1개 1개'의 기계를 의미한다)에 직접적으로 연결된 이웃 노드의 개수로 측정하며 네트워크 전체 구조의 중심이 아니어도 연결된 노드가 많으면 연결중심성 지표값이 높게 나타난다. 그리고 노드의 색깔이 진할수록 중심성이 높다고 해석한다. 둘째, 근접중심성 분석은 네트워크를 구성하는 노드가 전체 노드에 도달하기까지의 단계를 말한다. 즉 단계수가 작을수록 근접중심성이 높게 나타나며 노드의 크기가 커질수록 중심성이 높다. 마지막으로 매개중심성 분석은 노드와 노드를 연결하는 최단 경로에 얼마나 자주 등장하는 지를 보여주는 값으로 매개중심성이 높은 노드는 네트워크 내에서 가장 많이 거치게 되는 노드이다. 따라서 이때는 링크의 선 색깔이 진해질수록 중심성이 높다고 이해하면 된다.

4. 통합연구방법에서 양적연구의 활용 예시

통합연구방법에서 양적연구를 활용한 사례를 예시로 제시한다. 독자 여러분이 지금부터의 내용을 정독하게 되면 통합연구에서 양적 접근을 어떻게 해야 할지를 알게 될 것이다.

1) 사례 1 "박정숙, 최웅용. (2021). 발달장애 자녀 양육과 교육의 어려움 연구. 열린부모교육연구, 13(2), 1-22."

(1) 연구목적

발달장애 아동 부모들의 자녀 양육경험 중 교육지원의 현황, 문제점, 부모님들의 가족지원 요구에 대해 연구한 논문으로 심층면담과 **설문조사**를 병행하여 자료를 수집하였다.

(2) 연구방법

발달장애 자녀를 둔 부모를 대상으로 204부의 설문조사를 통해 빈도분석을 실시하였고, 발달장애 자녀를 둔 부모 10명에 대해 심층면담을 실시, 합의적 질적연구(Consensual Qualitative Research: CQR)을 통해 결과를 도출하였다.

설문조사를 통해 살펴본 내용으로는 연구참여자의 일반적 특성 (부모, 자녀의 성별, 연령, 자녀의 교육비용)과 경험의 정도(교육지원 과정에 가장 크게 느꼈던 어려움, 재활교육을 위한 개선사항), 요구조사(자녀와 가족을 위한 향후 지원서비스) 등 총 7문항으로 나타났다.

(3) 연구결과

양적연구 결과 발달장애 아동 부모 204명의 성별은 어머니 187명(89.7%), 아버지 20명(9.8%), 기타 1명(0.5%) 순이었으며, 부모의 연령대는 만 30-39세가 115명(56.4%), 만 40-49세가 73명(35.8%), 만 30세 미만이 11명(5.4%), 만 50-59세가 5명(2.5%) 순으로 30대의 비율이 절반 이상을 차지하였다. 발달장애 자녀의 성별은 남자 132명(64.7%), 여자 72명(35.3%)이며, 연령은 만 5세 이하가 68명(33.3%), 만 6세 32명(15.7%), 만7세가 30명(14.7%), 만8세가 20명(9.8%) 순으로 나타났다.

자녀를 위해 지출되는 월 평균 금액은 월 10-20만원 45명(22.1%), 20-30만원 41명(20.1%), 50만원 이상 32명(15.7%) 순으로 나타났다. 발달장애 자녀의 교육지원에 따른 어려움으로는 '장애 자녀와의 의사소통과 문제행동 대처의 어려움' (19.6%), 과도한 교육비 지출로 인한 경제적 어려움 (13.7%), 장애자녀의 더딘 성장과 불확실한 미래를 생각하며 느끼는 심리적 불안감과 장애수용의 어려움(9.8%) 순으로 나타났다.

장애자녀의 교육을 위해 개선되거나 확대되기를 기대하는 내용 중에 가장 원하는 것은 바우처 비용의 확대 및 교육 횟수 증가(26.9%), 필요한 교육을 제때 다양한 교육을 받을 수 있기를 희망하는 사례(25.4%), 공공 치료기관의 설립 확대(6.3%) 순으로 조사되었다.

이 연구는 양적연구와 합의적 질적연구를 동시에 병행한 병렬적 통합연구방법을 활용하였으며 양적연구의 결과를 보완하기 위해 심층면담을 진행하고 양육 경험과 교육지원의 경험을 심층적으로 연구한 사례이다.

2) 사례 2 "유민희. (2023). 유아영재교육 수업 전, 후 예비유아교사의 인식과 변화: 통합연구방법 적용. 열린유아교육연구, 28(5), 261-280."

(1) 연구목적
예비유아교사의 유아영재교육 수업 전과 후의 유아영재교육에 대한 인식의 변화를 살펴보기 위한 목적으로 유아교육학과 4학년 재학생 중 연구 참여의사를 밝힌 54명을 대상으로 통합연구 방법론을 적용하여 연구를 진행하였다.

(2) 연구방법
통합연구방법 중 Creswell과 Clark(2007) 모형을 활용하였다.
탐색 설계모형으로 **1단계에서 질적자료를 메타포 방법으로 수집하였으며, 2단계는 양적 자료를 수집하기 위해 설문지법을 활용**하였다. 이 연구는 **질적연구와 양적연구를 동시에 활용하여 영재 관련 수업 전, 후 예비유아교사들의 인식 변화**를 살펴보고자 하였다.

이를 위해 설문지는 선행연구를 바탕으로 교사 영역 7문항, 판별 영역 3문항, 교육 영역 5문항으로 구성된 15문항의 설문지를 제작하였으며 Likert 5점 척도 문항으로 5점에 가까울수록 중요성과 필요성을 높게 인식하고 있음을 의미하였다. 다만 교육 문항은 일반적 인식을 제외한 부담감, 부정적 인식에서 5점에 가까울수록 부정적 인식이 강한 것으로 구성하였다. 이후 연구자와 유아교육 전문가 1인, 영재교육 전문가 1인이 함께 수정하고 합의하였으며, 신뢰도는 Cronbach's a 계수가 .823으로 높은 편이었다.

설문조사는 수업 1주차와 15주차에 사전과 사후 설문지를 배포하였으며 분석은 수업 전과 후의 인식의 변화 차이를 통해 수업의 효과성을 살펴보고자 SPSS 27.0을 활용하여 각각 문항별로 평균, 표준편차, Paired T-test 분석을 하였다. 또한 수업 전 사전검사를 공변량으로 통제한 수업 이후 사후검사의 차이가 유의미한지 확인하기 위해 공변량분석(ANCOVA)을 실시하였다.

(3) 연구결과

예비유아교사들은 수업 이후 유아영재를 교육하는 교사 역할의 중요성, 교사교육의 필요성, 유아영재판별능력에 대한 중요성에 대하여 수업 전보다 높게 인식하였으며, 유아영재 교육에 대한 부담감과 부정적 인식은 유의미하게 낮아졌다. 이 연구는 유아예비교사의 수업 전과 후의 인식 변화를 비교하였기에 사전-사후 검사에 활용되는 분석기법을 활용한 연구이다.

양적연구의 분석은 관찰이 반영하는 현상을 기술하고 설명하기 위한 목적으로 관찰을 숫자로 표현하고 조작하는 것이다. 오늘날 양적 통계분석은 거의 대부분 SPSS나 AMOS, Excel, SAS, Stata, R 등의 프로그램에 의해 처리된다. 이러한 프로그램들이 마술을 부릴 수 있도록 하려면, 조사에서 수집된 자료를 읽을 수 있어야 한다(바비, 얼/고성호 외 공역, 2020: 633). 그래서 이상에서 다룬 제4장의 내용은 양적 분석을 수행할 수 있는 역량을 키우는데 필수적인 개념과 방법을 제시하는 것으로 구성하였다.

[제5장]

질적연구방법의 기초

✦

　이제 집중적으로 질적연구방법의 전체적인 개요를 구체적으로 탐구해 보려고 한다. 근데 아직은 저자인 우리 두 사람의 차별화된 이론과 실제가 없어서 여러 선행연구들에서 가져왔다. 참고하거나 활용한 자료들은 참고문헌에 제시하였다. 독자 여러분들이 그 책들과 논문들을 읽게 되면 우리가 어디서 가져와서 어떻게 재구성하였는지를 알 수 있을 것이다. 향후 이 책의 2판에서는 보다 더 저자들의 견해가 담긴 내용들로 채워보려고 한다.

　목회자와 선교사는 늘 사람들을 만난다. 그리고 그 사람들의 생활세계와 삶의 여정에 큰 관심을 둔다. 그들의 삶 속에 하나님의 사랑과 은혜를 펼쳐내게끔 하는 사명을 감당하는 성직이 목회와 선교이다. 그렇게 볼 때, 목회자와 선교사가 질적연구방법을 제대로 알고, 현장연구로 적극 활용하게 되면 사역에 큰 도움이 될 것이다.

　그러면 지금부터 질적연구방법의 세계로 들어간다.[7]

✦ 7) 질적연구방법의 개념과 이론적 및 학문적 기원에 관련된 통찰과 주요 내용들을 "Deborah K. Padgett/유태균 역. (2001). 사회복지 질적연구 방법론. 파주: 나남출판."과 "Patton/김진호 외 공역. (2018). 질적연구 및 평가 방법론. 파주: 교육과학사."에서 가져와 재구성하였음을 밝힌다.

1. 질적연구방법의 개념

흔히 질적연구를 하는 것이 쉬울 것으로 생각한다. 그건 큰 오해다. 질적연구는 양적연구를 하는 것에 비해 훨씬 더 어려우며 연구과정 상에 엄청난 에너지 투입을 필요로 한다. 왜냐하면 질적연구는 단순히 잘 정립된 과학적 연구방법에 맞게 탐구 작업을 진행하는 것 이외에 연구자의 창의성, 진정성, 지속성 등과 같은 많은 노력을 필요로 하기 때문이다. 질적연구가 이처럼 많은 수고가 요구되는 것이니만큼 연구자는 질적연구를 통해서 더 없이 귀중한 경험을 대가로 얻을 수 있다. 연구를 수행하는 현장과 현상, 대상과 생활세계 등에 대한 생생한 현실을 이해하고 그에 따른 구체적이고 실질적인 대응을 마련하는 실천지혜를 형성하게끔 한다.

질적연구란 마치 무엇인가를 발견하기 위해 떠나는 여정이다. 참된 진리를 찾으려고 발길을 옮기는 '순례자의 걸음걸음'과 같다. 빠르지 않지만 깊은 사색과 성찰을 동반하는 발걸음이다.

질적연구방법은 그러한 연구의 여정이 가져다 줄 수 있는 위험과 대가를 모두 포함하고 있다. 연구자의 관점과 역량, 지혜, 삶의 배경과 경험 등에 기초한 연구수행이 과연 객관적이라 할 수 있는지에 대한 도전이 늘 연구결과의 위험성으로 다가온다. 아울러 오랜 시간과 노력을 기울여야 하는 시간적, 물리적, 경제적 수고 등을 치러내야 하는 연구과정도 결코 녹록치 않다. 그러나 한 개인이든, 가족이나 소집단의 구성원들이든 사람들의 이야기와 생활모습에서 도출할 수 있는 '사람 사는 현상의 본질적 성격'을 파악하는 작업은 현상이야말로 세상이라는 거대한 거시체계의 미시적 토대로서 작용하는 것임을 드러내고, 그렇게 작은 미시적 현실과 현상이 결국은 세상을 바꾸는 출발이 될 수 있음을 제시한다. 그런 면에서 질적연구는 매력적이고 드라마틱하다.

그렇다면 도대체 질적연구방법이란 정확하게 무엇을 말하는 것인가?

솔직히 어렵다. 무엇인지 말하기 어렵고 그래서 양적연구와 같이 매뉴얼로 익히기에도 한계가 있다. 결국 질적연구방법에 대한 정의를 속 시원하게 말해줄 수 있는 대표적인 질적연구방법이란 없다. 다만 모든 질적연구방법은 기본적으로 귀납적인 속성을 가진다는 사실이다. 이와 같은 질적 연구방법의 귀납적인 성격이 질적연구를 규정하는 일종의 공통적 기준이 된다는 것을 알게 됨으로써 우리는 질적연구의 본질적 속성을 활용할 수 있게 된다.

질적연구의 귀납적 접근방식에 따라 질적연구방법의 궁극적인 목적은 설명적 이론을 검증(test)하는 것이 아니라 발견하는 것에 있다. 질적연구는 관찰적 맥락(그리고 관찰자) 그 자체가 연구의 일부분이라고 할 수 있는 '개방체계'라는 가정에 입각한 것이라 할 수 있다. 이와 대조적으로 양적연구는 연역적인 관점에서 이미 고찰한 이론적 배경에 근거한 기준과 분석틀에 따라 연구를 수행한다.

질적연구의 주된 관심사는 특정범주나 변수보다는 심도 있는 묘사를 통해서 연구대상의 복잡한 세계를 전체적인 관점에서 알리는 것에 있다. 또한 질적연구는 역동적 실체, 즉 연구대상과 오랜 기간에 걸쳐 지속된 관계를 통해서만이 파악할 수 있는 유동적 상태를 기본 가정으로 삼는다. 그래서 양적연구의 핵심이 통계적 결과에 있는 반면, 질적연구는 마치 여러 가지 도구들을 자유롭게 능동적으로 사용하는 브리콜라지(bricolage)와 같은 것(즉, 종합적 관찰 결과)으로서 단편적인 부분들이 함께 모여 이루어진, 그러면서도 단순한 부분들의 합이 아닌 그 이상의 전체라고 하겠다.

질적연구방법과 양적연구방법 간에는 여러 가지 유사점이 존재한다. 첫 번째 유사점은 두 접근 방법 모두가 관찰을 통해 수집된 자료를 바탕으로 발견점과 결론을 도출하는 실증적 접근방법이라는 점이다. 두 번째 유사점으로는 질적연구방법과 양적연구방법 모두가 체계적이라는 것을 꼽을 수 있다.

질적연구방법을 처음 접하는 대부분의 신참 연구자들은 종종 '얼마나'라는 질문을 던지곤 한다. 예를 들자면 표본의 크기는 얼마나 되어야 합니까? 얼마 정도 면접을 해야 합니까? 현장조사는 몇 개월 정도 해야 합니까? 질문은 몇 개 정도 해야 합니까? 기록은 몇 장 정도가 적당합니까? 등과 같은 질문들이다. 그러나 이러한 질문 자체가 바로 질적연구가 무엇인지를 이해하지 못하고 있음을 단적으로 보여주는 것이라 하겠다. 질적연구의 특성 가운데 하나는 개방적이고 예측 불가능하다는 것이며 이러한 특성으로 말미암아 앞서 예를 들었던 것과 같은 '얼마나'라는 질문에 대해서 확신 있고 단언적인 답을 할 수 있는 가능성은 매우 낮다고 하겠다. 대신 질적연구는 사람들로부터 인용할 말들을 수집하고, 확인하며, 그것들의 의미를 해석하는 심사숙고의 과정을 강조한다.

2. 질적연구방법의 이론적 및 학문적 기원

문화 인류학, 사회학, 철학, 그리고 언어학 등과 같이 이른바 질적연구방법을 '낳아준 학문'과 질적연구방법을 적극적으로 받아들여 발전시켜 온 '받아들인 학문'에 대해서 개괄적으로 살펴보는 것은 질적연구를 이해하는데 있어서 매우 중요하다(McCracken, 1988). 후자에 해당하는 학문으로는 사회복지학, 간호학, 심리학, 그리고 특수교육학을 꼽을 수 있다. 아울러 목회자와 선교사를 위한 현장연구의 영역인 신학, 목회학, 선교학, 영성학 등도 '받아들인 학문'으로 봐야 할 것이다.

초기 질적연구의 전통은 인류학의 주요 방법인 문화기술지에서 비롯되었다. 인류학자들은 전통적으로 원시적이며 이국적인 것으로 여기지는 오지의 비문자 문화권을 주로 연구하여왔다. 결과적으로 인류학과 문화기술지 연구 결과는 서구의 식민지주의와 얽히게 되어, 때로는 자신의 문화를 지키기 위해 제국주의에 저항하는 용도로 활용되기도 하고, 또 때로는 제국주의의 시녀로서 피정복민을 관리하고 변화에 대한 저항을 막는 방안으로 이용되었다.

그러던 중 제2차 세계대전이 끝날 무렵, 시카고 사회학파를 중심으로 가정에 대한 심층적인 관찰에 기반을 둔 다양하고 풍부한 질적연구들이 이루어지기 시작했다. 이들 연구들 가운데에는 의과대학을 대상으로 하거나 도시와 지역사회 전체를 대상으로 하는 연구들도 포함되어 있었다.

한편 1960년대까지 이어지는 '황금기' 동안 여러 사회학자들과 문화인류학자들에 의해 미국인들의 생활에 관한 많은 훌륭한 질적연구들이 이루어졌다. 이 연구들은 '참여 관찰'을 통해 다른 사람들을 이해하는 연구방법을 구체화시켰다. 1970년대 중반에 접어들면서 데카르트학파의 실증주의와 가치중립적 과학적 탐구에 대한 의문이 증폭되었다. 그 결과, 다분히 자기반영 성향이 짙은 비판적 패러다임이 질적연구 분야 내에서 대두되기 시작했다. 이러한 사조의 실제적인 자극제가 된 것은 1960년대의 행동주의 성향에 대한 반발이었다. 그래서 1970년대와 1980년대는 자기 반영과 자성, 특정지역에 대한 심층적 기술, 그리고 다양한 시각을 강조하는 질적연구가 활발하게 이뤄졌다. 이와 같은 기조는 설득력 있는 설명모형이나 패러다임에 의해서 합리성을 상실하게 된 기존의 과학적 이론이 어느 날 소리 소문없이 갑작스럽게 소멸한다는 쿤(Kuhn, 1970)의 주장과 잘 부합했다.

특히 1980년대의 문화인류학자와 사회학자들은 포스트모더니즘 운동에 참여했으며 더 나아가서는 미국과 서유럽사회의 학계와 지식계에 변화를 가져왔다. 사회학에서는 노먼 덴진(Norman Denzin, 1978)이, 그리고 문화인류학에서는 린콜런과 구바(Lincoln & Guba, 1985)가 각각 포스트모던 감각과 양립할 수 있는 사실주의적 구성주의 관점을 만들어 나아가는데 선두적인 역할을 담당했다(Denzin & Lincoln, 1994).

2000년대에 들어와서 질적연구는 다변화되었고, 각각의 질적연구에서 추구하는 핵심 질문과 학문적 뿌리를 확인해나가고 있다. 이는 2024년 현재에도 고스란히 적용될 수 있다.

먼저, 질적연구의 출발이라고 할 수 있는 문화기술지는 그 연구의 근원을 인류학으로 본다. 문화기술지에서의 핵심 질문은 "이 집단 사람들의 문화는 무엇인가? 문화가 어떻게 그들의 관점과 행동을 설명하는가?"로 정리해볼 수 있다. 자문화기술지의 경우 문학예술이 연구의 근원으로 볼 수 있다. 핵심 질문으로 "어떻게 나의 문화에 대한 내 자신의 경험이 문화, 상황, 사건, 생활방식에 대한 통찰을 제공하는가?"를 생각해볼 수 있다.

또한 근거이론의 경우 사회과학방법론이 연구의 토대가 된다. 핵심 질문으로 "관찰된 것을 설명하기 위한 체계적인 비교, 분석으로부터 현지조사에 근거한 어떤 이론이 생성되는가?"를 설정할 수 있다. 현상학은 당연히 철학에 연구의 근원을 둔다. 핵심 질문은 "현상에 관한 개인 또는 집단 경험의 의미, 구조, 본질은 무엇인가?"가 가능할 것이다. 내러티브 탐구는 사회과학, 문학비평 등에 연구의 근원을 둔다. 핵심 질문은 "이 내러티브(이야기)는 그 내러티브를 만들어낸 생활과 문화를 이해하고 설명하기 위하여 어떻게 해석될 수 있는가? 이 내러티브나 이야기는 그것이 비롯된 사람이나 세상에 관하여 무엇을 드러내주고 있는가?"로 제시해볼 수 있다. 사례연구의 경우는 사회과학방법론에 근거한다. 핵심적인 질문은 "이 사례는 어떤 의미가 있는가? 이 사례의 배경은 무엇인가?"로 생각해볼 수 있다.

이와 같은 질적연구방법의 이론적이며 학문적인 기원과 핵심 질문들을 통해 독자 여러분은 창의적이고 실용적이며 수용적인 질적연구자로서의 태도를 견지하길 바란다. 훌륭한 질적연구자는 다양한 질적연구의 전통에 기인한 여러 가지 질적연구 방법들을 연구 현장의 특성과 현지조사의 실정에 맞게 적절하게 활용할 줄 알아야 하기 때문이다. 특히 통합연구방법의 일환으로 수행하는 질적연구는 창의성과 실용성을 바탕으로 새로운 가능성을 창출하기 위해 애써야 한다. 그 결과, 탁월한 통합연구 수행자는 전통적인 질적연구 방법과 새롭게 등장하는 대안적인 자료 수집 및 연구 방법을 혁신적으로 융합함으로써 최적화된 연구방법으로 자신의 연구를 수행할 수 있게 된다.

3. 질적연구가 필요한 경우

질적연구가 필요한 경우[8]들을 살펴보면, 목회자와 선교사가 왜 질적연구를 효과적으로 수행할 수 있는지를 이해하게 된다. 목회와 선교의 현장은 언제나 새롭다. 특히 선교 현장은 마치 과거 인류학자들이 문화기술지 연구를 해나가는 상황과 유사할 경우가 빈번하다.

1) 잘 알려지지 않은 주제에 대한 탐구를 하고자 하는 경우

이 경우는 질적연구방법이 가진 장점, 즉 질적연구방법이 전체 연구과정 가운데 초기 탐색적 단계에 특히 적합하다는 장점을 잘 살릴 수 있는 경우라고 할 수 있다. 예를 들면 인공와우이식 수술을 받은 청각장애인들의 사회통합 경험, 다문화 또는 이(異)인종 부부의 자녀들이 경험하는 정체감의 혼란, 정서적이며 신체적 학대를 경험한 해외 입양아들에 대한 양육, 성폭력이나 학대를 경험한 여자 청소년들의 사후스트레스 증후군, 방조되거나 사이버 테러를 통해 이끌어진 자살로 인해 가족구성원을 잃은 뒤 겪게 되는 괴로움, 무슬림 지역에서 회심한 사람이 겪게 되는 지역공동체로부터의 혐오와 배제 경험 등과 같은 주제들을 생각해 볼 수 있다.

실제로 목회와 선교 현장에서 목회자와 선교사가 직면하는 여러 문제들 가운데는 아주 특별한 사례에 속하는 일들이 종종 있다. 선행연구가 전혀 이뤄지지 못한 주제들을 연구해야 할 경우가 대다수일 것이다. 물론 이러한 주제들에 대해서 이제까지 전혀 알려진 바가 없는 것이 아닐 수도 있다. 그러나 중요한 것은 이러한 주제에 대해서 이제까지 알려진 바가 너무도 제한적이라는 것은 분명하다. 따라서 이러한 주제들에 대한 보다 심층적인 이해가 필요한 것이다.

✦ 8) 지금부터 본 장의 마지막까지 "Deborah K. Padgett/유태균 역. (2001). 사회복지 질적연구방법론. 파주: 나남출판. pp. 31-44."의 내용을 토대로 재구성하였음을 밝힌다.

2) 민감하고 정서적으로 깊이 있는 주제를 연구하는 경우

　목회자와 선교사는 항상 위기상황이나 딜레마와 같이 이해와 공감을 필요로 하는 상황을 접하게 된다. 동시에 목회와 선교를 수행하는 과정에서 접하게 되는 실제적인 위기개입 상황들은 목회자와 선교사에게 수없이 많은 연구주제를 제공하는 원천이 된다. 이러한 상황을 통해서 얻게 되는 주제들을 표준화되고 폐쇄적인 면접방식을 통해서 연구하려는 것은 매우 부적절한 접근이라고 하겠다. 예를 들면 기독교에 배타적인 부족의 일원이 예수 그리스도를 영접하고 회심한 후 복음 전도자가 되는 과정을 살펴보거나 또는 근친상간을 경험한 사람들에 대해서 알고자 할 때, 그리고 마약중독자나 갱 조직 구성원의 생활을 이해하기 위해서는 구조화된 설문지만 갖고서는 그다지 많은 정보를 수집할 수 없을 것이다. 특이한 사례이거나 사회적으로 금기시하는 어떤 행위에 대해서 연구를 하고자 한다면 질적연구가 매우 유용한 접근 방법이 될 것이다.

　다만, 한 가지 짚고 넘어가야 할 것은 사회적으로 금기시하는 대상에 대한 연구라고 해서 반드시 사회의 주변부에 속하는 사람들만이 그러한 연구의 대상 집단에 포함하는 것이 아니라 상류사회 또는 사회의 중심부에 속하는 사람들도 사회적으로 금기시하는 연구의 대상에 포함된다는 점이다. 예를 들자면 경제인, 전문가 집단, 정치인 혹은 특정 엘리트 집단 등도 좀처럼 접근할 수 없는 연구 대상에 속한다고 하겠다.

3) 실제로 어떤 삶을 살고 있는 사람들의 시각으로부터 '살아 있는 경험'에 대한 이해를 얻음과 동시에 그들의 삶으로부터 어떤 의미를 도출하고자 하는 경우

　연구자가 연구를 통해서 얻고자 하는 바가 'Verstehen', 즉 '이해'라고 한다면 질적연구를 해야 한다는 것에는 의심의 여지가 없다. 종종 연구자는 이해를 목적으로 하는 연구를 하게 된다. 예를 들자면 노숙자 할머니의 인생과정을 알고자 하거나 만성적인 고통에 시달리는 환자가 겪게 되는 경험들을 알고자 할 때, 혹은 선교지에서 빈곤아동을 돌보는 사역에 몰두하는 어떤 선교사가 처한 윤리적 딜레마에 대해서 알고자 하는 경우 등을 생각해 볼 수 있다. 연구하고자 하는 대상들이 자신들의 세계를 바라보는 방식이나 자신들의 다양한 삶의 경험 속에서 어떤 의미를 찾는 방법은 수없이 많으며 그렇기 때문에 이러한 것들은 질적인 접근을 통해서 가장 잘 이해될 수 있다.

4) 프로그램 개입 이면 또는 내면을 이해하고자 하는 경우

목회와 선교의 일환으로 이뤄지는 다양한 사역에 대한 평가는 흔히 과정(개입이 이루어지는 동안 어떤 일들이 일어나는가)과 결과(프로그램의 목표를 달성하는데 있어서의 성공 또는 실패 여부)로 나뉜다. 이 가운데 제한된 시간과 자원이라는 피할 수 없는 제약조건은 사역에 대한 평가의 주된 관심을 과정보다는 결과에 두게 만든다. 이러한 맥락에서 볼 때 질적연구방법이 결과를 연구하는 데 매우 유용한 방법이라는 점은 기억해 둘 만한 가치가 있다.

지금까지 목회와 선교 사역에 대한 질적 평가는 구체적으로 이뤄지지 못했다. 그런데 사회복지 분야에서는 이미 오래전부터 질적인 평가들이 진행되어 왔다. 또한 사회복지 분야에서는 정신건강, 재가 가족치료 그리고 아동복지 등의 프로그램 평가에서 질적인 접근이 심도 있게 이루어져 왔다. 그 결과, 질적연구방법은 '프로그램 평가의 과정에 해당하는 측면의 내부'에서 어떤 일들이 일어나는지를 탐구하는 데 매우 유용한 접근방법으로 인정받고 있다.

실제로 질적탐구를 통해서 연구자는 과연 실험적 개입이 어떻게 성공 또는 실패하는지를 이해할 수 있으며 이러한 이해는 양적연구를 통해 얻어지는 결과를 보완해 줄 수 있다. 예컨대 우울증에 대한 인지행동적 치료와 같이 상당히 일반화된 치료의 경우에도 치료과정에서의 아주 미미한 차이가 치료반응에서는 개인들 간에 적지 않은 차이를 초래할 수 있다는 가능성을 열어놓고 있음을 생각해 볼 필요가 있다.

5) 양적연구를 하는 연구자로서 자료수집에서나 연구를 통해 발견한 내용을 설명하는 데 있어 난관에 부딪힌 경우

양적연구들 가운데 상당히 많은 경우가 질적연구의 도움을 필요로 한다. 이는 사실상 통합연구방법을 사용해야 하는 당위성으로도 설명된다. 어쨌든 양적연구 수행과정에서 질적연구에 의한 지원 필요성은 때로는 자료수집이 한창 이루어지고 있는 중간에, 혹은 여러 가지 시사점을 발견하게 된 이후에 나타나기도 한다. 때로는 많은 연구결과를 얻게 될 때까지는 양적연구가 아무런 문제가 없어 보이다가도 질적 탐구방법에 의존하지 않고는 좀처럼 연구 결과를 설명하는 데 어려움을 겪게 되는 경우가 종종 있다.

예를 들어, 어떤 한 연구자가 '청각장애를 갖고 있으면서 수어를 제1언어로 사용'하는 '농인'이 이용하는 정신건강 원조자원 이용 행태상의 차이를 연구하던 도중 '농 사회'와 '농 문화적 관점'을 가지고 설명할 수밖에 없는 상황을 거듭해서 접했을 경우, 수어라는 독특한 언어와 그 언어를 사용하며 사는 소수민족과 같은 농인의 사회와 문화에 대해 어떻게 이해하고 있는지에 대한 보다 심층적인 연구가 필요하다는 결론을 내릴 수 있다.

4. 질적연구와 사회복지실천 간의 유사점과 차이점을 목회와 선교에 적용

이미 사회복지학을 비롯하여 여러 휴먼서비스 분야의 연구 현장에서는 질적연구방법을 적극적으로 받아들이는 경향이 일반화되고 있다. 특히 질적연구방법에 대한 사회복지사들의 관심은 매우 높다. 인간에 대한 집중적인 관심을 표명하는 목회와 선교 분야에도 당연히 질적연구는 적용 가능하다.

질적연구에서 가장 일차적인 자료수집방법이라고 할 수 있는 심층면접, 관찰, 그리고 기록참조, 기술 등은 사회복지사들에게는 매우 친숙한 방법들이다. 또한 사회복지실천에서 가장 기본이 되는 과정기록, 메모, 그리고 사례보고 등은 질적연구의 자료분석 과정과 매우 유사하다. 질적연구에서 중요시하는 사실주의적 탐구방법은 서비스이용당사자가 거주하는 지역사회나 그들의 가정을 방문하는 사회복지사들에게는 익숙한 탐구방법이라고 할 수 있다. 우리는 바로 이 점에 주목한다. 현장에서 사역하는 목회자와 선교사도 사회복지사와 같이 사람을 만나고 사람들의 삶의 상황에 민감하며 그들이 처한 삶의 문제들에 대해 성서적 대안을 제시하기 위해 애쓴다는 것이다.

질적연구에서 사용되는 다양한 자료수집방법 가운데 질적 면담은 특히 치료적, 상담적, 사회복지실천적인 면담과 매우 유사하다. 당연히 목회와 선교적인 차원의 면담과도 많은 부분 공유될 수 있을 것이다. 구체적으로 말하자면 사회복지사와 '목회자 및 선교사' 모두 면접자의 공감이나 감정이입을 통해서 조성된 안정감 있고 비판적인 환경 속에서 면접하는 서비스이용당사자의 생각, 기억, 느낌 그리고 감정 등을 이끌어내기 위한 면접을 추구한다. 당연히 두 경우 모두 의미와 이해를 함께 얻고자 한다는 점에서 유사한 성격의 면접을 수행한다.

그런데 사회복지사와 질적연구자 간에는 기본 패러다임으로부터 성공의 기준에 이르기까지 광범위한 영역에 걸쳐 차이점도 존재한다. 그런 맥락에서 목회자 및 선교사와 질적연구자 간에도 사회복지사처럼 거의 유사한 차이점을 갖게 된다.

먼저, 기본 패러다임의 경우, 사회복지사는 예를 들면 학력신장이나 정신적, 신체적 건강에 대해서 매우 규범적인 가정을 갖는다. 따라서 사회복지사의 역할은 병리적인 면 혹은 문제행동적인 면 나아가 학습부진 등을 발견해 내고 건강을 회복하도록 돕는 것이다. 즉, 사회복지사는 끊임없이 서비스이용당사자의 바람직한 변화와 회복에 초점을 둔다. 사회과학방법론에 입각한 질적연구자는 사회복지사와 같이 '변화에 따른 서비스개입 효과성'을 지향할 수도 있고, 혹은 변화와 회복이 일어나지 않더라도 그 현상 자체만을 분명하게 제시하는 연구결과에 머물 수도 있다. 굳이 변화가 일어나게끔 하려는 노력을 하지 않을 수도 있다는 것이다. 목회자와 선교사가 실행하는 현장연구로서의 질적연구도 사회복지사가 추구하는 변화와 회복을 향한 열망을 전제하는 것과 유사하다.

그런 면에서 사회복지사와 '목회자 및 선교사'의 질적연구는 강점 탐구라 할 수 있다. 강점 탐구는 문제에 초점을 모으기보다는 개인과 가족, 조직 등의 장점을 강조한다. 이때, 흥미로운 것은 강점 탐구가 질적 이해에 기반한다는 것이다. 강점을 탐구하기 위해서는 질적인 질문이 요구된다. 즉, 질적 질문하기와 그 질문에 대한 대답을 분석함으로써 강점을 확인하고 파악할 수 있는 것이다.

또한 사회복지사와 '목회자 및 선교사'와 질적연구자 간의 차이는 실제 수행하는 활동의 목표에서도 뚜렷하게 나타난다. 이들 실천가에게 가장 중요한 책임은 서비스이용당사자에게 서비스를 제공하는 것이다. 질적연구자에게는 이러한 다분히 실천적인 책임은 존재하지 않는다. 연구자에게 가장 중요한 것은 서비스이용당사자나 지역사회를 대상으로 서비스를 제공하는 것이 아니라, 엄격한 학문적 방법을 통해 '지식'과 '이해'를 증진하는 데 기여하는 것이다.

한편, 질적연구를 배우는 것이나 실제로 질적연구를 하는 것은 상당한 수준의 자율성을 필요로 한다. 독자적인 실천가가 되기 위해 오랜 기간에 걸친 슈퍼비전을 필요로 하는 사회복지사와는 달리 질적연구자들은 질적연구를 시작하는 그 순간부터 자기 자신의 판단에 의존할 수밖에 없다. 때로는 스승이나 동료 연구자들에게 도움을 구하는 경우도 있을 수 있으나 현장연구에 필요한 거의 모든 과제들은 연구자 스스로 해결해야 한다. 그런데 상당 기간의 신학 훈련, 기본적으로 신학대학원의 목회학 석사과정을 최소한 3년 가량 이수해야 하는 것과 '부교역자 또는 담임목회자' 생활을 비롯한 실제적인 목양 경험 등을 갖게 되는 '목회자 및 선교사'임에도 체계적인 슈퍼비전을 제공받지는 못하기 때문에 연구의 자율성 부분에서는 목회자와 선교사의 경우 질적연구자와 유사하다고 할 수 있다.

그리고 법으로 정해진 '보고해야 할 의무' 이외에도 서비스이용당사자와 사회복지사의 관계는 여러 가지 면에서 연구자와 연구대상 간의 관계와 다르다. 전문적인 실천에서의 관계는 서비스이용당사자에 의해서 시작되며, 사회복지사는 그러한 관계를 맺음으로써 당사자나 제3자로부터 대가를 지불받는다. 이와 달리 연구관계에서는 연구자에 의해서 관계가 시작되고, 연구자가 연구대상과 장소를 선정하며, 이러한 노력에 대한 대가를 전혀 지불받지 않는다. 더욱이 전문성과 권위는 항상 사회복지사에게 있는 실천관계와 달리 연구관계에서는 연구대상이 항상 힘과 권위의 주체가 된다. 연구자는 연구대상으로부터 무엇인가를 배우고자 이러한 관계를 맺는 것이지 그 반대의 경우는 결코 생각할 수 없다.

또한 전문적인 실천개입에서의 면담은 질적연구에서의 면접과는 매우 다르다. 연구자의 주된 관심은 사건이나 경험에 맞추어져 있는 반면 실천가의 관심의 초점은 문제나 감정에 두게 된다. 연구대상이 자신의 감정이나 느낌을 연구자와 공유하는 것은 자발적이거나 또는 연구에 도움이 되는 경우에 한하여 요구될 수 있다. 또한 설령 연구대상이 원하는 경우라고 하더라도 연구자가 연구대상에 대한 자신의 임상적인 견해를 제시해 준다는 것은 부적절하다고 간주된다.

실천관계에서 자기 자신을 드러내야 하는 주체는 거의 대부분 일방적, 즉 서비스이용당사자이며 오히려 실천가 자신을 드러내는 것은 서비스이용당사자와의 관계를 손상시킬 수 있는 가능성을 내포하고 있다. 그런데 질적연구에서는 연구자가 자신을 드러내 보이는 것에 대해서는 매우 수용적인 입장이며 때로는 신뢰적 관계를 형성할 수 있는 바람직한 수단으로 여겨진다. 물론 연구자는 자신을 드러내 보이는 것과 연구의 초점은 항상 연구대상에게 맞추어져야 한다는 것을 반드시 기억해야 한다.

서비스이용당사자와 사회복지사 간의 관계에서 관계종결에 관한 결정은 일반적으로 서비스이용당사자의 상태가 충분히 나아졌는지의 여부에 대한 결정을 바탕으로 서비스이용당사자, 사회복지사 혹은 양자 모두가 내릴 수 있다. 질적연구에서는 연구대상이 연구 도중에 참여를 거부하는 경우가 아니라면 연구자가 자료수집이 충분히 이루어졌다고 생각할 때 관계를 종결한다. 그러나 실천가의 경우와는 달리, 연구자의 역할은 자료수집이나 연구 활동이 종결되었다고 해서 끝나는 것이 아니라 자료정리, 자료분석, 그리고 논문작성까지 계속된다.

실천가와 연구자 간의 차이는 시간의 측면에서도 찾아볼 수 있다. 실천 관계는 50분 정도의 일련의 정규적인 면담을 통해 이루어진다. 현장연구에서 연구자의 시간은 종잡을 수 없고 예측불가능하며 일반적으로 예정보다 길어지는 경우가 대부분이다. 면접의 길고 짧음은 거의 연구대상에 의해서 결정된다. 따라서 연구자는 시간을 어떻게 쓸 것인가를 통제하려고 해서는 안 되며 절대적으로 시간의 흐름에 따라 움직이는 것이 바람직하다.

마지막으로 성공의 기준, 가령 확증, 신빙성, 맡은 역할을 잘 해냈다는 인정 등을 들 수 있는데 여기에서도 실천가와 연구자 간에 차이가 있음을 알 수 있다. 실천가는 서비스이용당사자의 삶이 나아지는 것을 통해 만족감을 얻는다. 전문가적 명성은 주로 동료 실천가들로부터의 인정에서 비롯된다. 차츰 측정 가능한 결과를 실천에 대한 평가를 통해 얻고자 하는 움직임이 늘어가고 있기는 하지만 아직까지 실천의 효과는 주로 실천가와 서비스이용당사자의 인식에 달려 있다.

질적연구에서는 일반적으로 연구자의 노력이 성공적인지를 어떻게 평가할 것인가에 대한 합의가 없다. 그러나 이러한 기준의 부재가 곧 연구의 엄격성에 대한 기준이 부재하다거나 중요하지 않음을 의미하는 것은 결코 아니다. 사회복지사의 성공은 서비스이용당사자의 변화와 동료 실천가들의 인정에 있는 반면, 연구자의 성공은 학문적 엄격성을 갖춘 연구에 있다. 목회자와 선교사의 연구에 대한 인정은 하나님 나라의 확장이라는 측면에서 이해될 수밖에 없다. 하나님께서 기뻐하시면 된다는 자세가 요구된다.

이상과 같은 논의에서 우리는 유사점보다는 차이점에 더 많은 비중을 두고 사회복지실천과 목회 및 선교를 질적연구와 비교하였다. 하지만 현실적으로는 이들 실천들과 질적연구 간의 구분이 그다지 뚜렷하지 않아 보이는 것도 사실이다.

이들 실천가들은 그들이 일하는 기관과 교회 등에서 참여관찰자로서의 역할을 수행하고 있다. 아울러 그들이 가진 탐구와 조사 기법은 질적연구에서의 면접과 상당히 유사하다. 마찬가지로 질적연구자가 현장연구를 진행하면서 연구 참여자들에게 여러 가지 도움을 제공하곤 하며 연구 참여자들에게 관심을 가지고 그들의 이야기를 들어주는 것만으로도 '준 치료자'로서의 역할을 수행하게 된다. 그럼에도 불구하고 질적연구자가 되고자 하는 실천가들은 양자의 역할이 다르다는 것을 이해해야 하며, 가능한 질적연구자로서의 역할과 실천가로서의 역할을 혼동하지 않고 주의를 기울여야 한다. 무엇보다도 중요한 것은 연구 결과의 신뢰성과 타당성을 확보하는 데에 있기 때문이다.

[제6장]

질적연구방법의 이해

✦

1. 질적연구의 탐구 초점과 설계

질적연구는 '암기한 대로', 혹은 '요리책의 조리법 같은 지침에 따라 수행될 수 있는 성질의 것'이 아니다.

질적연구는 실제 연구한 바를 기술하고 해석한다. 질적연구의 자료는 사람들의 이야기, 관찰, 기록된 문서 등을 정확하게 수집하고 분석하여 타당한 근거로서 해석한다. 그리고 이를 논리정연하게 설명한다. 질적 분석의 자료들은 연구 현장에서 일차적으로 수집된다. 목회와 선교 분야에서 현장연구를 수행하는 연구자는 연구 현장에서 시간을 보낸다. 목회자와 선교사에게 있어서는 연구 현장이 곧 사역 현장이다. 목회와 선교 사역의 프로그램, 관련 조직, 지역사회 또는 연구에 중요한 연계 체계나 다양한 현지 상황 등을 관찰한다. 사람들을 면담하고 기록된 문서들을 분석한다. 연구자는 다양한 활동과 상호작용에 관하여 직접적인 관찰을 시도한다. 때로는 참여 연구자로서 그러한 활동에 긴밀하게 관여할 수도 있다. 이를 테면, 연구자는 연구하고 있는 사역 프로그램의 전부 또는 일부에 참여할 수도 있다는 것이다. 더욱이 질적연구자는 경험과 인식에 관해 연구 현장에서 만나게 되는 사람들과 함께 이야기한다. 연구자는 보다 형식적인 형태의 개별 또는 집단 면담을 실시할 수 있다. 관련성을 띠는 기록들과 문헌자료들도 조사한다.

이와 같은 관찰, 면담, 문헌자료 검토를 통해 광범위한 현장 기록자료를 수합한다. 이렇게 수집된 방대한 원자료들은 내용분석을 통해 주요 주제, 범주, 예증적인 사례 등을 중심으로 읽기 쉽고 재미있는 이야기 형식으로 구성된다. 현지조사와 이에 따른 분석을 통해 생성된 주제, 패턴, 이해, 통찰 등이 바로 질적연구를 통해 산출되는 매력적인 성과들이다.

1) 질적연구 수행의 원칙과 탐구 초점

(1) 질적연구 수행의 원칙

질적연구는 인간이 그들의 경험으로부터 어떻게 의미를 구성하고 부여하는가를 조사하고, 기록하며 분석하고 해석한다. 모든 인간의 경험은 그러한 경험에 참여한 사람들에 의해 그 의미가 부여된다. 그래서 질적연구는 인간 경험의 의미와 시사점을 밝히는데 주목한다. 이러한 질적연구를 수행하는 데에 필요한 기본적인 원칙은 다음과 같다(패턴/김진호 외 공역, 2018).

① 질적연구는 체계적으로, 그리고 엄격한 절차에 따라서 수행되어야 한다.
② 질적연구에서 이루어지는 주장은 설명 가능한 성격의 것이어야 한다. 동시에 반증(反證)이 가능해야 한다.
③ 질적연구는 설정된 연구전략에 따라서 수행되어야 한다. 그러나 동시에 융통성 있고, 사회적 맥락을 소홀히 하지 않는다.
④ 질적연구는 연구자에 의하여 비판적인 자기 점검과 성찰이 이루어져야 한다.
⑤ 질적연구는 지적으로 탐구하는 대상에 대하여 단순한 기술의 수준을 넘어 설명 또는 주장을 추구하는 것이다. 모든 질적연구에서는 지적으로 탐구하는 대상에 대한 설명이 이루어져야 한다.
⑥ 질적연구는 일정 수준의 일반화가 가능하고 널리 동조 받을 수 있는 설명 또는 주장을 만들어 내야 한다.
⑦ 질적연구의 철학과 이의 수행이 방법론적으로 아무 문제가 없는 완벽한 조화를 이루는 것으로 간주해서는 안 된다. 또한 질적연구가 양적연구에 배치되거나 양립 불가한 것으로 보는 것도 잘못이다. 양적 방법과 질적 방법 모두 소중하다.
⑧ 질적연구는 윤리강령과 그 정치적 맥락에 준거하여 수행되어야 한다.

(2) 탐구 초점의 파악

연구자들은 자신이 탐구하고자 하는 본질을 분명히 인식하고, 이 탐구 대상을 명쾌한 연구문제로 전환시킬 수 있어야 한다. 연구문제는 연구자가 탐구해야 할 부분들에 대해 초점을 모으게 한다. 이때 무엇보다도 중요한 것은 사람들의 관점과 경험을 이해하기 위한 이야기를 잘 포착해야 한다는 것이다. 이와 같은 이야기에 연구자가 탐구해야 할 핵심적인 내용들이 담겨있다.

(3) 탐구 본질의 결정: 다섯 가지 중요한 질문

탐구해야할 주제와 사건 또는 현상 등을 설정하면서 그곳에 초점을 모으려고 할 때, 무엇보다도 중요한 것은 연구자가 탐구해야 할 내용의 본질을 파악하는 데에 있다. 탐구해야 할 사안의 본질을 알아차리기 위해서는 가장 먼저, 연구자가 알고자 하는 것을 질문하는 것이 좋다. 그런 후에 그것을 어떻게 알아낼 지에 대한 접근 방법을 찾아야 한다. 다음과 같은 다섯 가지 중요한 질문들은 탐구 본질을 확인하고 그 내용의 성격을 결정하는 데에 매우 유용할 것이다.

① 사회적 실체: 존재론적 관점
- 내가 탐구하고자 하는 현상, 실재(entity), 또는 사회적 '실체(reality)'의 본질이 무엇인가?

② 지식과 증거: 인식론적 입장
- 무엇을 내가 탐구하고자 하는 실재(entity), 또는 사회적 '실체(reality)'에 대한 지식이나 증거로 간주할 것인가?

③ 관심 연구영역
- 연구에서 다루고자 하는 주제, 또는 주요 관심영역이 무엇인가?

④ 지적 궁금증

– 이론적으로나 지적으로 해결하고자 하는 궁금증이 무엇인가?

– 무엇을 설명하거나 탐구하고자 하는가?

– 어떤 형태의 궁금증인가?

⑤ '연구문제'와 '연구의 목표 및 목적'

＊ 내가 탐구하고자 하는 연구문제들이 무엇인가?

– 부수적인 질문은 다음과 같은 것들이 가능하다.

- 연구문제들이 나의 지적 궁금증을 잘 표현하거나 문제로 삼고 있는가?
- 연구문제들이 상호 일관성을 지니고, 잘 연계되어 있는가? 연구문제들이 엮어질 때 전체적으로 의미 있는 것을 추구하고 있는가?
- 연구문제들이 조리 있게 구성되어 있는가? 나 이외의 다른 사람들도 연구문제들을 잘 이해할 수 있는가?
- 연구문제들이 지적으로 가치 있는 답변과 주장이 가능하고, 또 이를 추구할 수 있는 형태로 설정되어 있는가?
- 연구문제들이 내가 추구하는 탐구수준까지 허용할 수 있을 정도로 개방적인가? 이들이 자료분석의 추후 단계에서 나의 필요에 따라 추가적인 연구문제를 만들어낼 수 있는 여지를 지니고 있는가?
- 연구문제들이 기존 이론의 이해에 기초하고 있고, 독창적이며, 아울러 추구할 가치를 지니는가?
- 내가 지금 단계에서 적절한 수의 연구문제를 제기하고 있는가?

＊ 내 연구의 목적이 무엇인가? 나는 왜 이 연구를 수행하고자 하는가?
바로 이와 같은 질문들이 매우 중요하다.

(4) 5가지 질문을 여러분들의 연구문제에 어떻게 적용할 것인가?
* 고민하고 작성해 보길 바란다.

2) 질적연구의 전략과 설계

질적연구의 전략과 설계를 실제적으로 해볼 수 있는 유용한 내용들을 다음과 같이 설명한다.

(1) 질적연구 설계의 필요성
질적연구의 설계를 효과적으로 수행하기 위한 전략을 세울 때, 도움이 되는 '질적연구 설계의 필요성'에 관한 몇 가지 사항들은 다음과 같다.

① '질적연구를 설계하는 것이 필요한가? 가능한가?'를 질문해볼 필요가 있다.
② '연구를 질적으로 설계하고 전략을 세운다는 것은 무엇을 의미하는가?'라는 질문도 매우 좋다.
③ 질적으로 사고한다는 것은 연구의 전체 청사진을 하나의 도면에 담고자 시도하는 설계 방식을 거부하는 것을 의미한다. 즉, 연구 전략과 설계에 대한 모든 결정이 연구의 초기단계에서 선험적으로 이루어져야 한다고 생각하지 않는다. 질적연구는 본질적으로 탐색적, 유동적, 융통적인 성격을

지니며 자료에 따라 그리고 맥락에 민감하게 반응이 이루어진다. 따라서 연구의 전체 청사진을 미리 완성하는 것은 바람직하지도 가능하지도 않다.

④ 질적연구에서는 설계와 전략에 관한 의사결정이 연구가 진행되는 과정에서 맥락과 상황에 따라 이루어진다. 비록 연구의 전체 청사진을 완성하는 것을 목표로 하는 것은 아니지만, 질적연구 역시 착수하는 단계에서 연구의 설계가 이루어져야 하는 것은 명백하다. 그리고 연구의 설계와 전략에 대한 사고가 연구의 수행과정에서 지속적으로 이루어져야 한다.

(2) 질적연구의 설계 방법

질적연구를 설계하는 기초적인 방법은 다음과 같다.

① 질적연구방법에 대한 창조적 사고

'내가 생각할 수 있는 가장 완전하고 창의적인 자료창출의 방법은 무엇이고 자료출처는 어디인가?'를 생각하는 것이다.

② 질적연구방법과 연구문제의 연계성

'이들 자료창출 방법과 자료출처가 나의 연구문제들을 풀어가는 데 도움이 되는가? 어떻게 초점을 맞출 것인가?'를 염두에 두어야 한다. 아래의 <표 6-1>은 연구문제와 질적연구방법에서 사용하는 구체적인 조사방법을 연계하여 이해하는 데에 유용할 것이다. 그리고 <표 6-2>는 저자인 우리 두 사람이 주로 활용하는 '점검표'이다. 현실 여건과 연구의 윤리성을 부가적으로 추가하였다.

<표 6-1> 연구문제와 조사방법을 연계시키는 점검표의 예시

연구문제	자료출처와 조사방법	정당화
1. 우리나라의 일반 가족에서 상속이 어떻게 이루어 지는가?	• 가족구성원: 면접 잠재적 가능성 • 검인된 유언: 문서분석 • 변호사와 기타 전문 봉사자: 면접	• 면접은 응답자들과 그들의 친인척들이 상속을 어떻게 행해왔는가를 자신들의 경험에 입각해서 확인해줄 것이다. • 검인된 유언의 분석은 유언자의 의사가 어떻게 공식적으로 표현되고 법적으로 집행되는가를 밝혀줄 것이다. • 상속문제를 다루는 전문종사자와의 면접을 통하여 상속이 이루어지는 방법에 대한 이들의 경험담을 들을 수 있다.
2. 현대 가족에서 재산의 분배와 관련하여 어떠한 사고, 규범, 신념이 적용되는가?	• 가족구성원: 면접 잠재적 가능성 • 변호사와 기타 전문 봉사자: 면접	• 가족구성원과의 면접을 통해 이들의 경험과 이에 대한 판단, 그리고 설명을 들음으로써 상속과 관련하여 가족 구성원과 친인척들이 지니고 있는 사고, 규범과 신념의 일단을 밝혀낼 수 있을 것이다. 그리고 이로부터 사람들이 분별 있는 행위에 대한 관념을 지니고 있는가를 감지해낼 수 있을 것이다. • 변호사는 이러한 사고, 규범과 신념을 지니거나 지니지 않는 고객들을 상대한 경험이 있을 것이며, 따라서 이들과의 면접을 통해 이 주제에 관한 자료를 수집할 수 있을 것이다.
3. 상속에 관련되는 사항들은 어떻게 절충되며, 이러한 절충은 가족의 다른 책무와 가족관계를 어떻게 이어주는가?	• 가족구성원: 면접 잠재적 가능성 • 변호사와 기타 전문 봉사자: 면접	• 가족구성원의 설명과 경험은 이들이 자신들의 상속문제를 어떻게 절충하고 있는가를 밝혀줄 것이다. 한 가족에서 한 사람 이상을 면접함으로써 개인들이 이 절충과정에 대하여 지니는 각기 다른 인식과 절충과정 내에서의 위상에 대한 자료를 수집할 수 있을 것이다. • 전문종사자와의 면접은 가족구성원간의 절충에 관한 자료를 제공해줄 것이다(이러한 절충에 관한 정보들은 전문종사자들에 제공되거나, 또는 상담과정에서 발생할 수 있다).

연구문제	자료출처와 조사방법	정당화
4. 상속과 관련하여 가족과 법의 공유 영역은 무엇인가?	• 검인된 유언: 문서분석 • 변호사와 기타 전문봉사자: 면접 • 가족구성원: 면접 • 법적 문서, 법규 및 관례: 문서분석	• 유언은 유언자의 의사가 어떻게 공식적으로 표현되는가를 알려주고, 또한 이 의사에 대한 법의 영향력에 대해서도 알려줄 것이다. • 전문종사자와의 면접을 통해서 유언자가 원하는 것과 법으로 허용되는 것과의 절충이 어떻게 이루어지는가를 알 수 있을 것이다. 그리고 이 과정에서 전문종사자들의 중재 및 절충역할에 관한 자료도 수집할 수 있을 것이다. • 가족구성원과의 면접을 통해서 그들이 지니고 있는 유언 작성에 대한 지식, 그리고 전문종사자들로부터 받은 법적 조언의 경험 등에 관해서 알 수 있을 것이다. • 법과 관례에 관한 문서분석을 통해 상속에 대한 행정적 규제, 유언자 의사의 해석, 가족 내 상속분쟁의 조정 등에 관한 자료를 수집할 수 있을 것이다.
5. 가족의 책무와 유언에 의한 법적 원칙 간에 괴리나 긴장이 존재하는가?	• 이 연구에서 사용되는 모든 조사방법	• 각기 다른 출처에서 얻어지는 자료들의 유사점과 차이점을 비교함으로써 법과 가족책무의 적용이 서로 '조화'를 이루는가의 여부를 파악하는 데 도움이 될 것이다.

* 출처: 메이슨, 제니퍼. (Mason, Jennifer). 김두섭 역. (2010). 질적연구방법론. 파주: 나남출판. pp. 44-45.

<표 6-2> 연구문제, 조사방법, 현실 여건과 윤리성을 연계시키는 점검표의 형태

연구문제	자료출처와 조사방법	정당화	현실 여건 (예: 자원, 접근, 기술)	윤리성

③ 전략적 사고
'나의 방법론적 전략이 무엇인가?'를 연구자 자신에게 구체적으로 질문해야 한다.

④ 다양한 조사방법과 자료의 활용 및 결합
'자료와 조사방법을 결합시켜 내가 얻고자 하는 것이 무엇인가?'를 정리해야 한다.

⑤ 다양한 조사방법들을 결합시키기 위한 의사결정
'어떻게-어떠한 논리로-다양한 자료와 조사방법을 통해 얻은 결과물들을 서로 보태고 결합시킬 것인가?'를 결정해야 한다.

⑥ 자료분석 및 표집과정의 고려
'어떤 종류의 분석전략을 채택해야 하는가? 어떤 규모의 연구를 수행하고자 하는가?'를 점검해야 한다.

⑦ 증거, 연구의 질과 본질적 중요성
'자료를 어떻게 전환시켜 연구문제를 풀어가는 증거로 삼을 것인가? 내 증거가 의미 있고, 내 주장이 믿을 수 있으며, 내 연구가 질적으로 우수하다는 것을 어떻게 증명할 것인가?'를 충분하게 숙고해야 한다.

⑧ 연구의 질에 대한 비판적 사고
'내가 사용하는 개념들이 충분한 의미를 지니는가? 나의 조사방법들이 적절한 것인가? 내가 연구를 사려 깊고 정확하게 잘 기획하고 수행하고 있는가? 자료를 사려 깊고 정확하게 잘 분석하고 있는가? 내 결론이 자료 분석 결과에 의해서 지지되는가? 내 결론이 폭넓게 적용 가능한 것인가? 이를 어떻게 증명할 것인가?'를 고려해야 한다.

3) 연구전략과 설계의 윤리적 고려사항

(1) 실천적 윤리와 도덕적 연구수행

연구를 설계하고 이를 실제 연구에 효과적으로 적용하기 위한 전략을 수립할 때, 고려해야 할 실천적 윤리와 도덕적 연구수행을 위한 점검이 있어야 한다. 다음과 같은 질문을 해보면 유용할 것이다.

① 연구의 목적이 무엇인가?
② 누가(혹은 어떤 조직이나 단체가) 이 연구에 관심을 갖고 있으며, 이 연구에 간여하거나, 또는 이 연구에 의해서 영향을 받을 것인가?
③ 이러한 개인, 조직이나 단체가 특정 연구문제의 형성에 시사하는 바는 무엇인가?

(2) 현실적인 고려사항들

윤리적이고 도덕적인 연구가 이뤄지기 위해서는 현실적인 고려사항들이 있다. 이를 질문으로 제시하면 다음과 같다.

① 나에게 주어진 자원들을 감안할 때 가능한 것이 무엇인가?
② 이러한 자원들을 연구문제와 관련하여 가장 잘 활용하는 방법이 무엇인가?

(3) 전략적 연구 설계의 성서적 사례

패턴(Patton/김진호 외 공역, 2018: 363-367)이 제시한 할콤의 이야기는 성서에서 도출한 매우 흥미로운 '연구 설계와 평가' 사례로 볼 수 있다.

때는 구약시대. 느부갓네살 왕이 통치하던 고대 바빌로니아에서 최초의 평가가 실시되었다. 느부갓네살 왕은 유다왕국의 여호야김이 통치한지 불과 3년 만에 예루살렘을 정복했다. 느부갓네살 왕은 현명했다. 그는 각별한 노력을 기울여 장래가 촉망되는 똘똘한 이스라엘 왕국의 청소년들을 자신의 왕궁으로 데려와서 특별 훈련 프로그램을 실행시키기로 했다. 이는 이들 차세대 식민지 사람들이 친 바빌로니아 성향으로 성장하도록 갈대아 문화를 융합시키려는 고도의 의도가 내포된 정책이었다.

구약성서 다니엘 1장 3절부터 5절까지는 이렇다. "왕이 환관장 아스부나스에게 말하여 이스라엘 자손 중에서 왕족과 귀족 몇 사람 곧 흠이 없고 용모가 아름다우며 모든 지혜를 통찰하며 지식에 통달하며 학문에 익숙하여 왕궁에 설 만한 소년을 데려오게 하였고 그들에게 갈대아 사람의 학문과 언어를 가르치게 하였고 또 왕이 지정하여 그들에게 왕의 음식과 그가 마시는 포도주에서 날마다 쓸 것을 주어 삼 년을 기르게 하였으니 그 후에 그들은 왕 앞에 서게 될 것이더라."

이 프로그램의 운영자인 아스부나스 환관장은 신앙적인 이유 때문에 왕이 준 진미와 포도주를 먹을 수 없다는 결정을 한 다니엘과 그의 친구들의 저항에 직면하였다. 이 저항은 아스부나스 환관장에게 커다란 고민거리가 되었다. 다니엘과 그의 친구들이 기숙사 음식을 먹지 않으면 그들은 이 프로그램에 잘 참여할 수 없을 것이고, 향후 그 모든 책임을 이 프로그램의 운영자인 아스부나스가 지게 될 것이고 그 결과 아스부나스 자신의 목숨도 위태로워질 수밖에 없었다.

다니엘 1장 8절과 10절은 이렇게 말한다. "다니엘은 뜻을 정하여 왕의 음식과 그가 마시는 포도주로 자기를 더럽히지 아니하리라 하고 자기를 더럽히지 아니하도록 환관장에게 구하니 … 환관장이 다니엘에게 이르되 내가 내 주 왕을 두려워하노라. 그가 너희 먹을 것과 너희 마실 것을 지정하셨거늘 너희의 얼굴이 초췌하여 같은 또래의 소년들만 못한 것을 그가 보게 할 것이 무엇이냐 그렇게 되면 너희 때문에 내 머리가 왕 앞에서 위태롭게 되리라 하니라."

이때, 다니엘은 역사상 최초의 교육적 실험과 프로그램 개입 이후의 효과성 평가를 제안한다. 다니엘과 그의 세 친구는 10일 동안 엄격한 채식 식단을 애용하였다. 반면 다른 학생들은 왕이 내린 진미 식단과 포도주를 계속 먹었다. 다니엘 1장 12절부터 14절까지를 보자. "청하오니 당신의 종들을 열흘 동안 시험하여 채식을 주어 먹게 하고 물을 주어 마시게 한 후에 당신 앞에서 우리의 얼굴과 왕의 음식을 먹는 소년들의 얼굴을 비교하여 보아서 당신이 보는 대로 종들에게 행하소서 하매 그가 그들의 말을 따라 열흘 동안 시험하더니"

10일째 되는 날에 이 프로그램 운영자인 아스부나스는 실험집단의 건강 악화를 조사하고 다니엘의 대안적인 식단의 효용성을 판단하려고 했다. 아마도 이 열흘을 기다리는 동안 아스부나스는 끔찍한 시간을 보냈을 것이다. 얼마나 마음을 졸였을지 상상도 할 수 없다. 잠도 못자고 먹지도 못한 채 시간이 흐르기를 기다렸을 것이다. 그런데 결과는 놀라웠다. 다니엘 1장 15절부터 18절까지, 그리고 20절을 보자. "열흘 후에 그들의 얼굴이 더욱 아름답고 살이 더욱 윤택하여 왕의 음식을 먹는 다른 소년들보다 더 좋아 보인지라. 그리하여 감독하는 자가 그들에게 지정된 음식과 마실 포도주를 제하고 채식을 주니라. 하나님이 이 네 소년에게 학문을 주시고 모든 서적을 깨닫게 하시고 지혜를 주셨으니 다니엘은 또 모든 환상과 꿈을 깨달아 알더라. 왕이 말한 대로 그들을 불러들일 기한이 찼으므로 환관장이 그들을 느부갓네살 앞으로 데리고 가니 … 왕이 그들에게 모든 일을 묻는 중에 그 지혜와 총명이 온 나라 박수와 술객보다 십 배나 나은 줄을 아니라."

이상의 구약성서 다니엘서에 나오는 본문 내용을 가지고 '연구 설계와 평가'에 대해 생각해보자.

첫째, 이 사례의 표본은 어떠했는가? 소규모 표본 크기였다. 그런데 다니엘과 그 친구들이 실험집단(채식 식단)을 자체적으로 선택했다는 점에서는 표본선정의 편향성이 크게 부각된다.

둘째, 식단에서의 변화와 두 집단 중 각 집단이 어떤 처치에 참여할지가 결정된 것을 제외하면, 사실상 어떤 다른 것들이 관찰된 결과들을 설명해 줄 수 있는지에 대해서는 전혀 알 수가 없다. 그러므로 실험 개입 또는 실험적 처치의 본질을 명확하게 명시하고 통제하는데 실패하였다고 판단된다.

전형적인 실험개입 상의 오염이 일어날 가능성이 크다.

셋째, 이 식단과 참여자들의 신념 체계 사이의 상호작용 효과의 가능성과 후광 효과에 대해 고려하지 못한 점도 눈에 띈다. 믿음으로 기뻐하면서 음식을 먹으면 건강에도 유익할 수 있을 가능성을 전적으로 간과하였다.

넷째, 결과에 대한 애매모호한 준거, 즉 '얼굴'이 무엇을 의미하는지가 명확하지가 않다. 아울러 제대로 조작화 되지 않고 표준화 되지 않은 결과 측정에 의존하고 있다.

다섯째, 최종 결과를 측정하는데 사용한 도구들에 대한 타당도 및 신뢰도와 관련된 자료가 보고되지 않았다. 다만 그 프로그램에 깊숙하게 관련된 단일 관찰자인 환관장의 의견만 부각되었다. 이로 인해서 관찰에서 선택적 지각과 편향적 평가의 가능성이 있었다. 그러다 보니 왕이 환관장에게 묻고 확인한 결과로 모든 성과가 결정되었다. "왕이 그들에게 모든 일을 묻는 중에 그 지혜와 총명이 온 나라 박수와 술객보다 십 배나 나은 줄을 아니라."고 기록된 것이다. 외적 타당도는 물론이고 내적 타당도를 약화시키는 이런 여러 요소들이 있었음에도, 이 평가에 의해 생성된 정보는 활용되었던 것으로 보인다. 이 10일간의 평가는 이 프로그램에 대한 중대한 결정, 즉 다니엘과 그의 친구들을 위한 식단을 바꾸는데 활용되었다. 왕이 실시한 이 프로그램의 종료에 대한 평가는 이 프로그램이 성공적이라고 판단하는데 사용되었다.

문제는 이와 같은 약점으로 가득한 '연구 설계와 평가'가 프로그램 참여자들의 영양 상태와 교육훈련 차원의 성취도 간의 관계를 연구하는 데는 전략적으로 좋지 않은 연구 설계라는 것이다. 그러나 여기에서 주목해야 할 점은 이와 같은 영양 상태와 교육훈련적인 성취는 주요 쟁점들이 아니었다는 것이다.

이 프로그램의 운영자가 주목하여 제기한 질문은 **네 명의 프로그램 참여자들이 요청한 특정한 식단을 그들에게 제공할 것인지 이었다.** 환관장이 필요했던 정보는 그 **특정한 변화 및 그 특정한 변화만의 결과에 관련된 것**이었다. 그는 이들 네 명의 연구 참여자들을 넘어서서 그 결과를 일반화하는데 관심을 전혀 보이지 않았고, 심지어 그는 다른 사람들에게 자신이 만든 측정방법이 타당하고 신뢰할만한지를 설득하는데 관심이 없었다. 이 **운영자와 다니엘만이 사용한 측정방법을 신뢰**하기만 하면 되었다. 그래서 아스부나스와 다니엘에게 유의미하고 신뢰할만한 방법으로 자료수집(얼굴의 관찰)이 수행되었다.

4) 질적인 연구 설계의 핵심 영역

(1) 질적인 연구 설계의 핵심 영역

질적연구의 설계 시에 연구자가 숙지해야 할 핵심적인 사항들을 영역별로 정리하면 다음과 같다.

① 연구문제
② 연구의 배경(이론적 동향, 다른 연구와의 관계, 사회적 변화 등), 연구 목적과 의의
③ 방법론적 접근방법과 전략, 기존 이론과의 관계, 이론적·철학적 기초
④ 자료출처와 자료수집방법: 선택한 방법의 상세한 기술과 정당성
⑤ 표집방법과 응답자에 대한 접근: 표본의 크기 및 작업량과 그 근거
⑥ 자료의 정리와 분석: 표집전략 및 조사방법 선택과의 관계
⑦ 예비조사의 기획(목적, 근거, 설계, 자료분석 방법 등)
⑧ 윤리, 도덕 및 정치성: 연구주제, 연구전략, 조사방법, 표집, 분석방법과의 관계
⑨ 연구과제의 단계별 주요 활동과 일정표
⑩ 가용한 재원(인력, 시간, 경비, 장비, 훈련, 기술, 전문성 등)
⑪ 연구자의 수행 역할 및 분업체계
⑫ 연구결과의 배포, 활용 및 기대효과

(2) 질적인 연구 설계의 핵심 영역을 독자 여러분의 연구주제에 적용해보기
* 고민하고 작성해 본다.

2. 질적 자료의 창출

1) 자료 조사 및 접근 방법

질적연구에서 자료를 조사하여 수집하는 과정에서 요구되는 기본적인 행위는 질문하기다. 질문은 중요하다. 특히 양질의 질문이 필요하다. 사려 깊은 질문이 중요하다. 좋은 질문에 따라 양질의 자료가 수집될 수 있다. 자료 조사와 관련하여 주요한 질문들을 주요 영역별로 정리하면 다음과 같다.

(1) 자료출처

① 잠재적 자료출처의 확인
잠재적 자료출처를 확인하기 위한 질문은 다음과 같다.

- 어떤 출처를 활용하여 자료를 만들어낼 것인가?

② 자료출처의 평가 및 활용
자료출처의 평가와 활용을 위해 유용한 질문들은 다음과 같다.

❶ 내가 무엇에 관심이 있는가?
❷ 그것이 어디에 '존재하고', 내가 어떤 가능한 출처로부터 그것에 관한 지식을 창출해낼 수 있는가?
❸ 이러한 자료출처들이 나에게 무엇을 '말해주기'를 기대하는가?
❹ 이러한 자료출처 활용이, 무엇이 사회현상을 구성하는가에 관한 나의 존재론적 관점과, 또 사회현상에 관한 지식이 어떻게 만들어질 수 있는가에 관한 나의 인식론적 관점에 얼마나 잘 부합되는가?
❺ 이러한 자료출처를 활용하는 것이 얼마나 실용적인가?
❻ 이러한 자료출처를 활용하는 것에 윤리적인 문제는 없는가?

(2) 질적 접근방법이 활용하는 자료와 조사방법의 인지
질적 접근방법이 활용하는 자료와 조사방법의 인지에서 주요한 질문은 다음과 같다.

① 질적 접근이 자료출처와 조사방법을 어떻게 설정하고 활용하는가?
② 이러한 접근방법이 나의 연구과제에 얼마나 유용한가?
③ 이 출처들로부터 무엇을 활용하고자 하는가?

(3) 조사방법의 결정
① 질적 지식의 창출 가능 여부 확인

질적 지식을 창출하기 위해 유용한 질문들은 다음과 같다.

❶ 자료와 선택한 자료출처로부터 질적인 지식을 어떻게 창출해낼 것인가?
- 나의 논리가 무엇인가?

❷ 다양한 조사방법의 활용이 가능한가?
다양한 조사방법을 활용하기 위한 질문들은 다음과 같다.

- 다른 방법으로는 내 연구문제와 관련해서 무엇을 창출해낼 수 있는가?
- 이들이 내 궁금증의 어떤 부분을 풀어가는 데 도움이 되는가, 그리고 어떻게 도움이 되는가?
- 이 다른 방법들이 어떻게 서로 조화를 이루는가? 이들이 지적, 이론적, 논리적으로 어떻게 통합될 수 있는가?
- 내가 원하는 모든 것을 가시적으로 실행할 수 있는가?

② 질적 조사방법의 현실성 점검

질적 조사방법들 중 사용상 실현 가능한 접근이 무엇인지를 점검해야 한다.

2) 질적 면접 방법

질적연구에서 면접은 개별화된 상호작용을 중요시한다. 또한 생생한 체험에 대한 진술을 연구참여자로부터 이끌어내는 데에 집중한다. 이러한 질적 면접을 효과적으로 수행하는 데에 유용한 접근들을 다음과 같이 제시한다.

(1) 질적 면접: 논리와 합리적 근거

질적 면접에서 논리와 합리적 근거를 확보하기 위해 요긴한 몇 가지 질문들은 다음과 같다.

① 왜 면접을 시행하고자 하는가?
② 연구문제를 푸는 자료를 창출하기 위해서 왜 나는 사람들과 이야기하거나 접촉하고자 하는가?
③ 왜 질적 면접을 시행하고자 하는가?
④ 구조화된 형태의 면접이나 질문지를 사용하지 않고 왜 이러한 질적 접근방법을 선택하는가?
⑤ 연구문제에 대한 답을 얻기 위한 자료를 창출하는 데 있어서 질적 면접의 단점은 무엇인가?

(2) 질적 면접의 기획과 수행
① <u>유의미한 지식을 창출하는 면접의 수행</u>

유의미한 지식을 창출하는 면접을 효과적으로 수행하기 위해 유용한 질문들은 다음과 같다.

❶ 자료를 발굴하거나 수집하고자 하는가?
❷ 자료를 창출하거나 만들어내고자 하는가?
❸ 면접의 내용과 질문의 요점이 무엇인가?
❹ 질문을 어떻게 준비할 것인가?
❺ 질문을 글로 준비하여 읽거나 응답을 기록하지 않고 어떻게 면접의 초점을 유지할 것인가?

다음의 <표 6-3>은 질적 면접을 효과적으로 수행할 수 있는 실제적인 질적 면접 계획 수립과 준비 방법이다.

<표 6-3> 질적 면접을 위한 계획과 준비의 예시

제 1 단계

연구자가 탐구하고자 하는 '커다란' 연구문제(research question)들의 목록을 만든다.

<예시> 가족들이 상속문제를 다루고 있는가?

제 2 단계

이 커다란 연구문제들을 일단의 '작은' 연구문제들로 쪼갠다. 커다란 연구문제들과 하위범주들(작은 연구문제들) 간의 연계는 적절한 번호나 부호로 표시되거나 도표로 그려질 수 있으며, 상호확인을 위한 색인카드를 만드는 것도 가능하다.

<예시> (a) 상속에 관한 협상이 보다 광범위한 의미의 가족 내 지원에 관한 협상의 일부로 취급되는가? 아니면, 상속이 완전히 별도의 사안으로 다루어지는가?

(b) 사람들이 자신들의 인생계획을 세울 때 상속의 가능성을 염두에 두는가?

(c) 상속을 협상하는 과정에서 '친척'과 '인척' 간에 뚜렷한 차별이 유지되는가?

제 3 단계

각각의 작은 연구문제들에 대하여, 면접을 통하여 적절한 내용을 얻어내는 방법을 모색하기 시작한다. 이는 연구자가 탐구하고자 하는 크고 작은 문제들을 면접의 화제로 전환시키고, 면접에서 사용할 질문들의 내용과 형태를 만들어냄을 의미한다. 그러나 이것이 면접에서 그대로 사용될 질문의 대본을 작성한다는 뜻은 아니며, 면접의 화제와 질문을 개발함으로써 면접과정에서의 상호작용에 적절히 대비하는 것이다. 이 경우에도 면접에서 사용될 구체적인 질문들과 크고 작은 연구문제들 간의 연계는 구체적으로 명시되어야 한다.

<예시> (a) 가족상속의 역사와 다른 형태의 가족지원의 역사-특정 사건이나 사례에서 구체적으로 어떻게 이루어졌는가? 무엇이 가장 적절한 방안이었으며, 사람들이 이를 어떻게 결정하였는가?

(b) 다른 가족구성원의 상속계획, 유언의 내용에 대한 인지도, 상속에 대하여 사람들이 생각한 바 있는가? 유언을 이미 작성하였는가? 이들이 5년, 10년, 또는 20년 후에 무엇을 할 것이며, 어디서 살 것인가 등의 인생계획을 가지고 있는가?

(c) 가족과 친족집단의 구성 및 이들 구성원 간 관계의 확인, 누구를 '혈족'이나 '인척'으로 간주하는가를 확인하여 가족상속의 역사, 특정 사건이나 사례를 '친족지위'(kin status)의 형태로 재구성한다. 재산의 구체적인 분배와 이를 둘러싼 협상이 친족지위에 따라 어떻게 이루어졌는가를 조사한다. 상속의 적절한 대상은 누구인가? 누구를 포함시키거나 제외시킬 것인가를 어떻게 결정하는가? 상속이나 다른 사안과 관련하여 친척과 인척의 범주를 어떻게 설정하고 있는가를 사람들에게 직접 물어본다.

제 4 단계

각각의 커다란 연구문제들이 일단의 작은 연구문제들로 나누어지고, 또 이들 작은 연구문제에 해당되는 면접의 화제와 구체적인 질문들이 작성되었는가를 서로 교차시켜 확인한다. 이러한 교차확인을 역순으로 하여, 준비된 면접화제와 질문들이 과연 커다란 연구문제를 탐구하는 데 도움이 될 것인가를 점검할 수도 있다.

제 5 단계

면접을 위하여 이들을 느슨한 형태로 엮어낸다. 이는 유연성과 가변성을 지녀야 하며, 논의하고자 하는 핵심적인 주제나 연구문제에 대한 일단의 실마리를 얻어 낼 수 있는 형태로 꾸며져야 한다.

<예시> 상속에 관한 이 연구과제에서는 주요 주제와 묻고자 하는 질문의 형태를 고려하여 느슨한 형태의 면접지침표가 만들어졌다. 이 면접지침표에는 피면접자의 구체적인 상황에 따라 탐구할 사항들이 순차적으로 나열되어 있다.

최대한의 유연성을 부여하기는 하였지만, 이 지침표에는 면접자에게 이 연구가 다루고자 하는 핵심주제와 질문이 무엇인가를 알려주는 내용이 포함되어 있다. 질문의 대본은 만들어지지 않았으며, 대신 면접할 때 지니고 갈 수 있는 일련의 색인카드들이 작성되었다.

이 중 한 카드에는 면접현장에서 적절히 변용시킬 수 있도록 면접의 흐름표(flow chart)가 제시되어 있다. 다른 카드들에는 면접자가 면접 도중에 참고할 수 있도록 특정 주제와 면접화제들의 목록이 열거되어 있다.

이 목록에는 순서가 있는 것이 아니며, 면접자가 면접과정의 상황에 따라 이들을 적절히 발췌하여 사용할 수 있다. 이들 카드의 구체적인 형태는 다음과 같다.

느슨한 형태의 면접용 카드

이들 각각의 주제와 화제마다 해당되는 질문들로 별도의 카드가 작성됨

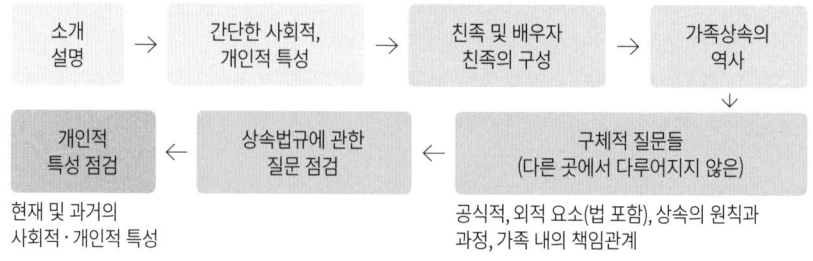

구체적 주제와 화제의 예시 카드
상속역사, 상속 외의 구성원 간 관계, 상속받은 가족과 친족

- **상속의 경험**: 개인적 경험, 유언자, 상속수혜자, 상속집행자로서의 경험; 자기 가족의 상속 특징과 유형; 몇 세대; 법적 과정과 절차의 경험; 예기됐던 상황과 돌발적인 상황; 유언 작성의 경험; 언제, 왜; 전문가의 충고; 유언이 없는 경우의 법집행; 생전의 재산양도

- **상속과 다른 친족관계**: 상속에 의해서 가족관계가 영향을 받는가? 친척간 상속에 대한 인식과 기대; 갈등의 해소; 인생계획과 상속, 즉 주택, 거주지역, 시기; 죽음과 이에 대한 대비; 관계에 대한 공식문서의 작성?; 명시적/묵시적 상호 호혜관계?; 최종 결정 및 합의?

- **상속받은 가족과 친족**: 누가 합법적 이해관계를 지니는가?; 배우자 인척 / 친척 / 방계친족; 포함과 배제의 원칙; 제3자를 경유해서 이루어지는 상속

제 6 단계

면접에 표준화시킨 질문이나 항목들을 도입할 것인가를 확정한다. 모든 사람들에게 똑같은 형태로 물을 수 있는 질문이 있을 수 있다. 앞에서 제시된 예에서는 소개 설명 부분이 상당 수준 표준화되었으며, 이는 연령이나 혼인상태 등 개인적·사회적 특성을 묻는 일부 질문들도 마찬가지이다. 또한, 피면접자에게 자료의 비밀보장을 확신시키기 위해서 전하는 표준화된 형태로 작성할 수 있을 것이다.

제 7 단계

면접표와 표준화된 질문 및 항목들이 가능한 모든 주제와 질문들을 적절하고 충분하게 포괄하고 있는가를 교차점검 한다.

* 출처: 메이슨, 제니퍼. (Mason, Jennifer). 김두섭 역. (2010). 질적연구방법론. 파주: 나남출판. pp. 83-86.

이상의 내용을 요약적으로 정리하면 다음 [그림 6-1]과 같다.

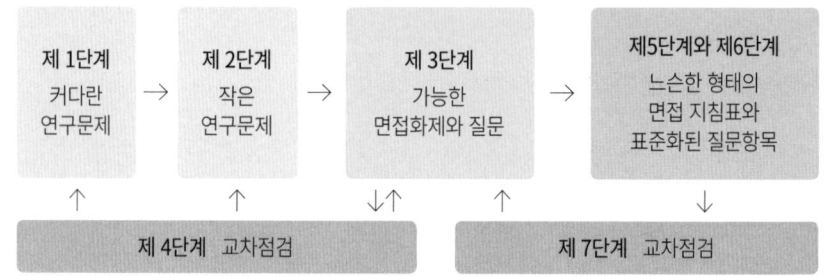

[그림 6-1] 질적 면접을 위한 기획과 준비과정의 개관

* 출처: 메이슨, 제니퍼. (Mason, Jennifer). 김두섭 역. (2010). 질적연구방법론. 파주: 나남출판. pp. 87.

② 면접 질문의 관심영역과 순서

면접 질문의 관심영역과 순서를 파악하기 위한 질문들은 다음과 같이 제시해볼 수 있다.

❶ 이 주제들을 어떠한 깊이와 폭으로 다룰 것인가?
❷ 질문의 관심영역을 어떻게 설정할 것인가?
❸ 추가적으로 규명할 것인가, 아니면 다음으로 넘어갈 것인가?
❹ 다음에는 무엇을 질문할 것인가? 어떤 순서로 질문할 것인가?

③ 방식과 태도

방식과 태도와 관련한 질문들도 있다.

❶ 질문을 어떤 방식으로 할 것인가?
❷ 어떤 태도를 취해야 하는가?
❸ 어떻게 행동할 것인가?

④ 면접 기술의 계발

면접기술을 향상시키기 위해 가능하다면 다음과 같은 훈련을 하면 좋다.

첫째, 사람들이 이야기하는 것을 잘 듣는 훈련
둘째, 사람들이 무슨 말을 하였고, 또 자신이 무엇을 질문하였는가를 기억하는 훈련
셋째, 말하는 것과 듣는 것의 균형을 맞추는 훈련
넷째, 피면접자의 분위기나 사회상황을 관찰하고 이를 지칭하는 어휘나 비어휘적 단서를 찾아내는 훈련
다섯째, 면접을 실용적으로 달성하는 훈련이다.

(3) 질적 면접 결과물의 자료화

질적 면접의 결과물은 구체적인 자료로 전환되어 제시되어야 한다. 이때, 유의해야 할 사항들이 있다.

① 자료로 간주할 것의 결정

어떤 내용들을 자료로 간주할 것인지를 결정하는 데 유용한 질문들이 있다.

❶ 면접의 어떤 절차가 자료의 상태에 영향을 미치는가?
❷ 절차가 달라지면 자료의 상태나 질이 달라지는가?
❸ 어떤 요소를 자료로 간주할 것인가?
❹ 자료가 어떤 모양이나 형태를 띠어야 하는가?
❺ 구두로 하는 대화에만 집중할 것인가?
❻ 상호작용의 비언어적인 측면들과 그 전후 맥락도 중요한가?
❼ 자신의 해석과 판단을 근거로 작성하거나 녹음한 현장노트도 자료로 간주될 수 있는가?
❽ 자신의 기억, 또는 면접 상호과정에서 기록하지 않고 해석한 것들도 자료로 간주될 수 있는가?
❾ 면접이나 상호작용의 결과가 자료로 되는 것은 이를 글로 작성했을 때만 가능해지는가? 예를

들어, 면접을 녹음한 것은 반드시 글로 옮겨져야 하는가? 면접을 녹화하거나 녹음한 것은 그 자체가 자료로 간주되는가? 면접 도중, 혹은 면접 전이나 후에 작성된 도형, 사진, 그림, 도표들이 자료로 간주될 수 있는가?

② 면접 자료의 직설적, 해석적, 반항적 판독
면접 자료를 효과적으로 판독하기 위한 질문들이 있다.

❶ 면접을 통해 자료를 추출할 때 직설적으로 받아들일 것인가?
❷ 해석적이나 반항적 방식으로 할 것인가?

(4) 질적 면접의 윤리적 문제
① 질적 면접의 윤리적 수행
질적 면접을 윤리적으로 잘 수행하였는지를 확인할 수 있는 질문들이 있다.

❶ 내가 수행한 면접과 그 형식이 얼마나 윤리적인가?
❷ 나는 무엇을 근거로 윤리적인가의 여부를 판단하는가? 내가 수행한 면접과 그 형식에 어떠한 정당성을 부여할 수 있는가? 이러한 정당성의 부여는 어떤 근거로, 그리고 누구에게 설득력을 지니는가?

② 동의의 획득
동의의 획득과 관련한 질문들이 있다.

❶ 피면접자에게 면접에 대하여 충분히 설명하고, 면접에 대한 동의를 얻었는가?
❷ 누구의 동의를 얻어내야 하는가?
❸ 충분히 설명하고 동의를 얻었다고 어떻게 확신할 수 있는가?

3) 관찰과 참여

(1) 관찰방법: 논리와 합리적 근거

관찰방법을 사용할 때, 기본적으로 고려해야 할 질문들이 있다.

① 왜 나는 관찰방법을 사용하고자 하는가?

② 연구문제를 탐구하는 자료를 창출하기 위하여 왜 나는 연구 현장에 개입하거나 참여하고자 하는가?

③ 내 목적을 달성하기 위해 사용하는 관찰방법의 단점들이 무엇인가?

(2) 관찰의 기획과 수행

관찰을 기획하고 수행할 때, 고려해야 할 사항들도 있다.

① 지식의 창출과 관찰 '현장'의 의미

지식의 창출과 관찰 '현장'의 의미를 파악하는 데에 유용한 질문들이 있다.

❶ 자료를 발굴하거나 수집하고자 하는가?

❷ 자료를 창출하거나 만들어내고자 하는가?

❸ 나의 '연구 현장'이 무엇을 대변하는가?

❹ 그것이 나에게 무엇을 말해주는가?

❺ 어떤 형태의 자료가 만들어질 수 있는가?

❻ 내가 다른 무엇을 알 필요가 있는가?

② 관찰의 대상과 관점

관찰의 대상과 관점을 명확하게 확인하고 유지할 수 있도록 돕는 질문들이 있다.

❶ 어떻게 자료를 창출하거나 수집할 것인가?
❷ 자료들이 어디에서 나오는가?
❸ 이들이 어떻게 생겼는가?
❹ 연구 현장에서 무엇을 찾을 것인가?
❺ 무엇을 관찰할 것인가?

③ 관찰 '현장'

관찰 '현장'을 명확하게 이해하게끔 돕는 질문들이 있다.

❶ 선택할 가장 적절한 현장이 무엇인가?
❷ 내가 관심을 갖는 현장이 시간적·공간적으로 어디에 위치하는가?
❸ 특정한 현장에의 몰입에 따라 내가 보는 것과 보지 못하는 것이 어떻게 결정되는가?

④ 현장 접근과 '진입'

다음과 같은 질문들이 효과적이다.

❶ 현장에 접근할 수 있는가?
❷ 접근이 실제로 무엇을 의미하는가?
❸ 나는 참여자, 관찰자, 아니면 참여관찰자가 되기를 원하는가?

⑤ 신분의 설정

다음과 같은 질문들이 유용하다.

❶ 내가 어떤 신분, 지위나 역할을 택할 것인가?
❷ 내가 어떤 인상을 주도록 노력해야 하는가?

❸ 내가 어떻게 행동할 것인가?

⑥ 관계의 설정
관계 설정을 용이하게끔 돕는 질문들이 있다.

❶ 현장에서 관찰대상과의 관계를 어떻게 설정해야 하는가?
❷ 어떻게 승낙을 받아낼 것인가?
❸ 승낙 여부를 어떻게 확인할 것인가?
❹ 내가 어떤 한계를 설정해야 하는가?
❺ 어떻게 그리고 언제 현장에서 떠날 것인가?

⑦ 관찰 기술의 계발
관찰 기술을 계발하기 위해 유용한 방법이 있다.

❶ 관찰대상에 대하여 주의 깊게 지속적으로 관찰하고 그 내용을 기록한다.
❷ 반복적으로 관찰하고 관찰한 내용을 지도교수 또는 동료 연구자들과 나눈다.
❸ 관찰일기를 쓴다.
❹ 관찰한 내용들을 연구 집단의 구조 속에서 브레인스토밍 기법으로 관찰한 대상과 관찰한 내용에 대해서 논의하고 피드백을 주고받는다.

(3) 관찰의 윤리적 문제
관찰과 관련하여 몇 가지 윤리적 고려사항들이 있다.

① **자료로 간주할 것의 결정**
다음과 같은 질문들이 요구된다.

❶ 관찰한 것을 어떻게 기록해야 하는가?
❷ 무엇을 기록해야 하는가?
❸ 언제, 그리고 얼마나 자주 기록해야 하는가?

② 현장노트의 작성
현장노트 작성과 관련한 질문들이 있다.

❶ 현장노트를 어떻게 작성할 것인가?
❷ 내가 무엇을 작성하는가?
❸ 현장노트의 용도를 어떻게 설정할 것인가?

③ 윤리적인 현장작업
연구현장이 윤리적인 환경이 되게끔 하는 데에 필요한 질문들이 있다.

❶ 나의 현장작업이 얼마나 윤리적인가?
❷ 윤리적인 현장작업은 어떠한 형태를 취하는가?
❸ 무엇이 윤리적인 현장작업이라고 어떻게 판단할 것인가?

④ 동의의 획득
다음의 질문을 제기할 필요가 있다.

❶ 모든 참여자들에게 충분히 설명하고 동의를 얻었는가?
❷ 그와 같은 동의는 자발적이었는가?

(4) 관찰과정의 단계 [9)]

Creswell(한유리 역, 2020)에 따르면 관찰과정은 6단계로 구분될 수 있다.

① 1단계: 연구 장소 정하기

연구의 중심현장을 가장 잘 이해할만한 장소(site)를 결정하고 선택하며, 현장 접근의 승인을 받는다.

② 2단계: 관찰 프로토콜 개발하기

관찰 프로토콜은 묘사적인 부분과 성찰적인 부분을 모두 포함한다.

<표 6-4> 기록의 종류

머리말 : 시간, 장소, 관찰자	
묘사적 기록	성찰적 기록
• 스스로에게 물어볼 질문들을 여기에 적음 • 종종 이러한 질문들은 연구의 하위 질문들임 • 연대기를 포함하는 경우가 있음 • 원하는 시간대를 정할 수도 있음 • 기본적으로 눈에 보이는 것을 묘사함	• 연구자 자신을 위한 기록들을 여기에 적음 • 관찰하면서 경험한 문제나 눈에 띄는 점을 포함함 • 예비단계의 주제를 적을 수도 있음-관찰하면서 연구문제에 대해 자신이 알게 되는 처음 단계의 생각을 기록해 둠

* 출처: 크레스웰, 존. (Creswell, John W). 한유리 역. (2017). 질적 연구의 30가지 노하우. 서울: 박영스토리. p. 158.

✦ 9) "크레스웰, 존. (Creswell, John W). 한유리 역. (2017). 질적 연구의 30가지 노하우. 서울: 박영스토리. pp. 157-165."에서 인용하였음을 밝힌다.

③ 3단계: 관찰에 초점 맞추기

현장에서는 몇 분 동안 적지 말고 조용히 관찰한다. 무엇이 관심을 끄는지 생각하고 평범한 것과 평범하지 않은 것을 관찰한다. 전체 장면을 받아들이고 나서 자신의 중심 연구질문과 중심현상을 이해하는데 도움이 될 것 같은 하나의 양상에 집중한다.

④ 4단계: 자신의 역할을 결정하기

자신이 어떤 관찰자 역할을 할지 결정하라. 관찰하는 동안 자신의 역할이 어떻게 변화할지도 고려한다. Creswell은 처음에는 외부인으로 있다가 시간이 흐르면서 내부자로 되어 가는 것을 선호한다.

<표 6-5> 참여자 분류

구분	설명
완전한 참여자	연구자는 자신이 관찰하는 대상에 완전히 참여한다. 이럴 경우 관찰하려는 사람들과 라포를 쌓는데 도움이 될 수 있다.
관찰자로서의 참여자	현장에서의 활동에 참여한다. 참여자 역할이 연구자 역할보다 더 두드러진다. 연구자가 내부자 관점과 주관적 자료를 획득하는데 도움이 될 수 있지만, 자료를 기록하는데 주의를 기울이기 힘들다.
비참여자/ 참여자로서의 관찰자	연구하려는 집단의 외부인으로 있으면서, 거리를 두고서 관찰과 현장노트 작성을 한다. 연구자는 활동이나 사람들과 직접적인 관여를 하지 않은 채 자료를 기록한다.
완전한 관찰자	연구자는 주의를 끌지 않은 채 관찰만 한다. 뒷자리에 앉아있거나 눈에 뜨이지 않는 장소에 있을 필요가 있다. 아무 말도 하지 않은 채 단순히 현장노트를 기록한다.

* 출처: 크레스웰, 존. (Creswell, John W). 한유리 역. (2017). 질적 연구의 30가지 노하우.
  서울: 박영스토리. p. 160.

⑤ **5단계: 현장노트 기록하기**

　기록은 관찰 프로토콜에 있는 것을 관찰한 내용이다. 이것을 현장노트 기록(field notes) 기록이라고도 부른다. 묘사적인 기록을 위한 몇 가지 대안을 보면 첫째, 오감에 관련된 프롬프트, 둘째, 일어난 일의 연대기, 셋째, 연구의 하위질문을 가이드로 사용하며 페이지로 적어두는 것, 넷째, 현장 모습을 그림으로 그리는 것, 다섯째, 중심현상에 관련하여 자신이 본 것에 대해 이야기로 만들어 적는다. 성찰적인 기록을 위해서는 관찰과 현장노트를 적으면서 가졌던 문제, 이슈, 고민들을 적어둔다. 이는 연구방법, 윤리적 문제, 연구의 한계를 작성할 때 중요한 자료가 된다.

⑥ **6단계: 서서히 철수하기**

　관찰을 마친 후, 참여자들이 내어준 시간에 감사하며 서서히 현장에서 철수한다. 참여자들이 연구에 대해 물을 경우 연구결과의 요약본을 이메일로 보내겠다고 이야기한다.

　한편, 관찰 실행의 '체크포인트'가 있다.

- --- 현장으로부터 연구 승인을 받았는가?
- --- 관찰자로서의 자신의 역할을 알고 있는가?
- --- 관찰기록을 위한 도구가 있는가? – 관찰 프로토콜
- --- 가장 먼저 무엇을 관찰할지 알고 있는가?
- --- 방해하지 않도록 현장에 서서히 들어오고 나갈 것인가?
- --- 시간의 흐름에 따라 다양한 관찰을 할 것인가?
- --- 현장 사람들과 라포를 형성할 것인가?
- --- 관찰하는 동안 포괄적인 것에서 좁은 것으로 관찰을 변경할 것인가?
- --- 처음에는 한정된 메모를 기록할 것인가?
- --- 묘사적인 것과 성찰적인 메모를 모두 기록할 것인가?
- --- 세부적인 현장노트를 위해 완전한 문장으로 기술할 것인가?

--- 참여자들에게 감사를 표했는가?

--- 관찰하는 동안 의도적으로 참여자들을 속이는 것을 자제하였는가?

4) 시각자료와 문서의 활용

질적연구에서 효과적인 시각적 자료에는 사진, 비디오, 영화, 그림이 있다. 이러한 이미지 자료는 시각적 세계를 기록하고 포착하는데 강력한 도구가 된다.[10] 기존의 이미지를 모으거나 연구자가 이미지를 만들어 내거나 참여자가 이미지를 개발하는 방법을 통해 수집할 수 있다. 이런 종류의 자료 수집은 참여자가 사진을 찍어오거나, 인터뷰시 사진을 통해 대화를 촉진하거나, 그림을 그리는 방법 등이 있다. 하지만 이런 방법을 사용할 때는 항상 잠재적인 위험과 윤리적 문제가 있음을 주의 깊게 생각해야 한다.

(1) 시각자료의 수집

① 참여자에게 일회용 카메라(휴대폰)를 지참시키고 연구현상에 대한 사진을 찍게 한다.

② 시각적 유도(visual elicitation): 연구자는 인터뷰할 때 다양한 반응을 촉진하고 대화를 시작하기 위해 사진과 같은 시각적 자료를 활용할 수 있다.

③ 포토보이스(photovoice): 참여자들은 연구자의 지침아래 제공받은 일회용 카메라로 직접

✦ 10) "크레스웰, 존. (Creswell, John W). 한유리 역. (2017). 질적 연구의 30가지 노하우. 서울: 박영스토리. pp. 225-235."에서 인용하였음을 밝힌다.

의미있는 장면들을 찍을 수 있다. 그러면 연구자는 사진을 모아서 그룹 토의를 활용하고, 토의에서 개인들은 자신이 찍은 이미지에 대해 이야기한다. 이 방법은 다음의 목적을 갖는데 첫째, 참여자가 자신들의 공동체의 장점과 우려를 기록할 수 있다. 둘째, 비판적 대화를 장려한다. 셋째, 정책입안자에게 영향을 미친다. 가령 지역사회 홈리스 문제에 대한 참여자들의 비판적 시각과 토론은 정책입안자들에게 영향을 미쳐서 공동체의 변화를 모색할 수 있다.

④ 그림: 아직 언어소통이 활발하지 않은 아이들을 인터뷰할 때 효과적인 방법이다. 특히 강한 감정이나 민감한 주제를 좀 더 수월하게 이야기할 수 있다.

(2) 이미지 관찰 및 코딩 8단계

① 분석을 위한 자료를 준비한다. 손으로 코딩을 할 경우 여백을 많이 둔 채 각각의 이미지를 출력하여서 코딩할 수 있는 공간을 만든다. 컴퓨터를 사용할 경우 이미지를 저장한다.

② 이미지의 부분에 표시를 하고 코드를 붙인다. 어떤 코드는 포괄적 세부사항에 나타낼 수 있다.

③ 모든 코드를 모아서 다른 종이에 옮겨 적는다.

④ 코드를 검토하며 불필요하거나 중복되는 것을 제거한다. 코드에서 잠재적 테마로 좁혀가기 시작한다.

⑤ 공통의 아이디어를 표현하는 테마별로 코드를 묶는다.

⑥ 코드와 테마를 세 그룹(기대했던 코드와 테마 놀라운 코드와 테마, 일반적이지 않은 코드와 테마)으로 나눈다. 이를 통해 질적 결과에 다양한 관점을 표현할 수 있다.

⑦ 코드와 테마의 위치를 조정하면서 결과 부분에 들어갈 개념을 만든다.

⑧ 논문의 결과 부분이나 논의에서 연구결과에 대한 일반적인 요약으로 들어가게 될 각 테마 글을 쓴다.

(3) 주요 활동과제

주요 활동과제를 다루어본다.[11]

① 다음의 웹사이트를 방문한다.

참고 사이트: 뉴욕타임즈

https://www.nytimes.com/live/2021/11/07/sports/nyc-marathon-live-updates

2021년 뉴욕 시티 마라톤 사진 중 50개를 가지고 코딩 실습을 해 본다. 사진에서 보이는 것을 묘사한 5~10개의 코드를 개발한다. 이 코드들을 줄여서 테마를 도출하고 사진으로부터 모은 증거에 대한 짧은 글을 작성한다. 이들의 얼굴에 대한 이야기를 전달할 글의 제목을 붙여 본다.

② 내 동료 과학교사가 학생들에게 "과학선생님을 그려보라"는 과제를 냈다. 이 장에서 소개한 시각적 자료를 코딩하는 8단계를 사용하여 다음의 두 그림을 코딩해 보자.

 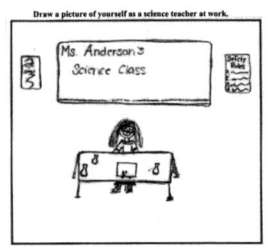

〔그림 6-2〕 활동 과제

* 출처: Thomas, J. A., Pedersen, J. E., & Finson, K. (2001). Validating the draw-a-science-teacher-test checklist (DASTT-C): Exploring mental models and teacher beliefs. Journal of Science Teacher Education, 12(4), 295-310.

✦ 11) 주요 활동과제는 "크레스웰, 존. (Creswell, John W). 한유리 역. (2017). 질적 연구의 30가지 노하우. 서울: 박영스토리"에서 소개한 활동 내용을 수정하여 제시하였다.

4. 질적 자료의 분석

1) 자료 분석 과정[12]

(1) 질적 연구에서 자료 분석의 의미와 과정

질적연구에서 자료분석은 연구 문제의 해답을 연구자료 안에서 찾는 과정이다. 즉, 수집한 자료를 조직화해서 이를 해석할 수 있는 단위로 분리하고, 자료 안에 숨어 있던 패턴을 찾는 작업이다(Bogdan & Biklen, 2007; 유기웅 외, 2021: 323에서 재인용). Creswell(2020)은 질적연구에서 자료를 분석할 때 유념할 두 가지를 제시한다. 첫째는 연구자가 수집한 문서자료를 충실히 준비하는 것이다. 여기에는 연구자가 인터뷰한 전사내용, 현장일지나 노트, 관련 문헌자료를 수집하는 것을 말한다. 둘째는 자료 분석 과정을 실시하는 것이다. 단순히 자료분석 과정을 실시하는 것만이 아닌 각 단계마다 충실하게 진행하는 것이 중요하다. 일반적인 자료 분석 과정은 수집된 자료에서 코드로 변환하는 작업을 의미한다. 연구자가 수집한 다양한 문서를 가지고 한 줄 한 줄 반복적으로 읽으면서 글에 괄호를 치고 코드를 부여하거나 그 부분을 설명하는 용어를 적어 나가는 것이다. 이 단계에는 자료를 모으고, 코드를 부여하고, 코드를 취합하여 서술과 테마로 만들고, 테마를 해석하고, 정보를 타당화하는 것이 포함된다. 다음 [그림 6-3]은 Creswell(2020)이 코드를 부여하는 과정을 설명한 것이다.

✦ 12) "크레스웰, 존. (Creswell, John W). 한유리 역. (2017). pp. 208-223."을 바탕으로 이 책의 저자인 우리 두 사람이 보충적으로 자료를 추가하고 설명하였다.

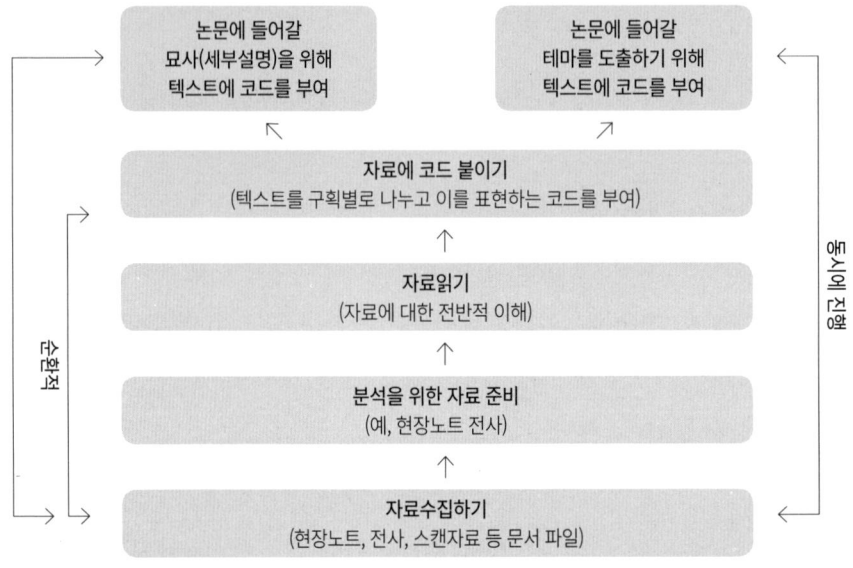

[그림 6-3] 코드 부여 과정

* 출처: 크레스웰, 존. (Creswell, John W). 한유리 역. (2020). 질적 연구의 30가지 노하우. 서울: 박영스토리. p. 210.

테마란, 코드들로 구성되며 여러 코드가 하나의 테마를 이룬다. 테마들은 서로 중복되지 않으며 명확히 구분되는 정보의 범주로서 보통 질적연구 논문의 결과 부분의 제목이 된다. Creswell은 수집한 양이 많건 적건(몇 페이지의 작은 자료든 수천 페이지의 방대한 자료든 간에) 약 30-50개의 코드로 정리하고 겹치거나 불필요한 코드를 찾아가며 대략 20개 정도의 코드로 줄여나간다. 그리고 이렇게 줄여진 코드를 가지고 5~7개의 테마로 줄이는 작업을 진행한다. 이 과정에서 연구자는 수집된 자료를 반복적으로 읽으며 눈에 보이지 않는 의미를 찾기 위해 노력할 필요가 있다. 많은 페이지의 자료에서 테마로 구성되는 과정을 요약하면 다음 [그림 6-4]와 같다.

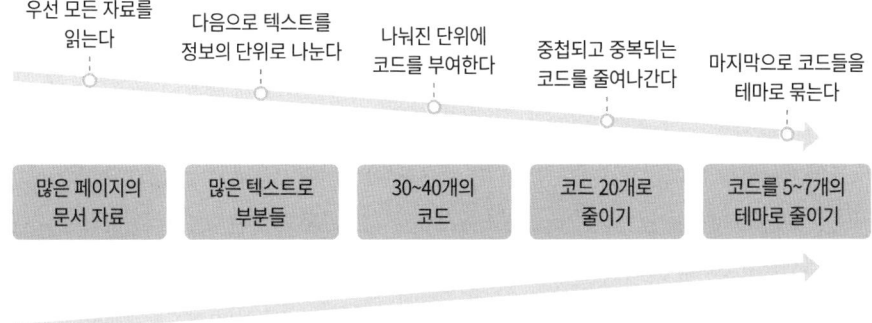

[그림 6-4] 테마 구성 과정

* 출처: 크레스웰, 존. (Creswell, John W). 한유리 역. (2017). 질적 연구의 30가지 노하우. 서울: 박영스토리. p. 211.

(2) 자료 분석 8단계

코딩이란 전사한 문서자료를 이해하는 것으로 질적연구과정의 하나의 단계에 해당된다. 코딩의 과정을 살펴보면 다음 8단계에 해당된다.

① 1단계: 준비하기

Creswell(2020)은 인터뷰, 현장노트, 문서 등을 전사하여 준비한 뒤 자료 양쪽에 1인치(2.5.센치)의 여백을 두어서 분석시 메모를 적을 수 있도록 준비한다. 저자들은 보통 문서의 글 앞에 번호를 부여하여 연구참여자가 진술한 내용을 쉽게 찾을 수 있도록 하는 방법을 추천한다. 보통 학술지에 논문을 투고할 때 연구참여자의 진술 옆에 생성된 번호를 추가하면 신뢰도를 높일 뿐만 아니라 나중에 연구자가 해당 자료를 찾을 때 번호만으로도 자료의 위치를 파악할 수 있다. Creswell(2020)은 자료 맨 뒷부분에 정보의 출처, 날짜, 연구자와 참여자의 이름, 관찰장소, 문서자료의 출처 등의 정보를 적고 왼쪽 윗부분에 코드, 오른쪽 윗부분에 테마라고 적는다.

② 2단계: 자료를 읽기

현장노트를 읽을 때는 전체적인 상황과 사람들의 행동, 의미 등에 초점을 두어 이해하려고 하며 메모를 적는다. '사람들이 무엇을 말하고 행동하는가?'라는 질문에 답을 하면서 자료를 읽어 나간다. 인터뷰 내용을 전사한 문서를 읽을 때는 인터뷰 상황과 연구참여자의 생애를 전체적으로 이해하면서 이런 진술을 하는 이유와 의도에 초점을 둔다. 너무 연구의 목적을 달성하려고 인터뷰 전사 내용의 일부분에만 초점을 두면 전체적인 분위기와 맥락을 놓칠 수 있기 때문에 연구자는 가급적 처음 글을 읽는 것처럼 전사자료를 읽기도 하고, 제3자의 관점에서 읽기도 하며 자료 속에 의미하는 바를 찾으려는 노력을 해야 한다.

③ 3단계: 코딩하기

Creswell(2020)은 이 단계에서 줄여가는 코딩(lean coding)을 실시하며 대략 20~30개가 넘지 않은 수의 코드를 부여한다. 중요한 것은 방대한 자료를 모두 사용하는 것이 아니라 적절한 자료를 걸러내는 작업이 필요하다. 가장 좋은 코드는 '참여자가 직접 말했거나 관찰 과정에서 직접 들은 단어들'로서 이를 in vivo codes라고 부른다. 코드를 부여할 때는 연구자가 문헌자료를 통해서 기대했던 코드뿐만 아니라 예상하지 못한 코드들(새롭게 의미가 부여된 코드들)도 주목할 필요가 있다. 가령 연구자들이 노인 연구참여자를 대상으로 노화과정을 연구한 결과를 분석하는 과정에서 노인 참여자들에게 예상하지 못했던 코드들이 나온 적이 있다. 예컨대 노화과정에서 노인 참여자들에게 '일'이 주는 의미가 굉장히 다양한 관점에서 반복적으로 도출되었는데 이러한 예상하지 못한 코드가 나올 경우 연구자는 지나칠 것이 아니라 깊이 주목하고 의미를 찾아내는 것이 필요하다.

④ 4단계: 모든 코드를 적기

다음으로 종이 혹은 워드나 한글 파일에 코드의 목록을 적어나간다. 연구자들은 보통 엑셀파일을 많이 활용한다. 엑셀은 쉽게 복사, 붙여넣기가 가능하기에 인터뷰 전사내용과 번호 붙이기, 코드 생성 등을 쉽게 작성할 수 있다. 또한 여러 가지 시트(sheet)을 생성하여 인터뷰 대상자(참여자 1, 참여자 2…)별로 인터뷰 기록을 정리하고 '코드'라는 이름의 시트를 생성하여 쉽게 자료를 제작,

보관하는 방법을 추천한다.

⑤ 5단계: 코드를 그룹으로 묶기

모든 관찰내용에서 나온 전체 코드목록을 살펴본 뒤 불필요하거나 중복되는 내용을 제거하기 위해 코드들을 그룹으로 묶는다. 코드 그룹이 형상되면 이것은 곧 테마가 된다. Creswell(2020)은 실내 암벽등반을 통해서 관찰한 현장노트를 기반으로 다음과 같은 테마와 여러 종류의 코드를 도출하였다.

<표 6-6> 테마로 정리된 여러 가지 종류의 코드들

배울 것이라 기대한 것	새로 알게 된 놀라운 것	특이한/일반적이지 않은 것
암벽에 대한 물리적 묘사 암벽을 오르는 과정	신뢰/팀워크 동기부여	개별 등반가의 이야기들

* 출처: 크레스웰, 존. (Creswell, John W). 한유리 역. (2017). 질적 연구의 30가지 노하우. 서울: 박영스토리. p. 220.

⑥ 6단계: 테마 글쓰기

테마로 글을 쓰는데 테마의 증거가 되는 코드들, 상황에 대한 현실적 묘사를 보여주는 구체적인 인용문들, 다양한 자료원과 사람들의 이야기가 포함된다. 이 부분은 질적연구 결과에 해당하는 부분이다. 연구 결과에 코드, 테마가 포함된 도표와 함께 각 테마별로 의미하는 바를 다양한 인용문구를 포함하여 글을 쓰는 작업을 실시한다.

⑦ 7단계: 테마들의 개념도 만들기

테마들이 상호연결 되어서 현상에 대한 전체적인 이야기를 만들어 가는지 고려해야 한다. 개념도를 만들도 테마를 논리적 흐름에 맞게 배치한 후 결과로 보고한다. 보통 개념도는 연구 결과의 마지막 부분에 삽입된다. 연구의 결과를 한 눈에 살펴볼 수 있기 때문이다. 다음 [그림 6-5]와

[그림 6-6]은 근거이론을 활용하여 분석한 두 편의 연구물을 중심으로 개념도를 제시한 것이다.

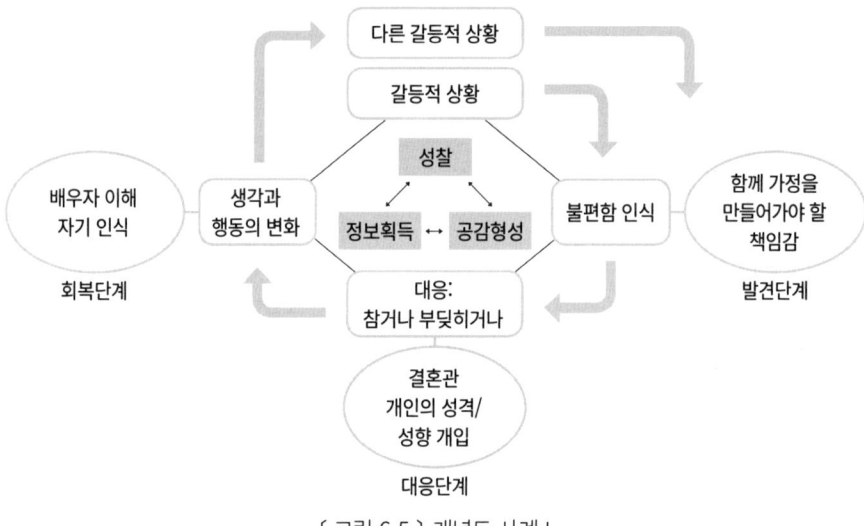

[그림 6-5] 개념도 사례 I

* 출처: 유기웅, 정종원, 김영석, 김한별. (2021). 질적연구방법의 이해(2판). 서울: 박영스토리. p. 100.

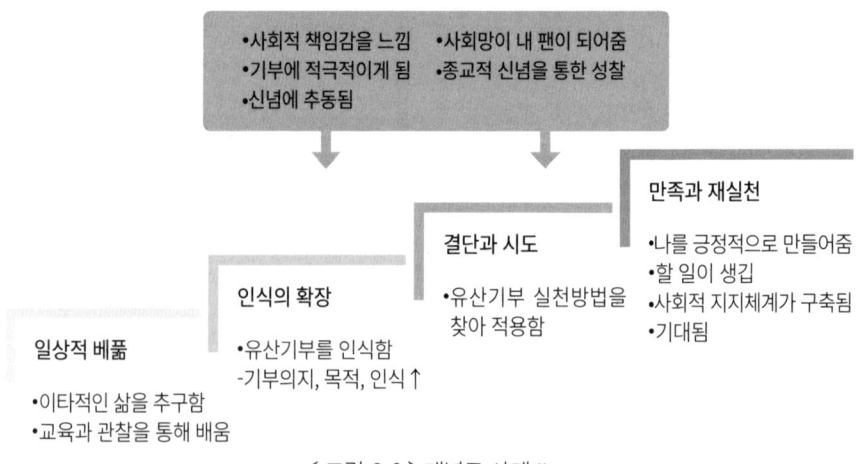

[그림 6-6] 개념도 사례 II

* 출처: 이준우, 이현아. (2010). 유산기부자의 기부결정과정에 관한 질적연구. 사회과학연구, 49(2), p. 305.

⑧ 8단계: 내러티브 이야기 구성하기

결과보고를 위해 전반적인 스토리라인을 개발한다. 개념도는 이야기에서 테마의 순서를 정리하는데 도움이 된다. 개념도를 기반으로 테마들이 서로 묶여 논문의 결론이나 결과의 마지막 부분에 기술된다. 다음 <표 6-7>에 소개된 내러티브는 유산기부자들이 기부를 결정하게 된 과정을 근거이론으로 연구한 결과에 해당하는 스토리라인이다.

<표 6-7> 내러티브 구성 사례

주변인의 베풂 모습을 경험한 참여자들은 그들 스스로도 베풂이 익숙해지게 된다. 참여자들에게 이러한 익숙함은 '남이 배불러야 내가 기분 좋고, 배고픈 자를 그냥 돌려보내지 않는 삶'으로 표현된다. 20대와 30대는 좋은 시절이 아니었다. 홀로 갈 곳이 없었던 형편에서 누군가의 도움으로 굴곡진 인생을 살아온 참여자들은 늘 마음속에서 '받은 도움을 보답하고 말겠다는 막연한 생각'이 자리 잡게 된다. 빚진 마음은 참여자들의 인생에서 누군가를 도와줌으로써 조금씩 해소하게 된다. 소소하게 시작된 기부행위는 점차 참여자들의 몸에 밸 정도로 습관화 되어버리게 된다. 그리고 인생을 정리하는 노년기에 유산기부를 인식하게 된다. 늘 나에게 도움을 주는 지인들과 다양한 지역사회서비스는 기부를 실천하는 데 중요한 매개체가 되어 주었고, 내 삶을 지탱해 주는 신앙과 신념 또한 중요하게 작용한다. 유산기부를 실천하기 위해 내가 아는 선에서 도움을 요청하고 결국 유산을 사회에 기부하게 된다. 유산기부사실이 매스컴을 통해 알려지고 난 후, 약간의 부끄러움과 숨김의 마음이 엄습해 온다. 그리 많지도 않은 유산을 유산기부라고 말하는 것도 우습고 한편으로는 부끄러운 마음이 앞섰기 때문이다. 하지만 자원봉사자, 동네 주민, 기부처의 관심과 지지 속에서 자신의 기부사실을 긍정적으로 인정하게 된다. 주변 사람들에게 유산기부를 홍보하고 실천을 유도하게끔 움직이는 리더자의 사명을 발견하게 되고, 또 다른 할 일을 생각하게 된다. 결국 유산기부는 내 삶을 정리하는 과정에서 생겨난 또 하나의 희망이자 삶의 목적을 발견한 매개체로 나타난다.

* 출처: 이준우, 이현아 (2010). 유산기부자의 기부결정과정에 관한 질적연구. 사회과학연구, 49(2), pp. 304-305.

2) 질적연구의 타당성과 신뢰성

양적연구에서는 조사결과의 타당도와 신뢰도를 측정하게 된다. 이는 대개 수치로 검증이 가능한 반면 질적연구는 연구자가 타당성과 신뢰성을 측정하는 데 혼란을 겪을 수 있다. 예컨대 연구자는 '이 연구의 결과가 과연 믿을 만하고 타당한 것인가?', '혹 이 연구목적과는 다르게 부정확한 연구를 하고 있는 것은 아닐까?', '이 연구결과를 내놓았을 때 주위로부터 결과의 신빙성에 대해 공격받지는 않을까?' 등의 질문을 가질 수 있다(유기웅 외, 2021).

(1) 질적연구의 타당성

Lincoln과 Guba(링컨과 구바)는 양적연구에서 타당도에 상응하는 개념으로 질적연구에서 신빙성(credibility)이라는 대체 용어 및 개념을 제안하였다. 양적연구에서의 내적 타당도(연구자가 얼마나 충실하게 측정하고자 혹은 알아내고자 하는 정도)가 질적연구의 맥락에서는 신빙성과도 상응하는 개념으로 연구가 수행되고 있는 사회적 맥락에서 연구자와 연구참여자들이 연구결과물의 진실성을 인정하면 그 연구의 신빙성이 존재한다는 것을 의미하며, 이는 곧 연구에서 내적 타당도가 높다는 것을 의미한다고 보았다. Patton(2002)은 질적연구의 신빙성을 판단하는 주요 근거로 다음을 제시하였다(유기웅 외, 2021).

① 진실성 및 진정성
② 타당한 데이터
③ 현장조사의 엄격성
④ 자료수집 및 연구자의 다각화
⑤ 이론에의 기여
⑥ 연구결과와 실제 현실과의 상응정도
⑦ 분석에서의 신뢰성

질적연구의 타당도를 위협하는 요소에 대처하는 전략에 대해 조셉 맥스웰(Joseph Maxwell, 2009)의 주장을 살펴보면 다음과 같다(인/ 박지연, 이숙향, 김남희 역, 2013 재인용).

① 장기간에 걸쳐 놓은 높은 강도로 현장에 참여하기: 여러 번의 관찰과 면담 기회를 포함하여 현장 상황에 대한 완전하고 깊이 있는 이해를 이끌어 내기
② 풍부한 자료: 세부적이고 다양한 자료를 수집함으로써 현장 관찰과 면담을 충분하게 실행하기
③ 참여자의 타당도 확인하기: 연구참여자가 자기보고한 행동과 관점에 대한 해석상의 오류를 줄이기 위해 연구참여자로부터 피드백 받기
④ 모순된 증거와 부정적 사례 찾기: 상반되거나 경쟁적인 설명을 시험해 보기
⑤ 삼각검증[13]: 여러 자료원으로부터 수렴적 증거를 모으기
⑥ 준통계(quasi-statistics): 어떤 일이 '전형적이다' '드문 일이다' 또는 '널리 유행하고 있다'는 식으로 형용사를 사용하여 표현하는 대신 실제 수치를 사용하기
⑦ 비교: 여러 환경, 집단 또는 사건에 따른 연구결과를 명백하게 비교하기

링컨과 구바(Lincoln과 Guba)의 타당성 검증방법과 더불어 이정빈(2018)의 평가기준은 연구를 수행하면서 연구자가 유념해야 할 다양한 측면을 포괄적으로 다루고 있다.

✦ 13) 삼각검증(triangulation)이란 라디오 방송의 삼각측량에서 나온 은유다. 삼각검증은 기준선으로부터 두 개의 끝에 방향 안테나를 설치하여 각 안테나의 각도를 측정하여 가장 강력한 신호를 받아들이는 지점을 파악하여 더 정확한 신호를 확보한다는 것에서 나온 말이다. 이처럼 연구의 엄격성을 확보하기 위해 자료수집, 분석과 해석, 이론, 관찰, 연구방법에서 다양한 전략을 활용하는 것을 말한다. 덴진(1978)은 질적연구의 엄격성을 높일 수 있는 방법으로 이론의 다원화, 연구방법의 다원화, 관찰자 다원화, 자료수집의 다원화를 제시하였다(Lincoln & Guba, 1985: 305; 이정빈, 2018: 258-259).

<표 6-8> 평가기준

평가준거	타당성을 높이기 위한 방법
자료의 적절성	질적연구의 기본은 질 좋은 자료를 수집하는 것이다. 양의 적절함과 질의 적절함을 담아내는 다양한 방법을 활용해야 한다. - 단순히 연구참여자의 수가 많다고 좋은 자료를 의미하는 것은 아님. 좋은 정보를 가진 연구참여자를 선정하여 관찰과 면담, 현장노트, 인공물, 포커스 집단면담 등 다양한 방법을 활용하여 질 좋은 자료를 충분히 수집하는 것이 중요함. - 현장에 충분히 머물기 - 연구참여자와의 신뢰할 수 있는 관계 - 심층면담과 관찰
충분한 이해	연구참여자에 대한 충분한 이해는 가장 중요한 전제이다. 질적연구는 단순히 연구참여자의 경험을 듣고 아는 것이 아니라 연구참여자의 경험 속으로 들어가 그들의 삶과 경험의 의미를 고스란히 이해하고 드러내야 한다. - 필사한 자료를 반복해서 읽고 현장노트와 관찰사항을 비교하기 - 연구참여자의 삶(경험)을 상상하고 사유하기 - 동료 또는 유사한 경험을 한 사람이나 전문가에게 자문 구하기 - 연구참여자에게 확인하기 - 연구자의 자기성찰하기 - 자료 정리 및 보관하기 - 유사한 주제의 문학작품과 예술작품을 많이 접하고 사유하기
타당한 근거	연구의 전개, 즉 분석과 해석 및 논의가 나오게 된 바탕이 자료에 근거해야 한다. - 연구자의 해석 - 자료에 근거함 - 독자와 공명하기 - 연구참여자의 위치부여 - 신뢰성 검토
짜임새 있는 구성과 글쓰기	연구의 목적, 연구의 방법, 연구참여자의 삶과 경험의 의미를 서로 유기적으로 간결하고 짜임새 있게 구성한다. - 문장 한 줄 한 줄에 정성을 다해 연구참여자의 삶(경험)을 구성하기 - 연구자는 글을 계속 다듬으며 완성도를 높이기

* 출처: 이정빈. (2018). 질적 연구방법과 상담심리학. 서울: 학지사. pp. 271-274.

(2) 질적연구의 신뢰성

질적연구에서 신뢰성을 높일 수 있는 전략을 살펴보면 다음과 같다(유기웅 외, 2021).

① 삼각검증법: 앞에서도 언급했던 것처럼 다수의 자료, 다수의 방법, 다수의 조사자, 다수의 이론 등을 활용하여 연구의 신뢰성을 향상시키는 방법이다. 예를 들어 다수의 연구참여자를 이용한다든지, 어느 특정 연구자의 편견이나 지나친 주관성을 배제하기 위해 다수의 연구자 혹은 조사자를 연구 과정에 참여시킴으로써 신뢰성을 높일 수 있다.

② 연구자의 견해: 연구자는 연구를 수행함에 있어 연구의 전제, 관점, 이론, 정보제공자에 대한 설명, 자료에 있어서의 사회적 맥락 등에 대한 정보를 충분히 제공함으로써 연구의 신뢰성을 높일 수 있다.

③ 감사 추적(audit trail)기법: 연구자가 전체 연구의 수행과정을 문서의 형태로 상세히 기록하여 제3자가 그 기록을 통해 연구자의 행적을 추적하여 연구결과물이 도출된 경위와 그 근거의 전후 관계를 명확히 파악할 수 있도록 함으로써 연구 과정의 엄격함과 진정성을 밝히는 방법이다.

4) 질적연구에서 연구 윤리

질적연구를 수행하기 전 기관생명윤리심사위원회(IRB: Institutional Review Board)의 승인을 받는 것이 중요하다. 이는 앞서 이미 여러 차례 강조하였다. 자신이 소속된 대학, 기관의 IRB 심사위원회로부터 연구 승인을 받아야 하며, 이 단계에서 연구자는 연구의 목적과 대상, 자료수집방법 등 자세한 연구내용이 담긴 연구제안서와 인터뷰 질문지 등의 부가 자료를 제출해야 한다.

이러한 규정상의 연구 윤리 기준을 따르는 것 외에 연구자는 자료수집을 시작하면서 다양한 윤리적 상황에 노출될 수 있다. 또한 학위논문을 작성하고 나서 신생학자로 연구활동을 수행하면서 나타날 수 있는 다양한 연구 윤리문제를 경험할 수 있다. 크레스웰(Creswell, 2020)이 제시한 질적

연구에서의 윤리적 이슈들과 '어떻게 이 문제를 다루는가'에 대한 내용을 다음 <표 6-9>로 제시한다.

<표 6-9> 질적연구에서의 윤리적 이슈들

윤리적 문제가 발생한 시점	윤리적 이슈의 종류	어떻게 이 문제를 다루는가
연구를 시작하기 전	- 학계의 기준을 고수하기 - 대학 내 기관윤리위원회(IRB)의 승인 받기 - 연구장소와 참여자의 허가받기 - 연구결과의 기득권을 주장하지 않을 연구장소 선정하기 - 출판 저작권 타협하기	- 자신이 속한 학계의 윤리기준에 익숙해지기 - 기관윤리위원회(IRB)의 연구제안서 제출하기 - 현지 승인을 받기, 문지기나 도움을 줄 핵심 인물 찾기 - 연구자와 권력문제를 발생시키지 않을 장소 선정하기
연구의 시작단계	- 참여자에게 도움이 되는 연구문제 찾기 - 연구의 목적 밝히기 - 참여자가 동의서에 서명하도록 압력을 가하지 않기 - 토착민 사회의 규율과 권리헌장 존중하기 - 취약한 대상의 요구에 민감하게 대응하기 (예, 아동)	- 요구분석을 하거나 참여자의 요구를 알기 위한 비공식 대화하기 - 참여자를 만나서 연구의 일반적 목적에 대해 알리기 - 참여자가 동의서에 서명하지 않아도 된다는 것을 알리기 - 존중되어야 하는 문화적, 종교적, 성별 그 밖의 차이점을 알아보기 - 적절한 동의서 받기 (예, 아동 뿐만 아니라 부모의 동의)
자료수집	- 연구 현장을 존중하고 방해를 최소화하기 - 잠재적인 권력 불균형을 인지하고, 참여자를 부당하게 이용하지 않기 (예, 인터뷰나 관찰) - 자료수집 후 현장을 떠나 버리는 식의 참여자 '이용'을 피하기 - 유해한 정보수집을 피하기	- 신뢰를 쌓으며 허가를 얻을 때 예상되는 방해의 범위 전달하기 - 연구의 목적 및 자료가 어떻게 쓰일지에 대해 논의하기 - 유도질문 피하기, 개인적인 느낌의 공유를 보류하기, 민감한 정보의 발설을 피하기, 참여자를 협력자로 대하기 - 참여자에게 보상을 제공하기 - 프로토콜에 있는 질문하기

윤리적 문제가 발생한 시점	윤리적 이슈의 종류	어떻게 이 문제를 다루는가
자료분석	- 참여자 편드는 것 (현지화) 피하기 - 긍정적인 결과만 보고하는 것 피하기 - 참여자의 사생활과 익명성 존중하기	- 다양한 관점 보고하기 - 상반되는 결과도 보고하기 - 가명을 사용하기, 합성된 참여자 프로파일 만들기
자료의 보고와 관리	- 저작권, 증거, 자료, 결과, 결론을 변조하지 않기 - 표절하지 않기 - 참여자에게 해가 되는 정보의 발설 피하기 - 명확하고 직설적이며, 적절한 언어로 의사소통하기 - 원 자료와 다른 문서들 보관하기 - 연구자료가 누구의 것인지 명시하기	- 정직하게 보고하기 - 타인의 자료를 재표기하거나 인용할 때 APA(2010) 지침을 참고하기 - 개인의 신분이 드러나지 않도록 합성된 이야기를 사용하기 - 연구의 독자에게 적절한, 편견 없는 언어 사용하기 - 연구자료와 문서를 5년간 보관하기 - 연구자, 참여자, 지도교수에게 자료의 소유권 주기
연구결과 출판	- 자료를 다른 사람과 공유하기 - 자료를 이중으로, 또는 조금씩 나눠서 출판하지 않기 - 요구된다면, 윤리적 기준을 잘 따랐고 이해관계의 상충이 없다는 증거를 완벽히 하기	- 참여자와 이해관계에게 보고서 사본을 제공하기, 다른 연구자와 연구결과 공유하기, 웹사이트상으로 자료 배포 고려하기, 다른 언어로 출판하는 것 고려하기 - 동일한 자료를 한 번 이상 출판하지 않기 - 연구의 펀드를 제공한 기관 밝히기, 연구에서 누가 이익을 얻을지 밝히기

APA: Association Psychological Association (미국 심리학회)를 의미
* 출처: 크레스웰, 존. (Creswell, John W). 한유리 역. (2017). 질적 연구의 30가지 노하우. 서울: 박영스토리. pp. 68-69.

[제7장]

질적연구방법의 유형

1. 주요 질적연구방법

1) 근거이론 연구

근거이론을 사용하는 연구자는 과정, 행동 또는 상호작용을 설명하는 이론을 형성하는 데 관심이 있다. 구체적으로 연구자는 일반적인 설명이나 이론 또는 사람들이 어떻게 행동하거나 상호작용하는지를 알고자 한다. 예컨대 '위원회는 새로운 프로그램의 실행을 어떻게 결정하는가?'와 같은 질문을 제기하는 것이다. 근거이론 연구에 기초한 질적 설계는 전통적으로 사회과학과 행동과학의 영역으로 여겨져 온 이론의 성질에 대한 지식이 필요하다. 이론이란, 무엇이 일어났고, 사람들이 어떻게 행동하며 또는 사건들이 여러 상황에서 어떻게 전개되는지를 예측하는데 도움이 되는 설명을 말한다. 이론은 많은 상황에 일반화시킬 수 있으며 국지적인 이론, 가령 '한 학교의 위원회는 어떻게 새로운 프로그램을 실행하는가?'와 같은 것에서부터 넓은 이론까지, 즉 '새로운 프로그램의 실행은 어떻게 다른 상황에서 작동하는가?' 다시 말해 YMCA, 걸스카웃, 교회 주일학교, 초등학교 등과 같은 상황에서 어떻게 작동하는 지까지 다양하다.

또한 이론의 과정이 어떻게 전개되는지를 보고한다. 무엇이 먼저 일어나고, 다음에는 어떤 일이 일어나는지 등을 말한다. 과정이란 시간이 진행됨에 따라 차이를 알아볼 수 있는 단계들로 구성된다. 이러한 과정을 인터뷰나 메모의 증거를 가지고 입증한다. 인터뷰는 근거이론에서 자료수집의 전형적인 형태다. 인터뷰가 진행되는 동안 연구자는 이 과정이 어떻게 보이는지를 메모로 기록한다. 따라서 근거이론의 자료 수집은 현장에서 자료를 수집하고 과정에 대한 메모를 적고, 과정의 최종 그림을 그려나가는 순환적인 과정이다.

결과적으로 근거이론 방법은 이론을 발전시키게 된다. 과정 또는 행동이나 상호작용의 일반적인 설명으로 끝을 내린다. 연구자는 개방 코딩, 축 코딩, 선택 코딩 등을 포함한 분석적인 단계를 통해 이론을 만들어 간다. 이론은 과정을 글로 설명할 수도 있으나 주로 과정에 포함되는 주요 단계들을 강조한 도표나 도식의 형태로 표현한다. 도표와 함께 이론을 통해 제기되는 향후 검증이 요구되는 가설이나 연구 질문을 기술하기도 한다.

(1) 근거이론 용어의 이해

근거이론이란 용어는 영어 표기인 'Grounded Theory'를 우리말로 옮기는 과정에서 가장 보편적으로 사용되고 있다. 여기서 'Grounded'는 '~에 근거한' 또는 '~에 토대를 둔'을 뜻하는데, 여기서 근거하거나 토대를 둔 대상은 바로 자료의 속성을 말한다. 기존 양적연구들이 대상으로 삼고 있는 자료가 선행연구의 틀에 의해 수집된 자료의 속성을 갖는다면, 근거이론에서는 근거하거나 토대를 두고자 하는 자료가 연구과정을 통해 체계적으로 수집되고 분석된 새롭게 생성된 자료를 의미한다는 것이다.

그러면 근거이론 방법론이 지닌 Grounded Theory의 독특한 특성은 무엇인가? 근거이론은 실체적 속성의 자료를 근거로 또는 그러한 자료에 토대를 두고 이론을 개발하고자 한다는 점에서 다른 질적 연구방법론과 다르다. 바로 방법론의 목적이 다르다는 것이다. 즉, 근거이론 방법론은 이론 개발을 목적으로 한다. 이론 개발을 목적으로 하기 때문에 연구방법론의 다양성(spectrum)에서 본다면 양적연구와 가장 가까운 위치를 점할 수 있을 것이다. 물론 근거이론이 양적연구와 다른 점은 선행연구에 기반하지 않은 실체적 속성의 자료에 근거하거나, 토대를 두고 이론개발을 하려 한다는 점을 말할 수 있다.

근거이론의 의미를 보다 잘 전달하기 위하여 아래의 문장을 소개하고자 한다.

"자료로부터 나온 이론은 경험에 근거한 일련의 개념을 조합한 것이나, 완전히 추론을 통해 도출된 이론보다 더 현실을 닮는 경향이 있다. 근거이론은 자료에서 도출된 것이므로 직관력을 제공하며, 이해를 강화하고, 행동을 하는데 의미 있는 지침을 제공해 주는 경향이 있다."

(2) 근거이론의 태동과 발전

근거이론은 사회학자인 글레이저(Glaser, B.)와 스트라우스(Strauss, A.)에 의해 개발되었다(Strauss & Corbin, 1998). 글레이저와 스트라우스는 1967년 근거이론의 발견(Discovery of Grounded Theory)이라는 저서를 통해 근거이론을 최초로 소개하였다(MacDonald & Schreiber, 신경림.김미영 공역, 2003 재인용). 이후 근거이론은 주요한 질적연구방법으로 30여 년간 사회과학 이론 개발에 현저한 영향을 주면서 발전해 왔다.

근거이론이 최초로 고안되던 당시 시카고 대학에 있었던 스트라우스는 상징적 상호작용주의의 영향을 받았다. 그래서 그는 역할과 문제상황과의 대응성, 행위 이면에 존재하는 의미성 그리고 이러한 의미는 상호작용에 의해 정의되고 재정의 되는 과정을 통해 규정된다는 사실, 사건 전개의 본질로서의 과정, 구조(조건)와 과정(행위) 및 결과 간의 상호관계에 대한 인식 등 근거이론 방법론을 이루는 많은 하위요소들을 통합시켰다. 한편 글레이저는 이론 개발과 경험적 연구를 강조하는 콜롬비아 대학에 있으면서 양적연구의 창시자인 라자스펠드(Paul Lazarsfeld)의 영향을 받게 된다. 이러한 두 학풍의 결합으로 근거이론은 행동과학연구에 있어 현상을 파악하기 위해 상징적 상호작용론을 구성하는 상호작용에 의한 역할규정과 상황적 맥락의 중요성 등을 주요한 개념으로 사용한다(Strauss & Corbin, 1998).

근거이론이 글레이저와 스트라우스 두 학자의 학문적 통합으로 세상에 나오게 되었으나, 이 두 학풍은 수많은 논쟁과 긴장을 초래하면서 근거이론의 두 전통으로 발전하게 된다.

(3) 근거이론 방법론

근거이론의 여러 학풍과 학자들이 있으나 스트라우스 학파의 근거이론 방법론을 이 책에서는 주로 다루고자 한다. 스트라우스학파에 의하면 근거이론을 연구방법으로 사용하기 위해서는 연구주제 탐색하기, 연구질문 정하기, 현장 들어가기 및 자료수집하기, 해석하기 및 분석하기, 이론 개발하기 등의 순으로 연구 절차가 진행됨을 숙지해야 한다.

① 연구주제 탐색하기

모든 연구는 연구주제를 탐색하는 것으로부터 시작된다. 근거이론 연구에서 연구주제를 탐색한다는 것은 모든 질적연구가 그렇듯이 다차원적인 내용에 대한 검토를 통해 가능해 진다. 근거이론 연구의 연구주제 탐색하기는 문헌고찰로부터 시작된다. 많은 이들이 근거이론 연구가 질적연구이기 때문에 문헌고찰을 하지 않는 것으로 잘못 이해하고 있는데, 그렇지 않다. 자신의 연구분야에 대해서는 누구보다 전문적이어야 하는 게 근거이론 연구의 시작이다. 왜냐하면 근거이론 연구는 귀납적 연구이기 때문에 기존 연구의 결과를 배제해야 한다. 근거이론에서 배제라는 것은 창조성과 자유가 허용된 특성을 가져야 함을 의미하며 글레이저(1998)는 이를 '판단중지'라 표현했다. 즉, 배제한다는 것은 모르는 것이 아니라 그 연구결과에 기반해서는 안 된다는 것을 뜻하며, 어떤 의미로는 그 연구결과를 넘어서는 연구를 진행한다는 의미이기도 하다. 우선 문헌고찰을 하고 방법론의 적합성 검토와 연구자의 프롤로그(prologue) 그리고 자료수집 가능성 검토까지를 포함해야 한다.

연구주제를 탐색하는 또 하나의 작업으로 연구주제와 근거이론 방법론과의 적합성을 검토해야 한다. 이를 위한 기준은 근거이론이 배경으로 하고 있는 상징적 상호작용론에 바탕을 두어야 한다. 즉, 연구하고자 하는 주제가 상호작용에 의한 결과적 현상인지, 또 역으로는 그러한 상호작용의 과정은 어떠했는지 등을 보고자 할 때 근거이론 연구가 진행될 것이다.

이어 연구주제를 탐색하는 작업으로 연구도구로서 연구자의 조건을 다루고 있으며, 자료수집 가능성에 대해 검토하는 작업을 중요시한다.

② 연구질문 정하기

근거이론의 주 목적은 이론을 개발하는 것이기 때문에, 이를 위해서는 현상을 깊이 탐색하기 위해 필요한 유연성과 자유를 제공할 수 있는 방식으로 질문을 구성해야 한다. 글레이저가 지적했듯이 근거이론을 통해 대답할 수 있는 연구질문은 '여기에서 무엇이 일어나고 있는가?' 하는 것이다 (Morse/ 신경림, 김미영 역, 2003 재인용).

이러한 원칙의 연구질문을 구성하기 위해서는 현장인터뷰를 미리 진행해 보는 것도 좋은 방법이다. 연구자가 정한 연구질문이 과연 현상을 드러내도록 구성되어 있는지, 너무 구체적이지는 않는지, 연구주제에 대한 융통성은 확보되었는지, 과연 이 질문을 어디서 관찰할 것인지 등을 검토해 봄으로써 연구질문이 적절한지를 판단할 수 있을 것이다.

③ 현장 들어가기 및 자료수집하기

현장에 들어가기 위해서는 민감성을 확보하고 자료를 수집하여야 한다. 민감성을 확보한다는 것은 언어주제와 언어에서의 민감성을 확보하는 것을 말한다. 이는 통찰력을 가지고 의미를 부여할 수 있는 것을 의미한다. 통찰력은 문헌으로부터 그리고 직업적 경험으로부터 얻을 수 있다. 보다 구체적인 방법으로 첫째, 자신이 보고 있다고 생각하는 것을 속성이나 차원 수준에서 실제로 보는 것과 항상 비교함으로써 가능해진다. 둘째, 중요한 것은 연구자의 인식이나 관점이 아니라 연구참여자가 어떻게 사건을 보는가에 따라 가능해진다.

참여자의 경험에 초점을 둔 자료는 다양한 출처로부터 수집할 수 있다. 인터뷰나 관찰 또는 참여자의 경험을 엿볼 수 있는 다양한 기록지 등을 활용할 수 있다. 그럼 과연 어떤 참여자의 경험을 연구할 것인가? 근거이론 연구에서 자료수집의 절차는 곧 연구참여자 선정의 문제와 직결된다. 이를 통상적으로 연구참여자 선정 또는 표집(sampling)이라 하는데, 연구참여자에 대한 표집에서 근거이론 방법론만이 지니는 독특한 방식이 바로 이론적 표집(theoretical sampling) 절차를 거친다는 것이다.

이론적 표집이란 발전하는 이론에서부터 도출되고 '비교하기'의 개념에 기초한 자료를 수집하는 것이다. 그 목적은 개념 간의 변동을 발견하고, 속성과 차원에 따라 범주의 밀도를 더할 수 있는 기회를 최대화할 수 있는 장소, 사람, 사건을 찾아 표본을 추출하는 것이다. 이론적 표집절차는 기본적인 코딩절차, 즉 개방코딩, 축코딩, 선택코딩 등의 유형논리와 목적에 따라 이루어진다.

④ 해석하기 및 분석하기

❶ 자료해석을 위한 미시분석

미시분석은 줄단위 분석이라고도 한다. 이는 연구초기에 반드시 필요한 작업이며, 최초 범주를 생성하고 범주 간의 관계를 제시하기 위하여 필요하다. 미시분석을 통해 자료 안에 얼마나 많은 것이 응축되어 있는지를 알 수 있다. 새 자료가 이해가 잘 안 될 때, 오래된 자료를 다시 볼 때, 분석이 적절하게 되었다고 느꼈을 때, 파헤친 부분 외에 무엇인가 더 있다고 생각될 때, 새로운 범주가 출현하거나 오래된 범주가 그다지 잘 발달되지 않았다고 느껴질 때 등등 적절한 시점에 미시분석을 하여야 한다.

❷ 개방코딩(open coding)

개방코딩은 개념을 밝히고 그 속성과 차원을 자료 안에서 발견해 나가는 분석과정이다. 이 과정은 자료 내의 개념으로 제시되는 중심생각인 현상(phenomena)에 대한 이해와, 이론을 짓는 데 사용되는 기본단위로서의 개념(concepts) 그리고 현상을 대표하는 범주(categories)를 발견하고 창출하는 과정이다. 발견된 범주에 대해서는 속성과 차원에 대한 작업을 진행한다. 속성이란 범주의 특징으로서 범주를 정의하고 의미에 대해서 부여하는 서술이며, 차원이란 범주의 일반적 속성의 변화범위라고 할 수 있다.

<표 7-1> 개방코딩 예시(유산기부결정과정에 관한 연구)

개념	하위범주	범주	구분
남에게 주는 것을 더 좋아함 어렸을 적부터 베풂이 습관화됨 베풂이 천성임	베풂을 선호함	이타적인 삶을 추구함	인 과 적 조 건
검소한 삶을 실천함 근검절약을 생활신조로 삼음 나 스스로 욕심이 없음	욕심이 없음		
지인을 도와줌 서비스이용당사자들에게 장학금을 지급함 사회적 약자를 가족처럼 돌봄 자신보다 약한 사람을 배려함	남모르게 도움		
나눔복지선교를 받음 나눔모습을 경험함	부모님께 나눔복지선교를 받고 직접 경험함	복지선교와 관찰을 통해 배움	
주변인의 나눔소식을 접함 외국기부에 대한 선진문화를 경험함	주변인의 나눔모습을 경험함		

* 출처: 이준우, 이현아. (2010). 유산기부자의 기부결정과정에 관한 질적연구. 사회과학연구, 49(2), pp. 289-291.

❸ 축코딩(axial coding)

축코딩이란 범주를 하위범주와 연결시키는 과정이다. 축이라고 불리는 이유는 코딩이 한 범주의 축을 중심으로 일어나며 속성과 차원의 수준에서 범주들을 연결시키기 때문이다. 축코딩 단계에서는 패러다임(paradigm)을 구성하고, 구조(structure)를 만들며, 과정(process)을 발견한다. 패러다임은 축코딩을 할 때 '왜, 어떻게, 어디서, 언제, 어떤 결과로'와 같은 6하 원칙에 대한 질문을 통해 파악할 수 있다.

스트라우스(Strauss)와 코빈(Corbin)이 제시한 범주간 관계를 설명하는 패러다임 모형은 무엇이 진행되고 있는지를 설명하는 현상을 중심으로 어떤 현상이 발생하거나 발전하도록 이끄는 사건이나 일을 지칭하는 인과적 조건, 현상에 영향을 미치는 상황이나 특수한 조건으로 작용/상호작용 전략을 조절하거나 수행하는 구체적 조건인 맥락적 조건, 현상에 속하는 광범위한 구조적 상황으로 작용/상호작용 전략을 조장하는 중재적 조건, 현상을 다루고 조절하며 반응하는 작용/상호작용 전략 그리고 결과로 구성된다(Strauss & Corbin, 1998).

❹ 선택코딩(selective coding)

선택코딩은 핵심범주를 밝히고 이 핵심범주를 중심으로 다른 모든 범주를 통합시키고 정교화하는 과정이다(Strauss & Corbin, 1998). 선택코딩과정에서 핵심범주를 다른 범주에 체계적으로 연관시키고 그것들의 관련성을 확인하여 범주를 기술하기 위해 서술한 문장을 적는 이야기 윤곽 과정, 핵심범주와 각 범주간의 가설적 관계유형을 정형화 하는 과정 그리고 이를 근거자료와 지속적으로 비교해 각 범주간에 반복적으로 나타난 관계를 유형화하는 과정이 포함된다.

❺ 과정을 위한 코딩

과정이란 발전하는 작용/상호작용의 순차적 진행 및 구조적 조건의 변화로 그 기원을 찾아 올라갈 수 있는 변화를 말한다. 과정을 분석하는 것은 이론구축에 대한 근거이론 연구의 본질적 부분이라 해도 과언이 아닐 것이다. 과정을 위해 자료분석하는 것은 속성과 차원 그리고 개념 간의 관계코딩과 동시에 일어나며, 목적을 가지고 작용/상호작용을 살펴보고 그 움직임과 순서와 변화 및 맥락이나 상황의 변화에 대해 그것이 발전하는 것을 주시하는 것이다.

❻ 조건/결과 매트릭스

매트릭스 분석을 통해 조건과 결과라는 차원으로 앞서 분석된 범주들을 재배치하고 이때 조건과 결과는 언제나 상황 속에서 통합되어 있어야 한다. 조건과 결과는 시간에 따라 발전하고 변화해야 하며, 작용/상호작용과의 연결을 통해 추적되어야 한다.

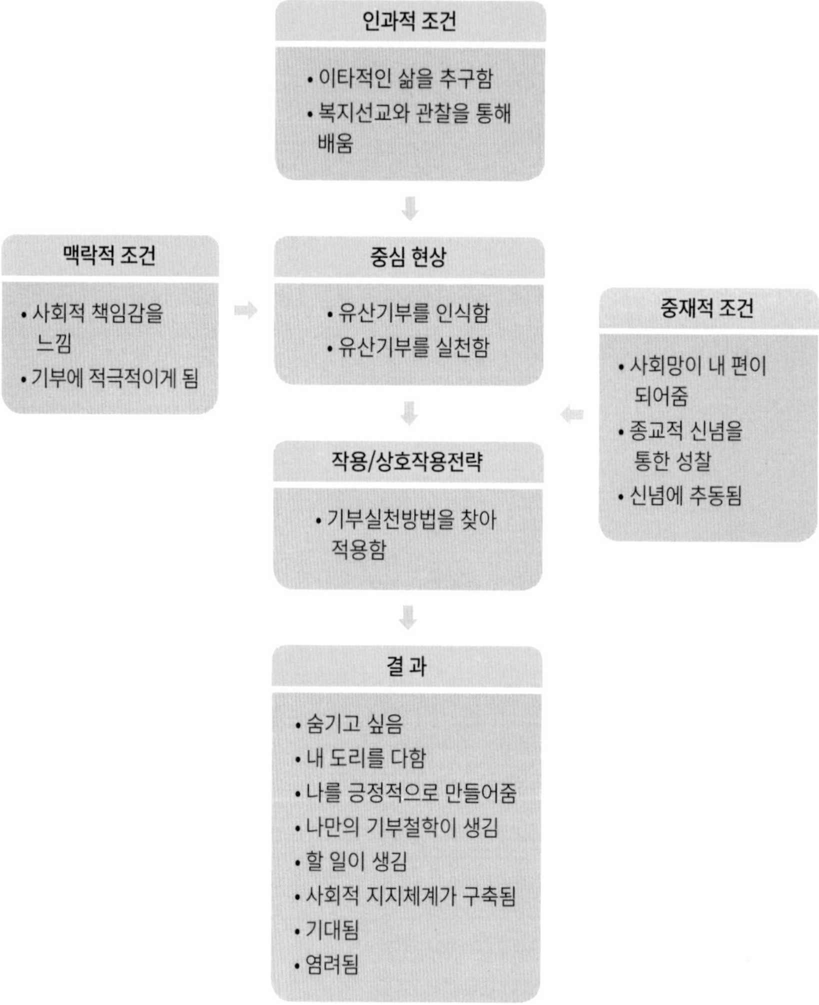

인과적 조건
- 이타적인 삶을 추구함
- 복지선교와 관찰을 통해 배움

맥락적 조건
- 사회적 책임감을 느낌
- 기부에 적극적이게 됨

중심 현상
- 유산기부를 인식함
- 유산기부를 실천함

중재적 조건
- 사회망이 내 편이 되어줌
- 종교적 신념을 통한 성찰
- 신념에 추동됨

작용/상호작용전략
- 기부실천방법을 찾아 적용함

결과
- 숨기고 싶음
- 내 도리를 다함
- 나를 긍정적으로 만들어줌
- 나만의 기부철학이 생김
- 할 일이 생김
- 사회적 지지체계가 구축됨
- 기대됨
- 염려됨

〔그림 7-1〕 축코딩의 예시(유산기부 결정과정에 대한 패러다임 모형)

* 출처: 이준우, 이현아. (2010). 유산기부자의 기부결정과정에 관한 질적연구. 사회과학연구, 49(2), p. 292.

❺ **과정을 위한 코딩**

과정이란 발전하는 작용/상호작용의 순차적 진행 및 구조적 조건의 변화로 그 기원을 찾아 올라갈 수 있는 변화를 말한다. 과정을 분석하는 것은 이론 구축에 대한 근거이론 연구의 본질적 부분이라 해도 과언이 아닐 것이다. 과정을 위해 자료분석하는 것은 속성과 차원 그리고 개념 간의 관계코딩과 동시에 일어나며, 목적을 가지고 작용/상호작용을 살펴보고 그 움직임과 순서와 변화 및 맥락이나 상황의 변화에 대해 그것이 발전하는 것을 주시하는 것이다.

❻ **조건/결과 매트릭스**

매트릭스 분석을 통해 조건과 결과라는 차원으로 앞서 분석된 범주들을 재배치하고 이때 조건과 결과는 언제나 상황 속에서 통합되어 있어야 한다. 조건과 결과는 시간에 따라 발전하고 변화해야 하며, 작용/상호작용과의 연결을 통해 추적되어야 한다.

2) 문화기술지(=민족지학, 민속지학) 연구

문화기술지 연구는 기본적으로 문화적인 집단이 오랜 기간 함께 상호작용하면서 형성해온 행동이나 말하기 그리고 태도의 패턴을 기술하는 것이다. 연구자는 '문화적 공유 집단'을 찾은 후 이들에 대해 궁금한 것을 명확히 한다. 이들 집단은 어느 정도의 시간 동안 상호작용을 해 온, 아직 연구되지 않은 집단이다. 가령 '펑크 록 집단'을 생각해보자. 상호작용의 과정에서 이들은 서로 이야기하고, 행동하고, 의식을 행하고, 의상을 입고, 그 밖에 이들이 '문화'라고 부르는 공유된 방식을 만들어간다. 연구자는 예를 들어 이들의 대화와 같이 문화의 한 가지 양상을 자세히 관찰하거나 보다 넓게는 다양한 문화적 양상을 묘사하기도 한다. '문화적 공유 집단'은 체로키 부족에 속하는 미국 원주민과 같이 매우 규모가 클 수도 있고, 또는 20명으로 구성된 한 초등학교 교실과 같이 작을 수도 있다.

주로 인터뷰와 관찰을 통해서 이들의 신념, 생각, 행동, 언어, 의례 등을 기록한다. '문화적 공유 집단'의 관점에서 탐색된 문화적 테마를 구체화해 나간다. 당연히 이들의 문화를 이해하기 위해서 연구자는 연구 수행에 상당한 기간을 보낸다. 잘 된 문화기술지의 특징은 연구자가 '현장에서' 충분한 기간 머무는 데에 있다. 6개월이나 그보다 길어질 수도 있다. 그 이유는 행동이나 언어 등의 패턴은 서서히 형성되어 가며 연구자는 이러한 발전 과정을 집단 내부에서 확인해야 하기 때문이다.

그런데 목회와 선교 분야 현장연구 연구자가 연구대상이 되는 지역에서 장기간 체류하기 때문에 문화기술지 연구 수행이 가능할 경우가 빈번하다.

한편 문화기술지 연구수행에서는 문화적 공유집단이 어떻게 움직이는 지에 대한 세부적 묘사와 테마를 발전시킨다. 이러한 묘사는 집단 구성원이 인식하거나 의식적으로 성찰하지 못한 내용일 수 있다. 때로 '외부인'들은 모르는 것일 수도 있다. 예를 들어 특정 종교집단에 대한 문화기술지는 일반인들에게 익숙하지 않으며 또는 특정 종교집단 구성원이 의식적으로 생각하지 못한 것일 수도 있다. 때로 이러한 묘사는 '문화적 공유 집단'이 어떻게 작동하는지에 대한 '규칙들'의 형태로 기술될 수 있다.

그리고 조사전략으로서 문화기술지에서는 관찰과 참여에 다른 방법이 조합되어 사용되기도 한다. 문화지술지 연구를 수행하는 현장연구자는 장기간에 걸쳐서 공개적으로 혹은 은밀하게 사람들의 일상생활에 관여한다. 그 과정에서 문화기술지 연구자는 발생되는 상황을 보고, 이야기를 듣고, 질문을 한다. 말하자면, 자신이 관심 있는 주제를 밝히기 위해서는 입수되는 자료는 어떤 것이라도 수집한다(Hammersley & Atkinson, 1983).

(1) 문화기술지적 조사의 특징

앳킨슨과 해머슬리(Atkinson & Hammersley, 1998)와 히츨러와 호너(Hitzler&Honer, 1995), 뤼더스(Luders, 1995)에 의하면 문화기술지의 결정적인 특징은 다음과 같다.

첫째, 조사과정은 계획할 수 없다. 그리고 그 과정은 상황별로 다르고 우연적이며 개별적인 위험과 기회를 내포하고 있다.

둘째, 매 상황마다 조사자의 숙련된 활동이 점점 더 중요해진다.

셋째, 문화기술지는 상상할 수 있고 정당화될 수 있을 정도의 범위에서 수집된 자료의 다양한 선택을 포함하는 조사전략으로 바뀐다.

한편 문화기술지를 둘러싼 방법론적 논의의 초점은 자료수집과 해석방법보다 현장에서 얻은 조사결과를 어떻게 기록할 것인가의 문제에 집중된다. 그러나 현장에서 실제로 사용하는 방법적 전략은 현장에의 참여를 통한 관찰에 더 크게 기반하고 있다. 인터뷰와 문서의 분석에서 훨씬 도움이 되는 지식을 얻을 수 있을 가능성이 있을 때에는 참여적 조사 설계에 포함시켜서 사용한다.

- 어떤 사회적 현상에 관한 가설을 검증하는 것보다 그 성질을 찾는 것에 역점을 둔다.
- 주로 '구조화 되어 있지 않은' 자료를 다루는 경향이 있다.
- 소수의 사례에 대한 상세한 조사이다.
- 인간 행위의 의미와 기능에 관한 명시적인 해석을 포함한 자료분석이다. 그 성과는 오로지 언어에 의한 기술과 설명의 형식을 취하며, 수량화나 통계분석은 행해진다 해도 부차적인 기능을 하는데 지나지 않는다.

* 출처: Atkinson, P., & Hammersley, M. (1998). Ethnography and participant observation. In N. K. Denzin, & Y. S. Lincoln (Eds.). Strategies of qualitative inquiry (pp. 110-136). London: Sage.

(2) 실행상의 문제점

문화기술지 연구를 수행할 때, 연구자는 풍부한 미시적인 경험 자료를 활용한다. 문제는 연구자가 현장에서 수집 가능한 자료의 방대한 양에 의해 압도되는 어려움을 빈번하게 경험한다는 것이다. 아무리 빈틈없이 연구진행을 기획하고 이를 충실하게 이행하려는 연구자라도 현장에서 경험하는 모든 내용을 기록하고 분석해 낼 수는 없다. 그래서 연구자는 현실적으로 가능한 연구의 수준과 범위를 결정해야 한다.

히츨러와 호너(Hitzler & Honer, 1994)는 생활세계의 문화기술지 접근방법을 사용해서, 손수 만드는(DIY) 취미가 있는 사람, 국회의원, 보디빌더와 같은 다양한 소집단의 생활세계를 조사하였다. 그들의 조사에는 다음과 같은 특징이 있다. "이 조사에는 서류를 분석하고 특히 참여 관찰에 역점을 두는 방법을 사용했다. 내러티브를 만들어내기 위해 반구조화 인터뷰도 보완적으로 실시했다." 또한 자료수집에서 핵심이 되는 것은 특별한 '집중 인터뷰'를 개발하는 것이었다. 이로 인해 방법론적인 결정요인에 따른 체계적 개방성과 유연성 그리고 다수의 방법들은 선택과 집중에 의해 현실적으로 가능한 수준에서 결정되었다.

(3) 방법론상의 공헌

문화기술지는 두 가지 관점에서 특별하다. 하나는 관찰의 제시에 관해서 광범위한 논의를 촉발시켰으며(Berg & Fuchs, 1993; Clifford & Marcus, 1986), 이것은 질적연구 외의 영역에도 영향을 주었고, 앞으로도 그 영향은 계속될 것이다.

또 하나는 규칙성이 있는 특정 방법의 적용이라는 점에서 질적연구가 포스트모던에서 취하는 조사 자세로 전환되어 가는 데에 문화기술지가 가장 큰 영향을 미쳤다. 덧붙여 설명하면, 문화기술지는 발달심리학과 문화심리학에서도 재발견되어(Jessor et al., 1996), 이들 영역에서 질적연구에 대한 새로운 관심을 불러일으키는 계기가 되었다.

(4) 연구과정에 적용하기

문화기술지가 출발점으로 하는 이론적 입장은 사회적 현실과 그 형성을 기술하는 작업은 충분히 가능하다는 것이다. 문화기술지는 근본적으로 현상을 포착하고 행위자들 간의 사회적 관계와 이를 지탱하는 의미체계에 주목한다. 연구문제의 초점은 주로 자세하고 풍부한 사례 기술에 있다. 현장에의 참여는 단순히 기술적으로 해결해야 할 문제일 뿐만 아니라, 조사대상의 현장을 실증적·이론적으로 밝히는 데 매우 중요한 의미를 갖는다.

(5) 한계점

문화기술지에 관한 논의 중에서 현장의 참여 전략과 자료해석, 특히 글쓰기 작업 유형과 조사결과 제시에서 발생하는 출처(authorship) 및 권위(authority)의 문제 등에 비해 자료수집방법은 부차적인 것으로 취급된다. 이 접근방법은 피조사자에 대해서 유연하게 적용할 수 있지만, 방법론적인 자의성에 빠질 위험성도 있다. 경우에 따라 연구자의 직관과 논리의 조합이 왜곡될 수도 있다. 직관이 논리를, 논리가 직관을 제어하면서 상황이해를 서두르거나 데이터를 경솔하게 다루지 않도록 주의해야 한다.

3) 네트노그라피(Netnography)와 자문화기술지(Autoethnography)

(1) 네트노그라피

문화기술지 또는 민족지학(혹은 민속지학), 바로 '에스노그라피(ethnography)'를 활용하고 싶은데 장기간에 걸쳐 관찰할 연구현장을 확보하기 어려운 경우, 에스노그라피에서 파생된 '네트노그라피(Netnography)'를 생각해 볼 수 있다. 네트노그라피란 에스노그라피를 온라인상으로 옮겨놓은 연구방법이다. 즉, 네트노그라피는 'inter(net)'과 'ethnography'의 합성어로, 한마디로 '온라인을 기반으로 한 참여 관찰기법'이라고 할 수 있다. 네트노그라피는 기존 에스노그라피를 최근 발전하고 있는 컴퓨터 기반, 인터넷 기반 커뮤니케이션 등의 온라인 채널로 확장한 방법으로, 기존의 에스노그라피보다 빠르고, 간편하고 비용과 시간을 절약할 수 있으며, 시공간적 제약을 거의 받지 않는 효율적인 연구방법이다(이승훈 외, 2014: 19). 네트노그라피의 데이터를 수집할 수 있는 데이터 원천으로는 CMC(컴퓨터 매개 커뮤니케이션; Computer-Mediated Communications)가 있는데 여기에는 포럼, 메신저, 이메일, 채팅, 모바일 메신저 등의 소셜 미디어가 포함된다(Kozinets 2010, 이승훈 외, 2014: 20). 나아가 네트노그라피는 단순한 전통적인 문화기술지의 온라인 판이 아닌 뉴미디어를 활용한 새로운 연구방법론이라고 할 수 있다(정보통신정책연구원 2013; 이승훈 외, 2014: 20).

특히 네트노그라피의 가장 큰 강점은 연구 자료의 순수성이 보장된다는 점이다. 기존의 전통적인 질적연구방법인 심층인터뷰나 포커스 그룹 인터뷰는 연구자가 자료를 해석하고 분석하는 과정에서 주관적인 평가나 변형이 발생할 수 있다. 그러나 네트노그라피는 연구자가 주관적으로 질문을 이끌어 가거나 강제로 상황을 조정할 수 없다. 특히 연구자는 대화의 흐름 속에서 사용자들의 좋아요, 공유하기, 코멘트 등의 상징적 의미를 맥락적으로 이해하고 분석할 수 있다(Kozinets, 2015; 김가영 외, 2019: 273). 사실상 네트노그라피는 이미 존재하지만 기존의 환경 제약 등으로 주목하지 못했던 것을 효과적으로 설명할 수 있는 유망한 기법이어서 추후 연구방법론에 있어서 다각적인 유용성과 가치를 지닐 것이다.

(2) 자문화기술지

자문화기술지는 질적연구방법의 하나로 일종의 '자기 내러티브'의 한 형태를 사회과학적 연구에 적용한 것이다(Chang, 2008). 자문화기술지의 유형은 대체로 소수자(원주민) 문화기술지, 성찰적 문화기술지, 자서전적 문화기술지로 분류된다(Reed-Danahay, 1997). 소수자 문화기술지는 특정 집단의 내부자가 문화적 자기를 이야기하는 방식으로 소수 집단의 정체성이나 소수자와 다수자 사이의 권력관계를 밝히는데 유용하다. 성찰적 문화기술지는 연구과정에서 발생한 연구자의 자기 반성적인 성찰을 강조하는 유형이다. 자서전적 문화기술지는 개인적인 삶의 경험을 거시적인 사회 문화적 맥락과 연결시켜 그 의미를 분석하는 방식이다. 즉, 자문화기술지는 자서전과 같이 개인과 문화를 연결하는 다양한 수준의 의식을 나타내는 연구와 글이라 할 수 있다.

자문화기술지는 사실상 문화기술지의 맥락과 문화적 현상을 강조하는 측면을 계승한다. 당연히 글쓰기가 중요하다. 그럼에도 자문화기술지의 글쓰기 작업은 문화기술지 글쓰기 작업과 차이가 있다. 자문화기술지 글쓰기 작업은 그 자체가 저자의 이야기를 검토할 수 있는 하나의 탐구방법이며, 이를 통해 자신의 삶에서 가시화되지 않았거나 간과된 삶의 파편들에 주목하고, 자신의 정체성과 관련된 혼란스러운 퍼즐을 맞추는 글쓰기 작업을 통해서 자기치료의 효과를 얻을 수 있기 때문이다(Suominen, 2003). 자문화기술지에 적용되는 글쓰기 유형들로는 서술적-사실적 글쓰기, 고백적-감성적 글쓰기, 분석적-해석적, 상상적-독창적 글쓰기 등을 제시할 수 있다(이동성, 2012; Chang, 2013).

첫째, 서술적-사실적 글쓰기는 사실적인 것과 묘사는 함께할 수 없지만 사실적인 묘사에 초점을 두며, 저자의 개인적인 체험과 이야기를 있는 그대로 풍부하게 기술하는 방식이다.

둘째, 고백적-감성적 글쓰기는 독자에게 호소력을 불어 넣어 공감을 일으킬 수 있는 글쓰기 유형으로 연구주제와 관련된 저자의 감성적이고 정서적인 혼란, 딜레마, 고통, 좌절, 환희 등을 진솔하게 고백하는 글쓰기이다.

셋째, 분석적-해석적 글쓰기는 저자의 개인적인 경험과 이야기에 대하여 특정한 이론적인 것에 기초하여 분석과 해석을 시도함으로써, 사적인 이야기를 보다 거시적인 사회문화적 담론과 연결을 시도하는 글쓰기 방식이다). 즉 폭넓은 사회적 맥락 내에서 개인적 경험의 본질적인 부분들 간의 관련성을 부각시키는 것이라 할 수 있다.

넷째, 상상적-창조적 글쓰기는 전통적인 학술적 글쓰기에서 벗어나 시, 소설, 드라마 등 다양한 장르를 통해 전달된다. 이는 독창적인 가능성을 통해 읽는 이에게 상상력을 불어 넣을 수 있고 덜 구조화되고 금지된 형식으로 이야기를 표현할 수 있다.

물론 자문화기술지 글쓰기는 연구자의 연구목적과 주제에 따라서 글쓰기 방식을 혼합하거나 재구성하여 새로운 글쓰기 방식을 창조할 수 있다. 즉 서술적-사실적 글쓰기는 분석적-해석적 방식과 결합할 수 있고, 상상적-창조적 글쓰기 방식은 한 문장 내에서 고백적-감성적 글쓰기와 결합할 수 있는 것이다. 자문화기술지 글쓰기는 연구자의 경험과 연구의 과정을 하나의 결과로 나타내는 것으로, 연구자는 자신의 연구 유형과 연구 주제에 맞는 글쓰기를 선택함으로써 연구 주제에 대한 새로운 측면을 발견하고 연구자의 이야기를 검토할 수 있는 하나의 연구방법이라 할 수 있을 것이다.

4) 현상학적 연구

현상학적 연구는 하나의 개념이나 현상에 대한 여러 사람의 체험에서의 공통적 의미를 기술하는 데에 집중한다(크레스웰/조흥식 외 공역, 2021). 현상학적 연구는 탐구할 하나의 현상에 집중한다. 연구자는 구체적인 개념이나 현상을 정하는데, '외로움', '전문적 정체성 개발', 또는 '카리스마 있는 리더 되기' 등이 이런 개념들이 될 수 있다. 단 하나의 개념이 현상학적 연구의 중심이 된다. 그 현상을 경험한 사람들에게서 자료를 모은다. 반드시 이러한 현상을 경험한 사람들을 참여자로서 연구하는 것이 중요하다. 보통 3-15명의 개인이 대상이 된다. 현상학 연구를 위해 수집되는 자료의 형태는 다양한데, 일대일 인터뷰뿐만 아니라 관찰이나 시와 편지 같은 문서 자료, 그리고 음악이나 소리도 자료로써 수집될 수 있다. 찾아야 하는 것은 '어떻게 개인들이 현상을 경험하는가?'라는 질문에 대한 답이다. 그래서 현상학적 연구는 '무엇이 그 자체인가, 무엇이 어떻게 그 자체가 되는지'를 탐구한다.

그러니까 현상학적 연구를 통해 연구자는 개인들이 현상을 경험하는 맥락을 탐구한다. 어떻게 현상을 경험하는지에 대한 이해와 더불어서 연구자는 '개인들이 현상을 경험하는 것은 어떤 맥락에서인가?'라는 질문에도 관심을 가져야 한다. 맥락이란 특정 장소, 개인들, 대화, 직장, 또는 가정 등이 될 수 있다.

아울러 연구를 넓은 철학적 틀을 가지고 바라본다. 현상학은 개인들이 체험하는 경험은 주관적인 경험뿐만 아니라 다른 사람과 공유될 수 있는 객관적 경험을 포함한다는 핵심 사고를 기반으로 한다. 특히 연구자의 개인적 경험을 괄호로 묶고 잠시 멈춘다. 현상학적 연구를 활용하는 연구자들은 개인들이 경험하는 현상을 이해하기 위해서 어떻게 연구자 자신의 개인적 경험을 잠시 옆으로 놓아둘 것인지를 논의한다. 물론 자신의 경험을 완전히 차단하는 것은 불가능하겠지만, 연구자의 개인적인 경험을 따로 밝힘으로써 다른 사람들의 경험을 가장 잘 이해할 수 있도록 노력한다.

따라서 현상학적 연구는 끊임없이 경험의 본질을 찾는다. 본질이란 쉽게 말해서 현상에 대한 개인들의 경험에서 공통적인 부분을 말한다. 본질은 연구가 마무리 되어갈 무렵에 논의로써 보고

한다. 현상학적 연구를 사용하는 연구자들은 일련의 단계를 통해 본질에 접근하는데, 예를 들어 '인터뷰 전사' 내용에서 중요한 진술을 찾아내고, 이러한 진술문들을 합쳐서 의미 단위를 만들어 가고, 개인들이 어떤 맥락에서 무엇을 경험하는지에 대한 기술을 해 나간다. 마지막으로 현상학적 연구자들은 여러 개인이 어떻게 현상을 공통적으로 경험하는지, 즉 현상의 본질에 대한 자세한 기술을 한다.

(1) 현상학에 대한 이해

현상학은 의식으로 경험한 현상을 인과적으로 설명하려 하거나 어떠한 전제를 가정하지 않고, 직접 기술하고 연구하는 것을 제일의 목표로 삼는 20세기의 철학사조. 또한 현상학은 과거와 현재의 철학문제를 새롭게 조명하고, 과학이 너무 사적이고 주관적이라는 이유로 포기한 인간의 일상생활 세계의 역할을 재발견했다. 또한 인간 경험의 여러 층에 접근하는 길을 열었다는 점에서 과학과 삶에 더 깊은 토대를 제공했다고 볼 수 있다(브리태니커백과사전).

(2) 현상학과 목회 및 선교 연구

목회와 선교 분야에서의 현장연구를 현상학과 연결시킬 때 인간과 세계에 대해 확신해 왔던 태도나 관점들은 전복된다.

첫째, 현상학적 태도의 정수는 "어떤 것도 익숙하거나 이해된 것으로 취급하지 않으며, 미리 가정하지 않는다."(Crotty, 1998)는 구호에 잘 함축되어 있다. 현상학의 제일 구호인 '사상 자체에로'(Husserl, 1970)가 표방하듯이, '사물이나 현상 그 자체로 돌아가는' 자세다. 과학주의에 바탕을 둔 자연적 태도로 연구나 실천에 임하는 연구자나 실천가들은 어떤 사상을 들여다볼 때 그 사상 자체를 보기보다는 그것들의 축소된 변형물이나 과학적 이론에 의해 단편화된 것들을 보게 되기 쉽다. 이미 우리에게 익숙하고 이해된 것으로 취급한다. 또한 이렇게 많은 사상에 익숙하고 그 사상들을 이해하고 있다는 점이 전문성의 지표가 되기도 한다. 그러나 현상학에 기초한 질적

연구를 수행하는 목회자와 선교사는 어려움을 겪는 서비스이용당사자와 일할 때 어떤 현상들을 쉽게 분류해 버리거나 정의하는 것을 지양하고, 처음 대하는 것으로서 사물이나 상태를 주어진 원래의 모습 그대로 보려는 자세를 견지해야 한다. 그래서 현상학적 연구자는 반드시 그 현상을 직접 체험한 사람들과의 면담을 수행하여야 한다. 이는 그들이야말로 현상에 관한 직접적인 경험을 갖고 있는 매우 소중한 존재이기 때문이다.

둘째, 현상학적 연구는 사물이나 현상의 본질을 탐구한다기보다는 사물이나 현상의 경험의 본질을 탐구하는 것이다. 현상학에서 탐구하려는 본질은 대상이 '무엇'인지보다는 '어떻게'에 관련한다. 일반적으로 많은 임상연구에서 연구자들의 관심은 대개 당사자가 가진 '문제'에 있으며, 이 문제는 어떤 현상을 말한다. 그러나 '당사자의 문제를 측정할 수 없다면 문제는 존재하지 않는다.'는 극단적인 태도의 표명에서 알 수 있듯이, 이들 연구자들의 관심은 실증적 지식들로 밝혀지는 문제의 본질에 있고, 문제를 경험하는 당사자에게서 발견되는 본질에 있지 않다.

셋째, 현상학적 연구에서 '어떻게'를 알아본다는 것은 대상(객관)과 주체(주관)의 관계에서 어떤 일이 일어나고 있는가에 관심을 두는 것이며, 인과관계를 탐구하는 것이 아니다. 현상학적 태도는 당사자가 경험하고 있는 바로 그것에 초점을 두도록 한다. 연구자가 알아야 할 것은 현상의 본질이 아니며, '현상의 경험의 본질'이기 때문이다. 즉, 현상이 경험되는 바로 그 경험의 본질을 파악하는 것이다. 따라서 현상학적 연구는 인간 경험의 핵심으로써 의미 만들기에 초점을 둔다.

(3) 현상학적 분석

현상학적 연구의 핵심은 경험하는 주체에게 드러난 그대로 현상을 포착하는 것이다(Giorgi, 2004). 따라서 현상학적 분석의 관건은 드러난 그대로의 현상을 매개하는 언어나 텍스트 자료를 가지고 경험의 의미를 보존한 채 건져낼 수 있느냐의 여부일 것이다. 이를 위해서는 현상학적 연구에서는 연구자가 속한 학문 분야의 해석 안에서 분석과 숙달의 단계를 충실하게 지켜나갈 것을 엄격하게 요구한다.

자료분석 절차를 계획하기 위해서 첫째, 문헌조사를 통해 제시되고 있는 여러 현상학적 분석

방법들을 검토하여야 한다. 여기에는 콜레이지(Colaizzi), 지오르지(Giorgi), 밴 캄(van kaam), 밴 매넌(van Manen), 크로티(Crotty) 등이 제안한 분석방법이 있다.

이 책에서는 실존적 현상학을 바탕으로 해석학적 현상학을 구사하는 밴 매넌의 방법을 채택하였다. 밴 매넌의 방법에 따르면, 첫째, 이 절차에서는 연구자의 진지한 관심을 불러일으키고 연구자를 세계에 내맞기는 현상으로 돌아가는 것이다. 이 단계에서는 연구자가 이 현상에 관해 생각할 때 보이게 되는 통상적인 개념, 판단, 감정, 가정, 암시, 연상들을 가능한 한 멀리 제쳐두고 즉각적인 경험대상으로서의 현상에 스스로를 개방하여야 한다.

둘째, 경험을 우리가 개념하는 대로가 아니라 겪은 대로 탐구하는 단계이다. 겪은 대로의 경험에 대한 탐구는 연구참여자들의 기술을 녹취하고, 녹취록을 읽고, 1인칭 서술 자료를 읽음으로써 이루어진다. 경험 기술의 생생함을 보존하기 위하여 녹음테이프를 들으면서 녹취를 하고, 화자와 필자의 이야기를 생생하게 듣는 느낌으로 녹취록과 문헌자료를 반복하여 읽는다. 현상학적 연구에서 녹취는 연구참여자와의 면접에서 발생하는 대화를 재생하는 과정이 되기 때문에 연구자 스스로 하여야 함을 강조한 지오르지(Giorgi)의 권고에 따라 긴 시간이 소요될지라도 직접 하는 방식이 좋다.

셋째, 현상을 특징짓는 본질 주제에 관해 반성하는 단계이다. 이 단계에서는 전체론적 접근을 위하여 텍스트를 그 흐름과 내용에 따라 의미를 이해하면서 듣고 읽어 나가는 것이다. 이 단계는 밴 매넌(van Manen)이 제시하고 있는 '전체로서의 텍스트(text as a whole)'를 파악하는 작업과도 같다. 이때 던져야 하는 질문은 "전체로서의 텍스트의 근원적인 의미나 주요 의의를 포착하는 간결한 문장은 무엇일까?"하는 것으로 다시 말하면 본질 주제는 어떤 언어로 기술될 수 있을까를 고려해 보는 것이다. 전체 텍스트를 장악하기 위하여 기술 전체를 빈틈없이 읽어 나가며 연구참여자들이 직관한 본질 주제를 찾는다.

넷째, 부분과 전체를 고려함으로써 전체적인 연구의 맥락을 잡는 단계이다. 이 단계에서는 텍스트에서 나타나는 의미 있는 진술들을 끌어내는 작업이 이루어진다. 밴 매넌이 언급한 선택적 읽기 접근과 상세한 읽기 접근과 같은 것으로 볼 수 있다. "어떤 진술이 기술된 현상이나 경험에 대해 본질적인 것을 드러내고 있는가"하는 것과 "이 진술이나 진술 덩어리가 기술된 현상이나 경험에 대해 드러내는 것은 무엇인가"하는 질문을 던지면서 부분과 전체의 균형을 고려한다.

다섯째, 글쓰기와 고쳐 쓰기의 기술을 통해 현상을 기술하는 단계이다. 이 단계에서는 직관된 본질 주제를 중심으로 본질의 의미 구조를 세분화하여 밝히는 작업을 하며, 이 의미구조를 기술하고 다시 고쳐 쓰기를 반복한다. 모든 연구참여자들에게 공통으로 출현하는 의미를 직관적으로 파악하고 반성하면서 연구 주제의 본질의 요소들을 결정한다.

여섯째, 현상과 맺고 있는 강력하고도 상호 지향적인 당사자 경험의 의미 관계를 유지하는 단계이다.

(4) 현상학적 분석의 예

현상학적 분석 결과를 나타낸 범주표를 살펴보면 <표 7-2>와 같다.

<표 7-2> 현상학적 분석 범주표

대주제	핵심어구	중심의미
현실과 개인적 욕구가 반영되지 않은 획일화된 직업교육	직업교육의 부재	4. 고등학교 때 직업교육을 받은 적이 없다.
	직업교육 부재로 취업실패	4. 입시 위주의 교육으로 직업교육이 없었고, 졸업 후 취 입하지 못했다.
	직업 현장과 연결되지 않은 교육	1. 학교에서 배운 교육이 지금 하는 일과 전혀 관계가 없다.
	전문성이 결여된 직업 교육	1. 깊이 있는 전문 교육이 이루어지지 못하였다.
	시대에 뒤떨어진 직업교육	9. 청각장애인들은 주로 목공, 도자기, 제봉 또는 컴퓨터의 기술들을 배웠다. 11. 학교에서 현재의 직업교육보다는 원예나 농업 같은 것을 주로 했다.
	다양한 직종에 대한 교육의 부재와 제한된 직종 선택	2. 제한된 직업교육으로 어떤 직종이 있는지 잘 알지 못하였다.

대주제	핵심어구	중심의미
현실과 개인적 욕구가 반영되지 않은 획일화된 직업교육	청각장애인의 특성에 적합한 다양한 직종 개발 희망	2. 청각장애 특수학교의 직업 교육이 청각장애인에게 맞게 실기 및 시각을 활용할 수 있는 직종으로 교육하였으면 좋겠다.
	단순직종 위주의 산학 연계	3. 전자나 조립 같은 단순직종 위주의 산학 연계가 이루어지고 있다.
	사양 산업 위주의 한정된 직업 교육	3. 목공기술, 양장기술, 컴퓨터, 도자기 등 대부분이 사양 산업 위주의 직업 교육을 하였다.
	학생의 욕구가 반영되지 않은 학교 교육	1. 적당하지 않은 실습 강요에 공부시간을 늘려 달라고 건의 했으나 반영되지 않았다. 1. 학교에서 가르쳐주는 대로 단순한 직업을 가지고 싶지 않았다.
	학생 욕구에 맞는 직업 교육의 부재	4. 학생 욕구와 수준에 맞는 적절한 직업 교육 없이 공장으로 보내졌다.
	학생 개인의 욕구와 무관한 기술 교육	6. 디자인을 공부하고 싶었으나, 학교에서 미싱이나 도자기 같은 기술을 배울 수밖에 없었다.
	청각장애인의 욕구가 반영된 직업교육 필요	7. 청각장애인이 원하는 직종을 모니터링 하여 교육해 주기를 원한다.
	시대의 흐름을 읽는 교육의 필요성 제안	7. 시대에 뒤떨어진 교육이 아니라 앞서가는 기술 교육이 이루어져야 함을 제안한다.

* 출처: 이준우, 김연신, 신빛나, 홍유미. (2010). 청각장애인의 직업적응능력 향상을 위한 지원방안 연구. 재활복지, 14(1). pp. 165-167.

5) 내러티브 연구

내러티브 연구의 관점에서 보면, 인간의 삶은 이야기, 즉 수많은 내러티브로 구성된다. 내러티브가 삶이고, 곧 인생이라고까지 말할 수 있다. 복음이 기록된 성서도 내리티브적인 관점에서는 곧 '내러티브'의 구성물이다. 그래서 내러티브 연구에서는 사람들의 개인적 경험에 대한 흥미로운 이야기를 보고한다. 그 안에는 다음과 같은 것이 포함된다.

한 명의 개인, 또는 두세 명에 초점을 맞춘다. 많은 내러티브 연구는 연구자의 기준에 의해 선택된 한 명의 개인이 초점이 되는데 이들은 보통 사람이거나, 개념적으로 강하게 흥미가 가는 사람, 잘 알려진 사람일 수 있다. 내러티브 연구에서 탐구하는 개인들의 성격은 다양하다. 때로 한 명 이상을 연구하기도 하지만 구체적인 이슈를 드러내는 개인들의 삶의 이야기를 다루려는 의도는 동일하다. 자문화기술지나 자서전과 같이 연구의 초점이 연구자의 이야기가 되거나 다른 사람의 일대기, 또는 교실이나 특정 장소에서의 개인들의 이야기가 될 수도 있다.

그래서 개인들의 경험에 대한 이야기를 수집한다. 이야기는 인터뷰나 관찰, 문서 등의 자료에서 얻는다. 보통 이야기들은 시작, 전개 그리고 마무리의 양상을 보인다. 또한 이야기의 서로 다른 국면이나 양상을 서로 연결하는 연대기를 발전시킨다. 꼭 필요한 것은 아니지만 보통 시간이 흐름에 따라 사건들이 펼쳐지는 연대기적으로 이야기가 전개된다. 간혹 선형적인 시간의 흐름을 따르지 않은 채, 이야기의 끝이나 중간부터 시작이 될 수도 있다. 사람들은 일반적으로 시간의 흐름에 따라 이야기하지 않기 때문에, 연구자가 이야기를 '다시 이야기'하고 연대기적인 스토리라인으로 재구성할 수 있다.

특히 내러티브 연구에서는 테마를 찾기 위해 이야기를 분석한다. 연구자는 전체적인 이야기에서 드러나는 테마를 찾으며 또한 전반적인 이야기도 기술한다. 글의 구조는 전형적으로 먼저 이야기를 기술한 뒤에, 그 속에서 드러난 테마들을 강조하는 방식이다. 무엇보다도 개인의 인생에서 통찰이 오거나 중대한 전환점을 강조한다. 이 시점들에서 이야기는 결정적인 방향 전환이나 새로운 발전을 이루면서 이야기의 결론을 형성해 간다. 결국 이야기와 테마를 특정 맥락이나 상황 속에서 설명한다. 이렇게 하면 어떠한 맥락에서 이야기가 진행되는지 이해하는 데에 도움이 된다. 맥락은 직장, 집, 친구 또는 이야기가 전개되는 여러 장소가 될 수 있다. 맥락은 이야기에서 필요한 세부 묘사를 제공한다.

결국 내러티브는 현상(phenomena)인 동시에 연구방법(method)이다. 내러티브 연구는 사람들이 의식적으로 말하는 이야기를 다시 이야기함으로써 그들이 의식하지 못하는 더 깊은 이야기들이 있어 그 안에 살고 있음을 인식시키는 방법을 제시한다. 우리 삶에 대한 이야기를 하고 (storytelling) 그것을 다시 이야기(re-telling story)할 때 그러한 이야기 조각들이 서로 연결되어 넓은 의미에서 우리의 삶을 조망한다. 연구자는 이와 같은 내러티브 속에 있는 의미를 찾기 위해서 사람들과 친숙한 관계를 맺는다. 이야기를 어떻게 모을 것인지 생각하고, 무엇에 관한 이야기인지, 이야기가 그 사람의 삶에 관한 것인지를 생각해야 한다. 이야기 속에 담겨 있는 개인과 사회가 가지고 있는 새로운 패러다임을 찾아 실천적인 영향력을 찾는다.

(1) 내러티브 연구의 특성

내러티브 연구의 특성을 살펴보면 우리가 내러티브 연구를 선택해야 하는 매력적인 이유가 드러난다.

첫 번째 특성은 연구자의 참여다. 기존의 연구방법-양적연구방법에서는 말할 것도 없고 주류 질적연구방법-에서도 연구자 자신은 연구환경에서 배제된 상태에서 어떤 문제에 대해 충분한 경험도 하지 않고 스스로 가지고 있는 인식론으로 문제를 해석하고 풀어 가려고 한다.

두 번째 특성은 소수의 참여자와의 협동이다. 내러티브 연구는 다수의 무명씨를 대상으로 한 연구에는 적합하지 않다(Riessman, 1993; 김원옥 외 공역, 2005). 참여자와 아주 가까운 협동을 필요로 하며, 참여자만큼 연구자를 나타내는 내러티브와 분석을 필요로 한다(Bell, 2002; 신동일, 유주연, 2006 재인용). 내러티브 연구는 표본크기가 작고, 종종 사례를 대표 표본이 아닌 집단에서 택하기도 한다. 또한 내러티브 연구에서는 참여자들의 교류와 공유를 허용한다.

세 번째 특성은 분절적 분석의 거부다. 누구나 이야기하고자 하는 충동은 너무나 자연스러운 것이기 때문에 어떻게 사건이 발생하였는가를 설명하는 이야기 혹은 내러티브 형식은 필연적이다 (White, 1989). 거의 모든 질적연구방법은 내러티브에 상당부분 의존하고 있다.

네 번째 특성은 '나(I)' 글쓰기다. 학문적인 글쓰기에서 논문쓰기 관행을 보면 아직도 학계에서는 '나는'이나 '우리는'으로 시작하는 문장논리를 허락하지 않는다. '내가'라고 시작하는 말은 항상 주관적이고 비과학적인 논리이며 동시에 자기도취적인 글로 평가되었다. 내러티브 연구에서 연구자 자신도 '내가'라고 시작하는 글쓰기를 이겨내야 한다. 연구자와 연구참여자가 분리되지 않고, 경험이 다시 이야기되어 만들어진 현장 텍스트에는 연구자의 '내가(I)'가 있다.

다섯 번째 특성은 연구의 엄격성을 지키는 방법이 독특하다는 것이다. 내러티브 연구에서 참여자가 다른 연구자들에게 시기와 상관없이 같은 이야기를 했는가 하는 신뢰도는 중요하지 않다. 한 사람이 각기 다른 사람에게 이야기하였을 때 나에게 한 이야기가 다른 사람에게 한 이야기와 다르더라도 어떤 한 이야기가 더 진실하고 더 좋다는 것은 아니기 때문이다.

(2) 목회 및 선교와 내러티브 연구

첫째, 내러티브 연구는 목회 및 선교 현장을 이해하고 현장을 진실 되게 전달하는 목회 및 선교 분야의 현장 중심의 연구접근이다.

둘째, 목회자와 선교사인 연구자에게 내러티브 연구방법은 깊이 있는 묘사(thick discription)와 유사경험 환경(experience-near mode)을 제공해 주어 어떻게 사람들이 의미를 만드는지 알게 도와준다(이민영, 2005). 내러티브 방법은 그들이 살아 왔던 경험, 살아가고 있는 경험에 대해 더 큰 존중(감사)을 할 수 있는 이야기를 하게하고 들을 수 있는 기회를 제공하게 될 것이다.

셋째, 내러티브 연구가 담고 있는 사회구성주의 관점은 연구자(목회자, 선교사 등)와 서비스이용당사자를 동등한 권력을 가진 관계로 바라본다. 서비스이용당사자는 그들의 삶과 문제에 대한 전문가이기 때문이다. 또한 현 사회적 환경으로부터 기인하는 장애들과 이러한 사회적 장애들을 극복하는 대안(서비스이용당사자의 결점이 아니라)에 초점을 둔다.

넷째, 이야기하는 사람(참여자)과 듣는 사람(연구자)을 위해 개인의 내러티브 연구는 중요하다. 우리의 복지선교 현장에서 이미 서비스이용당사자와 가족들의 과거, 현재, 미래인 삶의 역사를 이해하고 있다. 바로 이 부분이 목회 및 선교 현장과 내러티브 탐구방법의 적용을 논하는 근거가 된다. 내러티브 연구는 개인의 삶의 경험(문제와 욕구)을 듣고 이야기하고 다시 이야기함으로써 문제해결의 실마리를 제시하고, 비슷한 문제를 가지고 있는 사람에게 건강한 전이효과를 기대할 수 있다.

(3) 내러티브 탐구의 과정

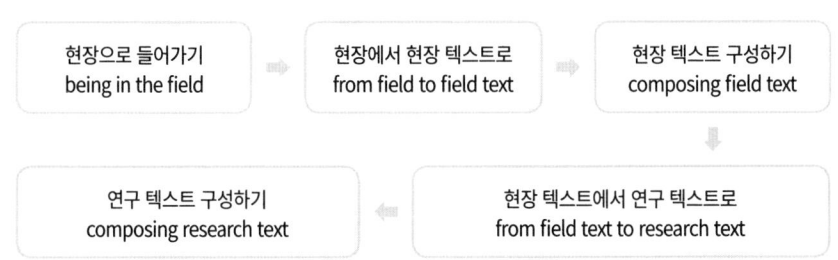

〔그림 7-2〕 내러티브 탐구의 연구과정

① 현장으로 들어가기: 이야기의 한가운데로 걸어가기

현장으로 들어가기 위해서는 이야기의 한가운데로 걸어가야 한다. 이를 위해 다음과 같은 구체적인 전략이 필요하다.

❶ 연구자-참여자 간의 관계에 대한 협의
❷ 연구목적과 변화에 대한 협의
❸ 연구현장에 합류하기
❹ 전경 위에 살아 있는 삶을 살기: 이야기 가운데서 살아가기

② 현장에서 현장 텍스트로 들어가기: 이야기 장소에 있기

현장 텍스트로 들어가기 위해 고려해야 할 사항들이 있다. 마치 동전의 양면과 같이 동시에 감안해야 한다.

❶ 사랑에 빠지기 & 냉철하게 관찰하기
❷ 아웃라인을 기억하기 & 상세한 이야기로 빠져 들어가기
❸ 텍스트를 내향으로 바꾸기 & 외향에 주목하기 이원성

③ 현장 텍스트 구성하기

현장 텍스트는 다음과 같은 내용요소들로 구성된다.

❶ 연구자의 이야기　❷ 자전적 기술　❸ 일지
❹ 현장기록　❺ 편지　❻ 대화

④ 현장 텍스트에서 연구 텍스트로: 경험의 의미 만들기

경험의 의미를 형성하기 위해서는 다음과 같은 질문들이 유용하다.

❶ 왜 연구를 하는가?
❷ 무엇을 연구하는가?
❸ 어떻게 연구하는가?

⑤ 연구 텍스트 구성하기

연구 텍스트를 구성할 때 고려해야 할 사항들은 다음과 같다.

❶ 목소리(voice)를 균형 있게 하라.
❷ 서명(signature)을 명확히 하라.
❸ 독자(audience)에게 물어라.

(4) 내러티브-생애사 인터뷰 분석 방법론

내러티브-생애사 인터뷰 분석 방법[14]은 Schühtze의 '텍스트분석(Textanalyse)', Oevermann 외의 '구조적 해석학(strukturale Hermeneutik)' 그리고 Fischer의 '주제적 영역분석(thematische

---

✦ 14) "양영자. (2013). 내러티브-생애사 인터뷰 분석의 실제: 재독한인노동이주자 인터뷰를 중심으로 (한국사회복지학, 65(1), 2013. 2, pp. 271-298)"에서 가져왔음을 밝힌다.

Feldanalye)'을 결합시켜 Rosenthal이 고안한 것으로, '재구성적(rekonstruktiv)' 절차와 '연속적(sequenziell)' 절차에 따른 분석 및 이야기된 생애사와 체험된 생애사로 구분하여 분석하는 것이 특징적인 방법(Rosenthal, 2011: 186)이다.

① 내러티브-생애사 인터뷰 분석의 기본 원칙

Rosenthal의 내러티브-생애사 인터뷰 분석은 '생애사주체(Biograph)'의 '현재적 관점'은 물론 '과거에 가졌던 관점'까지도 해명하는 생애사 분석이 필요하다는 인식으로부터 출발했다. 그래서 생애사를 '이야기된 생애사'와 '체험된 생애사'로 구분하여, 재구성적 절차와 연속적 절차에 따라 '변증법적인 관계성(dialektisches Verhältnis)' 속에서 분석하는 것을 핵심으로 하는 방법(Rosenthal, 2011: 186)이다.

이때 재구성적 절차란 개별 인터뷰텍스트 각 부분들이 지니는 의미를 '인터뷰 텍스트 전체와 관련'시켜 해명하는 것을 말한다. 또한 연속적 절차란 개별 인터뷰텍스트 각 부분들을 인터뷰텍스트가 이루어진 연속적 형태에 따라 한 단어, 한 단어, 그리고 한 줄, 한 줄 연속적으로 해석하는 것을 의미한다(Rosenthal, 1995: 208-211).

따라서 이러한 내러티브-생애사 인터뷰 분석은 이야기된 생애사의 시간적 구조와 체험된 생애사의 시간적 구조를 연속적으로 분석하는 것을 말하는 것이다.

나아가 내러티브-생애사 인터뷰 분석은 이야기된 생애사 텍스트 각 부분들의 생애사적 경험들이 어떻게 체험된 생애사에서 연대기적으로 층화된 것인지, 그 체험된 생애사의 구조도 분석해야 한다는 것까지 포괄한다. 다시 말해, 내러티브-생애사 인터뷰 분석은 현재적 관점의 생애사가 어떠한 생애사적 상호관련성 속에서 생성된 것인지, 그 '발생기원'을 해독함으로써, 궁극적으로는 체험된 생애사가 어떠한 생애사적 상호관련성 속에서 생성된 것인지, 그 발생기원도 설명하는 접근 방법인 것이다. 내러티브-생애사 인터뷰 분석 방법에서 사용하는 설명은 '이해'에 기초한다. 이해는 행위자의 주관적인 의미, 즉 행위자의 상황해석과 행위의도를 밝히는 개념이다. 설명은 이러한 이해의 토대 위에서 행위자의 행위와 그 행위의 결과를 다른 행위자들의 행위와의 상호관련성 속에서 해명하는 개념으로서 사용된 것이다(Rosenthal, 2002; 134; 2011: 178).

결국 이러한 내러티브-생애사 인터뷰 분석은 '귀추적 절차'에 따라 이루어지는데, 이러한 귀추적 절차는 질적연구에서 흔히 적용하는 '귀납적 절차'와 차이가 난다. 즉, 질적연구에 일반적으로 적용하는 귀납적 절차는 마치 살인사건을 수사하는 사설탐정이 살인자를 탐색해가는 과정처럼 먼저 주어진 자료 속에서 가설을 도출한 다음, 이러한 가설을 증명해줄 수 있는 증거들을 찾아가는 방법이라면, 내러티브-생애사 인터뷰 분석에 적용하는 귀추적 절차는 관찰할 수 있는 모든 팩트들로부터 출발하여 그 팩트들이 의미하는 가능한 모든 '독법들'을 정립함으로써, 가장 마지막에는 궁극적인 독법을 밝혀내고자 하는 방법인 것이다. 따라서 귀추법은 '가설정립'에는 물론 '가설테스트'에도 적합한 방법으로서, 가설을 세우고 이에 대한 증거를 찾는 귀납법 및 일반적인 가정이나 이론으로부터 출발하여 가설을 도출하는 '연역법(Deduktion)'과도 다르다(Rosenthal, 1995: 211-213; 2011: 57-61).

요약하면, 내러티브-생애사 인터뷰 분석 방법은 현재적 관점에서 이야기된 생애사 및 과거적 관점에서 체험된 생애사가 어떻게 하여 다름 아닌 바로 그러한 구조와 주제적 영역들로 생성된 것인지, 그 발생기원을 전 생애사적 관련성 속에서 해독하고 설명하는 분석 방법으로서, 이를 위해 생애사를 이야기된 생애사와 체험된 생애사로 구분하여 재구성적 절차와 연속적 절차에 따라 귀추적으로 접근하는 분석 방법인 것이다.

② Rosenthal의 내러티브-생애사 인터뷰 분석 단계

Rosenthal의 내러티브-생애사 인터뷰 분석은 다음의 5단계(Rosenthal, 1995: 215-226; 2011: 186-211)로 이루어진다.

첫째, '생애사적 데이터의 연속적 분석' 단계이다. 이 단계에서는 생애사주체가 주관적으로 해석한 것과는 거의 연결되지 않은 객관적 혹은 생애사적 데이터, 예컨대 출생, 형제자매의 수, 교육과 관련한 데이터, 가정설립이나 해체, 주거지 변경, 발병, 이주 등과 같은 사건들에 대한 데이터를 그 사건들이 일어난 시간 순서에 따라 분석한다. 이후 이러한 생애사적 데이터에 기초하여 가능한 '가설들'과 '대항가설들' 그리고 이러한 가설들에 이어질 수 있는 '후속가설들'을 세운다.

둘째, '텍스트분석과 주제적 영역분석' 단계이다. 이 단계에서는 현재의 관점에서 서술된 생애사적 이야기가 어떻게 생성된 것인지, 그 이야기가 형성된 발생기원을 분석한다. 이러한 발생기원은 생애사주체가 의식적으로 의도했든 아니면 잠재적으로 조절했든, 무엇 때문에 현재 시점에서 다름 아닌 바로 그렇게 서술한 것인지, 그 이야기가 형성된 발생기원을 생애사적 자기프레젠테이션의 전체적 연관관계성 속에서 설명하는 것을 의미한다. 따라서 이야기된 생애사는 각 부분들이 임의대로 연관성 없이 집적된 것이 아니라, 어떠한 방식으로든 상호 연결되어 있는 것으로 이해한다. 그리고 '주제'는 특정 순간에 연구자의 주목을 끄는 '그것'으로 한 특정한 주제적 영역에 포함되며, '주제적 영역'은 주제와 함께 표명된 것들의 총체로서 주제와 관련된 것으로 경험된 것들이고 그 지평의 배후를 형성하는 것들이다. 즉, 주제는 주제적 영역을, 그리고 주제적 영역은 주제를 결정하는 상호 변증법적인 관계에 있는 결합인 것이다.

셋째, '체험된 생애사의 재구성과 연속적 세밀 분석' 단계이다. 이 단계에서는 특정 과거의 체험이 지니는 생애사적 의미, 그리고 체험된 생애사의 연속적 구조와 그 구조의 시간적 형태를 분석한다. 따라서 이를 위해 첫 단계에서 분석한 생애사적 데이터를 생애사주체가 진술한 내용과 대조시켜 분석함으로써, 두 번째 단계에서 분석한 질문 즉, 무엇 때문에 생애사주체가 인터뷰 시점인 현재, 이것을 다름 아닌 그렇게 표명했던 것인지 각 체험이 이루어졌던 과거 속으로 들어가 당시의 흔적들을 분석한다.

넷째, '이야기된 생애사와 체험된 생애사의 비교 분석' 단계이다. 이 단계에서는 양 생애사 간의 차이 즉, 과거 관점과 현재 관점 간의 차이 및 이러한 차이와 결부된 양 생애사 간의 '시간성'의 차이와 '주제적 중요도'의 차이를 분석한다. 따라서 이때에는 양 생애사를 대조시킴으로써 이야기된 것들과 체험된 것들 간에는 어떠한 차이가 나타나며, 이러한 차이에는 어떠한 규칙 즉, '사례구조'가 내재되어 있는지 발견하는 분석을 한다. 여기에서 사례구조는 사례를 관통하는 구술의 '규칙성'을 일컫는 개념(Oevermann et al., 1979; Rosenthal, 1995: 209)으로서, 이러한 규칙성은 개인화된 교육과정에 기초해 형성된 구술자의 '자기논리적 틀'(Oevermann, 2000: 123)이다.

다섯째, '유형형성'의 단계이다. 이 단계에서는 한 사례에 기초하여 하나의 유형을 정의한다. 즉, 앞서의 단계를 통해 재구성한 하나의 사례에 근거하여 생애사주체의 진술을 전 생애사적인 관계성 속에서 관찰함으로써, 그 진술의 발생기원적 과정의 규칙이 무엇인지 밝힐 수 있는 진행 과정 유형은 무엇이고, 그 유형은 어떻게 구성되고 있는지 정의한다는 것이다. 그런데 이러한 유형은 여러 사례들을 극소비교와 극대비교의 절차를 통해 대조시킴으로써, 개별적인 각 사례들이 지닌 특성들 간의 공통적인 점과 특수적인 점을 도출하는 분석 과정에서 형성한다.

6) 사례연구

사례연구는 하나의 사례 혹은 여러 개의 사례를 선택하고 그 사례가 어떻게 문제나 이슈를 보여주는지를 기술하는 것이다. 이를 위해서 사례에 대한 심도 깊은 분석이 필요하다. 연구자는 연구에서 묘사하려는 사례를 명확히 정한다. 사례는 집단이나 개인, 조직, 공동체, 관계, 결정과정 또는 특정 프로젝트와 같이 명확한 '구성' 단위가 될 수 있다. 사례 연구는 프로그램을 연구하거나 평가할 때 자주 쓰인다. 사례연구는 많은 사람이나 소수의 사람, 오랜 기간에 걸친 것이나, 단기적인 것에 모두 이용될 수 있다. 다시 말하면 사례연구는 시간과 장소로 한정지어지며 이 경계는 사례가 포함된 더 큰 맥락과 명확하게 분리된 것이다. 따라서 연구자는 사례를 정하고 이 경계를 기술한다.

한편 사례연구에서는 관심이 있는 사례를 기술한다. 특이한 사례이거나 본질적으로 관심이 있는 사례가 될 수 있다. 다만 연구자가 사례를 선택할 때에는 이슈나 문제에 대한 통찰을 얻기 위해서다. 이를 테면 십대의 임신은 (이슈) 임신한 십대 소녀들을 지원하는 특정 센터를 (사례) 탐구함으로써 이해될 수 있다. 당연히 사례 속 이슈에 대한 심도 있는 관점을 제공하기 위해서 인터뷰, 관찰, 문서, 그 밖의 시각적 자료 등 다양한 정보원에서 얻은 자료를 수집한다. 많은 사례연구에서 다양한 자료를 표로 정리해 놓은 것을 볼 수 있다.

따라서 사례연구의 최종 연구물은 사례다. 다양한 정보를 분석하여 사례에 대한 세부적 기술을 하고, 자료에서 드러난 테마를 밝히며 사례에 대한 일반화 또는 주장을 한다. 여기서 일반화란 사례를 연구함으로써 탐구하려는 이슈를 더 잘 이해할 수 있는 방법이다. 결국 독자는 사례에서 탐구된 이슈에 대한 깊이 있는 분석을 통해 새로운 이해를 하게 된다.

(1) 사례연구의 초점

사례연구는 말 그대로 단일한 하나의 사례 혹은 복합적인 사례에 초점을 맞추어 다각적이고 심층적인 분석을 하는 것이다. 따라서 사례는 개인, 프로그램, 의사결정, 조직, 사건 또는 다른 것이 될 수도 있다.

여기서 사례란 하나의 "경계지어진 체계"로 정의될 수 있다. 즉 어떤 현상이 단일한 사례로 규정되기 위해서는 명확한 경계를 확인할 수 있어야 한다. 사례의 경계가 명확해야 그 사례에 해당하는 자료와 그렇지 않은 자료를 구분하여 수집할 수 있기 때문이다. 경계는 시간과 장소에 의해 이루어지게 된다. 이렇게 사례연구는 한 특정한 사례에 대해 집중적으로 초점을 두고, 그 사례에 관해서는 양적인 연구조사방법을 사용하여 수집한 증거까지 포함하여 다양한 자료를 모두 이용한다는 특징을 가진다.

사례연구는 어떤 사례에 대한 충분한 이해를 위한 목적으로 수행되기도 하고, 어떤 사회문제에 대한 이해를 돕고 이론을 보완하기 위해 수행되기도 하는데, 이렇게 목적에 따라서 사례연구를 본질적 사례연구와 도구적 사례연구로 구분할 수 있다. 본질적 사례연구란 개별사례들에 대한 보다 나은 이해를 위해 사례연구를 하는 경우를 말한다. 이때 사례연구의 목적은 이론을 만들어 낸다든가 광범위한 사회적 이슈들을 이해하기 위한 것이 아니다. 본질적 사례연구의 일차적인 목적은 연구되는 사례 자체에 대한 깊이 있는 묘사와 이해에 있다. 이에 반하여 도구적 사례연구란 조산연구를 위한 방법으로서 사례연구가 사용되는 경우를 말한다.

예를 들어 청소년 비행이나 노숙자 문제 등과 같은 사회적 이슈에 대해 더 나은 이해나 이론개발을 위한 연구목적에 대해, 사례연구는 목적달성을 위한 방법적 도구로서 사용되는 것이다.

(2) 자료수집

사례연구에서의 자료수집은 현장조사를 통해 수집된 다양한 형태의 자료를 모두 활용한다. 연구자는 연구대상이 되는 사례의 현장에 깊숙이 들어가서 문서나 문서기록, 면접, 관찰, 인공적 가공물 등 사례와 관련된 모든 자료를 수집하며, 현장노트와 관찰지침서, 면접지침서 등을 통해 기록된다. 사례연구는 때로 양적 방법을 사용하기도 하는데, 사례에 대해 사람들에게 설문조사를 하거나 일부

변수를 조작해서 정보를 얻는 경우도 있다.

　사례연구에서 다양한 자료수집원을 활용하고 질적, 양적 방법을 병용하는 등의 조사전략을 삼각측량(triangulation)이라 한다. 삼각측량이란 다양한 관점을 동원하여 연구대상에 대한 의미를 명확히 하기 위하여 연구자가 개발한 개념이나 설명, 해석 등을 다양한 사람들과 방법으로 확인하여 타당성을 확보하는 것이다. 이러한 방법을 통해 연구자는 자신의 주관적 판단이나 오류 등을 수정할 수 있다.

(3) 자료분석

　사례연구의 자료분석과정은 연구자가 다양한 상황에서 연구참여자들의 행동이 어떻게 다르게 나타나는지를 비교하면서 이루어진다. 먼저 사례나 현장에 대한 꼼꼼하고 상세한 기술을 한다. 이때 현장이 어떤 사건이 일어난 장소라면 그 장소를 상세히 묘사하고 때로 그림이나 사진 등을 함께 넣기도 한다. 연구자는 몇 가지 사건들에 대한 세부적 묘사와 분석, 그리고 주요 사건들의 연대기와 같은 기법을 통해 연구에 대해 이야기한다. 특히 복합적인 사례들이 선택되었을 때 전형적인 형식은 각 사례의 세부적인 기술과 그 사례들 내의 주제들을 제시하고 사례들에 걸쳐 있는 주제를 분석하며(사례간 분석), 사례들의 의미에 대한 주장이나 해석을 하게 된다.

(4) 실천의 효과성을 평가하는 사례연구에서 질적 방법

　과거 사회복지전문직의 많은 경우 서비스이용당사자의 임상적 사례연구에 초점을 맞춘 반면, 오늘날은 질적 방법과 실험연구조사의 결합에 대해 새로이 열광하는 흐름이 나타났다.

　○ 사례연구접근법: 실천가들에게 특별히 관심 있는 것은 자신의 실천의 효과성을 평가하기 위해 단일사례설계를 사용하면서 질적 방법과 양적 방법을 결합하는 것이다.

○ 서비스이용당사자 일지[15]: 서비스이용당사자가 자신의 문제와 관련된 사건을 적는 일기

7) 소결

이상에서 다룬 다섯 개의 질적연구 설계 중에서 선택을 할 때에는 여러 개의 요인을 고려할 수 있다. 우선 전반적인 연구의 의도를 살펴본다. 각각의 설계를 사용할 경우 제각각 최종 '산물'은 다른 형태로 나온다. 최대한 단순화시켜 비교해본다.

근거이론→이론
문화기술지→문화를 공유하는 집단에 대한 묘사
현상학→현상(실체와 본질 파악)
내러티브→개인에 대한 묘사 또는 생애 경험과 연대기적 인생 이야기
사례연구→사례

즉,
- 연구결과로서 과정에 대한 일반적 기술 혹은 이론을 개발하는 것이라면 근거이론이 적절하다.
- '문화적 공유 집단'을 묘사하는 것이라면 문화기술지가 적절하다.
- 현상에 대한 개인들의 경험에 대한 것이라면 현상학이 적절하다.
- 만일 연구자의 연구 질문이 개인에 대한 묘사를 하는 것이라면 내러티브 연구가 질적 설계로서 최상일 것이다.
- 아울러 사례를 설명하려는 연구 질문이라면 사례연구를 권장할 수 있다.

✦ 15) 서비스이용당사자 일지(Client Logs)는 양적 결과자료를 수집할 때 기초선과 개입단계에 발생하는 관련 없는 사건을 기록하는데 유용할 수 있다. 질적연구에서 일반적으로 사용되는 질적 방법은 집중적 면접과 서비스이용당사자 일지라고 할 수 있다.

[제8장]

포커스그룹 리서치, 델파이 방법, 실행연구의 이해

✦

 포커스그룹 리서치와 델파이 방법을 이해하기 위해 두 권의 책[16]을 중심으로 기본적인 내용들을 정리하여 소개하였다. 그런 다음에 저자들이 여러 연구자들과 함께 연구하여 학술지 논문으로 투고하여 게재된 자료를 통해 종합적으로 두 개의 연구방법을 익힐 수 있도록 제시하였다. 한편 실행연구의 경우에는 김미옥(2009)[17]의 논문에서 일부 가져와 설명하였다.

1. 포커스그룹 리서치

 목회와 선교 분야에서 흔히 조성되는 구조화된 접근은 소그룹 모임을 통한 사역이다. 그런 면에서 소그룹을 활용하는 포커스그룹 리서치가 목회와 선교 분야 현장연구에 큰 도움이 될 수 있다. 포커스그룹 리서치는 포커스그룹 인터뷰를 활용한 연구방법이다. 따라서 포커스그룹 인터뷰(Fous Group Interview, 초점집단인터뷰 혹은 초점집단면접: 이하 FGI)에 대한 이해를 해야 한다.

✦ 16) 포커스그룹 인터뷰에 대해서는 "김재일 등(2018)이 쓴 <소비자 질적 조사방법(pp. 150-166)>"에서, 델파이 방법에 관하여는 "이종성(2001)의 <델파이 방법(pp. 7-16)>"에서 상당 부분 가져와서 재구성하였다.

✦ 17) 김미옥이 연구하여 발표한 "사회복지학에서의 실행연구(Action research) 적용과 유용성(한국사회복지학, 61(3), 2009. 8, pp. 179-204)"에서 문헌고찰과 선행연구 부분을 중심으로 활용하였다.

1) FGI의 정의

FGI란 '서비스, 프로그램, 제품, 자원, 사회적 이슈 등 특정 주제'에 적합한 사람들로 구성된 소규모 집단을 대상으로 진행자(moderator)의 진행 하에 자유로이 대화를 나누는 것을 통해 문제나 이슈 등의 해결을 위한 통찰력을 얻는 집단적 인터뷰라고 할 수 있다. 특히 FGI는 잘 알려지지 않은 주제에 대한 탐색단계에서 주로 사용된다. 즉, 어떤 주제에 대한 일반적인 배경지식을 얻고, 연구에서 적용할 수 있는 아이디어나 접근법을 얻기 위해서 주로 사용된다. 때로는 실증연구를 통해 얻은 결과를 해석하기 위한 목적으로 사용되기도 한다.

FGI의 가장 큰 장점은 집단 구성원 간의 상호작용성에 있다. 참여자들은 집단 내 다른 사람의 경험에 관한 이야기를 들으면서 해당 주제에 대한 자신의 생각을 발전시키고 다듬을 수 있다. 이러한 상호작용 과정을 통해 FGI는 사람들의 복잡한 행동과 동기를 이해할 수 있다. 목회자와 선교사는 오랜 시간 교회 공동체의 성경공부와 기도회 등을 진행해왔으므로 집단 구성원들의 역동을 잘 활용하는 역량을 갖추었을 가능성이 크다. 그래서 FGI가 친숙할 수 있다.

또한 특정한 주제에 대해서 다양한 목소리를 들을 수 있다는 장점도 있다. 무엇보다도 FGI는 다양한 배경을 가진 참여자들의 생각, 감정, 경험이 표면화될 수 있는 환경을 제공한다. FGI는 참여자들이 자신이 생각하고 있는 주제에 대해서 다른 사람들과 어떻게 상호작용하고 다른 참여자와 의견이 다를 때 어떻게 반응하는 지를 보여준다. 아울러 여러 명의 참여자들이 특정 주제에 대해서 어떻게 하나의 공통된 견해를 도출해내는지에 관심이 있는 경우라면 더욱 가치 있는 방법이다.

FGI는 연구에 대해서 거부감이나 부담을 느껴서 자신을 잘 드러내지 않는 사람들을 연구하기에도 적합하다. FGI의 환경은 진행자와 참여자들의 사이에 신뢰할 만한 관계를 형성해주고, 사적인 관계에서는 공감하기 힘든 생각과 의견들도 표현할 수 있는 분위기를 만들어주기 때문이다.

그리고 FGI는 개별 인터뷰에 비해 적은 (인터뷰 준비, 진행, 분석) 시간과 비용으로 많은 양의 자료를 수집할 수 있다. 다만, 시간과 비용의 효율성 추구만을 목적으로 개별 인터뷰를 FGI로 대체하는 것은 바람직하지 않으며 '상호작용'을 이끌어 낼 수 있는 FGI의 장점을 살릴 수 있는 연구에 활용하는 것이 적합하다.

한편 FGI는 몇 가지 단점도 지니고 있다. 첫째, FGI는 모집단의 의사를 대표하지 않기 때문에 탐색적으로 사용되어야 하며, 의사결정의 근거로 결론을 도출하기 위해 사용되는 것은 위험한 일이다. 둘째, FGI의 결과는 서비스이용당사자와 조사자의 편견이 쉽게 작용할 수 있다. 셋째, FGI는 진행자의 능력에 크게 의존하는데, 모든 자질을 갖춘 진행자가 거의 없고 자질을 갖춘 진행자도 중용을 지키며 진행하는 것이 쉽지 않다. 넷째, 비구조화된 조사의 속성상 코딩에서 분석에 이르기까지 어려움이 따른다.

<표 8-1> FGI의 장점과 단점

장점	단점
• 다수의 참여자: 상호작용을 이끌어냄 • 편안한 분위기: 동일한 관심사 • 보완적: 조사의 출발점 또는 추후 연구를 위한 주요 출처 내지 기초 자료 • 전문가 활용 • 다수의 참여자를 동시에 인터뷰	• 오용: 결과의 적용 범위가 제한적 • 진행자의 능력에 좌우 • 서비스이용당사자와 조사자의 편견 • 비구조화된 조사: 자료 분석의 어려움 • 표본의 비대표성

2) FGI의 실행

(1) FGI의 계획

다른 질적연구방법과 마찬가지로 FGI에서도 신중한 계획이 필요하다. 연구자는 일반적으로 다음과 같은 절차에 따라 'FGI 조사 기획서'를 작성한다. 연구자와 FGI 진행자가 다를 경우 진행자 선정 후 연구자와 진행자가 기획서를 함께 수정하기도 한다.

① <u>문제 정의:</u> FGI의 첫 단계는 조사하고자 하는 목적을 달성하기 위하여 주어진 문제를 이해한

뒤 그것을 단순하고 명확한 질문으로 제시하는 문제의 정의이다.

② **주제 선정:** FGI를 위한 주제는 참여를 유도할 수 있는 개방적인 것으로 선정하여야 하며, 일반적으로 논점들로 시작해 구체적인 것으로 옮겨가는 것이 보편적이다. 진행자가 어떤 질문을 하고자 한다면, 이런 질문들은 '무엇을', '어떻게?'와 같은 형식이 바람직하다. '왜?'와 같은 질문은 참여자가 자신의 답변을 정당화하는 답을 하도록 한다는 점에서 지양해야 한다. 따라서 '왜?'라는 질문은 '좀 더 자세히 설명해 주실 수 있겠습니까?'와 같은 질문을 통해 간접적으로 이루어지는 것이 바람직하다. 일반적으로 인터뷰에서 12개 이하의 주제를 다루는 경우가 많다.

③ **표본 선정:** FGI를 위한 표본 선정과정에서 고려해야 할 것은 같은 집단에 포함될 표본의 성격, 각 집단에 참여할 사람의 수, 그리고 집단의 수에 대한 결정 등이다. FGI를 위해 참여자의 모집은 주로 할당 표본방식을 택한다. 각 집단에 참여하는 참여자는 연구 목적과 내용에 적합한 사람들로 서정해야 하며, 미리 선정기준을 마련해 둘 필요가 있다.

❶ 집단의 구성: 집단의 구성은 연구의 내용과 목적에 따라 기존에 존재하는 집단을 대상으로 할 수 도 있고 새로운 집단을 구성할 수도 있다.
  – 기존집단: 기존 집단은 같은 특성을 지닌 사람들(예: 같은 사회복지법인 산하의 서로 다른 사회복지시설에서 근무하는 사회복지사들)일 수도 있고, 같은 사회적 집단에 속한 사람들(예: 특정 지역교회의 교인들)일 수도 있다. 기존 집단은 인터뷰의 분위기가 자연스럽고 참여자들이 편안하게 토의에 참여할 수 있다는 장점이 있다. 반면 참여자들이 형성하고 있는 서로 간의 관계 때문에 민감한 사항이나 사적인 의견에 대해서는 표현하기 꺼려할 수도 있다는 문제도 있다. 또한 참여자들이 가지고 있는 공통된 경험이 편향되거나, 특정한 방향으로 의견을 몰아갈 여지가 있다.
  – 연구자가 구성한 집단: 연구자가 FGI를 위해 새로 집단을 구성하는 경우 서로 간에 유대감이 형성되어 있지 않아 상호작용이 활발히 이루어지기 위해서는 다소 시간이 소용될 수 있다. 하지만 한번 유대감이 형성되면 기존에 존재하던 집단을 인터뷰하는 것보다 더욱 새로운 생각이나 논의가

이루어질 수도 있다. 또한 인터뷰를 마치고 나면 참여자들이 원래 자신이 속한 사회집단으로 복귀하게 된다는 의식을 하게 되어 민감한 질문에도 솔직하게 답변할 가능성이 높다.

- 정리: 기존에 존재하는 집단을 활용할 것인지 연구자가 새로운 집단을 구성할 것인지를 결정하면, 집단 구성원을 동질적(homeogeneous) 집단으로 구성할지 이질적(heterogeneous) 집단으로 구성할지 결정해야 한다. 동질적으로 집단은 인구 통계적으로 비슷한 부류에 속하거나 비슷한 관심과 경험, 지위나 역할을 가진 사람들로 이루어진다. 동질적 집단을 활용하는 경우는 주로 그 집단의 의견을 수렴하기 위하여 실시한다. 이질적 집단은 서로 다른 사회적, 문화적, 정치적, 경제적 특성을 지닌 사람들로 구성된다. FGI의 주제가 구체적으로 정해지지 않는 경우라면 이질적 집단을 활용하는 것이 폭넓고 다양한 의견들을 얻기에 알맞다. 일반적으로 집단은 유사성은 있지만 서로 다른 특징을 지닌 다양한 부류의 사람들로 구성한다. 성별에 있어서는 동성의 집단이 이성이 섞여 있는 집단에 비해 다양한 의견을 낸다. 이성을 의식하면 솔직한 생각을 이야기하지 않기 때문에 남성과 여성을 섞여서 집단을 구성하는 것이 바람직하지 않는 경우도 있다.

❷ 집단크기 결정: FGI의 목적에 맞도록 집단 크기를 정해야 한다. 논란이 될 수 있거나 복잡한 주제를 룬다면 집단의 크기가 작아야 해당 주제를 보다 주의 깊게 다룰 수 있다. 반명, 평범한 주제를 다룰 때는 참여자들이 관여 수준이 높지 않은 경우가 많으므로 많은 수의 사람들을 집단에 포함시켜 여러 가지 의견을 얻을 수 있다. 참여자가 많으면 인터뷰 과정이 소란스러워 나중에 녹취하기가 힘들고, 참여자 수가 적으면 토의가 역동적으로 이루어지지 않을 가능성이 있다. 일반적으로 적절한 집단의 크기는 6-12명으로 알려져 있으나, 집단의 상호작용을 활발하게 하기 위해 크기가 줄어드는 추세다. 6명은 다양한 관점을 제공하기에 충분하면서 토의가 혼란스러워질 만큼 많은 인원은 아니기 때문에 여러 가지 목적의 FGI의 크기는 6명이 적합하다는 주장도 있다. 참여 예정자들이 약속된 시간에 오지 않는 경우도 있기 때문에 조금 더 많은 인원을 확보하는 경우도 있다.

❸ 집단 수의 결정: 집단의 수 역시 연구의 목적과 주제에 따라 달라지는데 마케팅에서는 서로 다른 세분시장의 수에 따라 집단의 수를 결정하기도 한다. 그러나 집단의 수를 결정하는 가장 중요한

기준은 새로운 집단과의 인터뷰를 통해 추가적인 아이디어를 얻을 수 있는지 여부이다. 새로운 집단과의 인터뷰를 통해 더 이상 새로운 아이디어를 얻을 수 없다고 판단되면 추가적인 인터뷰는 필요하지 않다. 일반적으로 이런 판단을 하기까지는 3-4번의 인터뷰가 필요하므로, 하나의 연구를 위해서 필요한 집단의 수는 3-4개가 적당하다고 볼 수 있다. 집단 수의 결정은 연구 주제의 복잡성에 의해서도 영향을 받는다. 탐색적 목적의 연구 또는 새로운 아이디어를 얻기 위한 연구라면 3-4개 집단으로 충분하지만, 풍부하고 깊이 있는 정보를 얻기 위해서라면 그 이상의 집단이 요구된다.

④ **장소와 환경:** FGI를 위한 장소나 환경에 필요한 조건이 명확히 정해져 있는 것은 아니지만, 무엇보다 중요한 점은 장소가 중립적이어야 한다는 것이다. 장소나 환경에 의해 참여자들이 영향을 받으면 올바른 인터뷰가 진행될 수 없다. 또한 참여자들이 편안함과 친숙함을 느낄 수 있는 곳이어야 한다. 물리적 환경도 장소만큼이나 중요하다. 토론을 활성화시킬 수 있도록 모든 참여자들이 편안하게 앉을 수 있는 충분한 공간이 필요하다. 가장 많이 사용되는 형태는 원형 테이블과 일면경(one-way mirror)이 갖추어진 조용한 방이다. 모든 사람의 목소리를 잘 녹음할 수 있는 위치에 녹음기를 위치시켜야 하며 특이한 사항이나 흥미로운 내용에 대해서는 노트에 따로 기록할 수 있도록 준비가 필요하다. 그 외에도 커피 테이블이나 편한 의자 등을 준비하는 것도 인터뷰를 진행하는 데 도움을 준다.

⑤ **진행자의 선정:** 진행자의 능력과 자질에 따라 인터뷰의 질이 달라질 수 있어서 FGI에서 인터뷰 진행자의 역할이 매우 중요하다. 좋은 진행자는 다른 사람들의 생각과 느낌에 관심을 기울여야 하고 진행자 자신의 생각도 조리 있게 표현할 수 있어야 하며 유머감각도 있어야 한다. 토의해야 할 주제에 대해 잘 알고 적절한 능력을 가지고 있는 연구자들은 보통 그들 자신이 진행자가 되지만, 연구자가 인터뷰를 진행할 자질이 부족하다고 판단되는 경우 전문적인 진행자를 활용할 수도 있다. 또한 보조 진행자가 있는 것이 인터뷰 진행에 큰 도움이 될 수 있다. 보조 진행자가 있으면, 주 진행자가 여러 부수적인 작업이나 환경적 요인으로 인해 집중력이 분산되는 것을 막을 수 있기 때문이다.

⑥ **인터뷰 시간관리**: FGI의 진행시간은 보통 1시간에서 3시간 정도 소요된다. 토의를 하는 시간은 1시간 30분에서 2시간 정도 걸리지만, 본격적인 토의를 시작하기 전에 인터뷰 내용을 참여자들에게 간단히 소개하고, 서로의 어색함을 해소할 수 있는 시간도 포함해야 하기 때문이다. 인터뷰가 이루어지는 시간대를 결정할 때에도 신중함이 요구된다. 주제 및 참여자의 특징에 따라 알맞은 시간대가 따로 있다. 모든 참여자들이 편안하게 토의에 참석하고 활발한 토론이 이루어질 수 있는 시간대를 골라야 한다.

(2) FGI의 실행

① 진행자의 역할

FGI 진행자의 역할은 조사 준비, 진행, 자료 분석과 같이 조사과정 전체를 관리하는 것이다. 그러면서도 무엇보다 인터뷰 과정에서 진행자는 조정자 또는 촉진자로서의 역할을 한다. 인터뷰 진행자에게는 유연성과 개방적인 태도, 정보를 유도해내는 능력, 그리고 참여자의 발언을 경청하고 해석하는 능력 등이 요구된다. 또한 진행자는 조정자 역할을 하면서 리더십을 발휘해야 하므로, 진행에 필요한 사회적 능력을 갖출 필요가 있다. 그래야만 참여자들이 효과적으로 상호작용하도록 도와 줄 수 있으며, 참여자들에게 어떤 형태의 강요를 하지 않으면서도 주제에 초점을 맞추고 토의를 통제할 수 있게 된다.

아울러 진행자는 토의 분위기를 고무시킬 수 있어야 하며, 참여자들이 제시하는 아이디어에 대해서 자신이 관심을 갖고 있다는 것을 보여줄 필요가 있다. 공개적이고 위협적이지 않은 집단 분위기를 형성하는 것도 중요한 역할 중 하나이다. 참여자들이 편안한 느낌을 갖게 된다면, 보다 개방적이고 생산적인 방식으로 상호작용하게 될 것이며, 연구 주제에 대한 생각과 느낌을 이야기하는 데 어려움이 없을 것이다. 몇 명의 소수 참여자가 인터뷰 분위기를 주도하도록 하기보다는 모든 참여자들이 인터뷰에 적극적으로 참여할 수 있도록 하는 것도 진행자의 역할이다. 참여자 중에는 외향적이고 적극적인 사람이 있는 반면, 내성적이고 소극적인 사람들도 있다. 인터뷰 진행자는 이렇게 서로 다른 성격의 참여자들 간에 참여의 균형을 이룸으로써, 내성적이고 소극적인 사람들로부터도 의미 있고 원하는 정보를 얻어낼 수 있도록 해야 한다.

한편 진행자가 한 사람 한 사람 돌아가면서 동일한 질문을 하는 것은 피해야 한다. 왜냐하면 FGI는 역동적인 집단 상호작용을 통하여 개별 인터뷰에서 얻기 어려운 새로운 아이디어나 미처 생각하지 못했던 많은 부분들이 자발적으로 나타나는 것이기 때문이다. 참여자들은 상대방의 발언을 근거로 새로운 의견을 제시하며, 서로 간의 접촉을 통해서 잊고 있었던 생각이나 느낌을 떠올리기도 한다.

진행자는 인터뷰가 끝낸 후, 세션을 참관했던 사람들에게 간단한 브리핑을 실시해야 한다. 이런 과정을 통해 인터뷰 과정에서 일어났던 주요 주제들을 구체화시킬 수 있다. 또한 인터뷰 상황을 담은 오디오나 비디오테이프를 확인하고, 그것을 분석하는 것도 진행자의 역할이다.

② 진행과정

❶ 시작단계: 인터뷰의 시작단계는 전체적인 인터뷰 분위기를 결정짓고 인터뷰 결과에도 영향을 미친다. 너무 딱딱한 분위기는 상호작용을 방해하기 때문에 인터뷰가 시작되기 전 가벼운 다과와 함께 서로 소개하면서 분위기를 부드럽게 조성한다. 특히 참여자들이 처음 보는 사이라면 편안한 마음으로 인터뷰에 참여할 수 있도록 분위기를 조성해야 한다. 특히 인터뷰 시작단계에서는 참여자들에게 인터뷰의 전반적인 사항을 소개하고, 인터뷰의 주제와 목적이 무엇이며 참여자들에게 기대하는 것이 무엇인지 설명한다. 참여자들이 자신의 의견을 드러내고 자유롭게 토론을 알 수 있도록 하기 위해 "어떤 질문에 대해서도 정답은 존재하지 않으며 각자의 생각을 연구자가 알고 싶어 한다."라는 사실을 상기시킨다. 인터뷰 내용의 녹음 또는 녹화를 위해서는 한 번에 한 명씩만 가능한 큰 목소리로 이야기할 것을 주지시키고 참여자의 익명성이 보장될 것을 확인한다.

❷ 진행단계: 일반적인 질문에서 시작하여 구체적인 질문으로 이어진다. 예를 들어, 어떤 사회복지서비스에 대한 일반적인 지식을 질문하는 것으로 시작하여 해당 서비스에 대한 참여자들의 경험을 통한 구체적인 느낌을 질문하게 된다.

❸ 마무리 단계: 마무리 단계에서도 중요한 정보를 얻을 수 있다. 토의내용을 요약하여 제시하면서 연구자가 참여자들의 생각을 제대로 이해했는지 확인하고 참여자의 추가적인 의견도 들을 수 있다. 이때 토의에 적극적이지 않았던 참여자의 의견을 들어볼 수도 있다. 참여자들로부터 추가 인터뷰를 위한 사람을 소개받을 수도 있다.

③ 분석 및 보고

인터뷰 종료 후 녹음 또는 녹화된 내용을 확인하면서 녹취록을 작성한다. 녹취록 작성은 인터뷰 내용을 철저하게 확인하고 이해하며 깊이 있는 분석을 하기 위하여 필수적인 작업이다. 구조화되지 않은 인터뷰에서 시작하기 때문에 연구자는 앞선 집단의 결과로부터 다음 집단의 인터뷰 내용을 결정하게 된다.

FGI의 분석과 보고 방법은 FGI 목적에 따라 달라진다. 설문 문항 작성을 위하여 FGI를 하는 경우처럼 예비적이고 탐색적 목적의 FGI에서는 설문문항 작성을 위한 정보 수집에 초점을 맞추게 된다. 반면 설문조사 후에 응답자에 대한 심도 있는 통찰을 얻는 것이 목적일 때는 앞의 경우보다 구조화된 접근에 의하여 더욱 깊은 분석과 보고가 이루어진다.

(3) FGI의 분석

① FGI 결과의 체계적인 분석 절차

❶ 인터뷰 진행 중 분석: 서로 모순되는 의견이나 이해가 잘 가지 않는 견해에 귀를 기울이고 그것을 이해하기 위해 심층적으로 파고든다. 주요 질문들을 요약하여 참여자 각자에게 요약하여 주고 최종적으로 그들의 선호와 견해를 확인한다.

❷ 인터뷰 종료 직후 분석: 좌석 배치도를 그리고 녹음된 테이프를 확인한다. 또한 진행자와 보조진행자 간 의견을 교환하여 느낌이나 해석 또는 아이디어를 적고 다른 집단과 비교한 뒤 자료를

정리한다.

❸ **인터뷰 종료 및 시간 이내에 개별 집단 분석**: 녹음의 사본을 만들어 저장하고 녹취록을 만든다. 녹취록과 이전 분석 자료를 분석하여 개별 집단에 대한 분석보고서를 준비하고 해당 보고서를 인터뷰를 지켜보았던 다른 연구자들과 함께 검증해 보며 오류가 없는지 논의한다.

❹ **여러 집단의 인터뷰 결과 분석**: 여러 집단을 비교하고 전체적으로 가장 중요한 주제를 찾아내 유형화하고 분석하여 도식화한다. 다음으로 인터뷰 내용을 인용하여 발견한 사항들을 기술한다.

❺ **보고서 준비**: 적절한 보고서 작성을 위하여 보고 목적에 알맞은 형식을 선택한다. 다른 연구자들과 자료를 공유하여 오류를 찾아내고 정정한 뒤, 최종 보고서를 완성한다.

② <u>**분석 시 고려사항**</u>

❶ **용어**: 실제 쓰인 용어뿐 아니라 용어의 의미도 파악하여야 한다. 용어와 문구의 다양성이 이용될 것이며 연구자는 반응들 간의 유사성의 수준을 결정해야 한다.

❷ **문맥**: 참여자의 발언이 나온 원인-진행자에 의한, 또는 다른 참여자에 의한-을 살펴봄으로써 해당 발언이 나오게 된 문맥적 요인을 파악하여야 한다.

❸ **내적 일관성**: 참여자가 다른 이들과 상호작용을 한 후 의견을 바꾼 경우, 연구자는 그 원인을 추적하여 변화를 설명해야 한다.

❹ **빈도 또는 범위**: 자주 폭넓게 언급된 주제들은 참여자들에게 특별하거나 중요하게 여겨진다고 볼 수 있다. 어떤 주제가 자주 다루어졌는지 파악하여야 한다.

❺ **강도**: 참여자들은 측정 주제에 대하여 여러 방식으로 감정의 강도나 깊이를 표현한다. 강도는 녹취록만으로는 파악하기 힘들기 때문에 인터뷰 시 참여자들의 면모(목소리 톤, 높낮이, 말의 빠르기 등)를 살펴서 파악한다.

❻ **아이디어 발굴**: 분석을 마친 후 여유를 갖고 그 안의 아이디어들을 정리한 뒤, 보조진행자 또는 질적 조사 전문가들과 공유하고 검증받는다.

③ 내용분석

FGI에서도 다른 질적연구와 마찬가지로 '내용분석(content analysis)' 방법이 많이 사용된다. 내용분석은 녹취록을 검토하면서 코드를 부여하는 과정을 통해서 이루어진다. 내용분석은 내용에 따라서 코드를 부여하는 과정과 코드 별로 내용을 비교, 대조하는 두 과정으로 이루어진다. 이 과정들은 축코딩(axial coding)과 선택코딩(selective coding)으로 불리기도 한다. 첫 번째 과정에서는 자료를 전체적으로 검토하고 구, 문장, 단락의 단위로 코드를 부여하며, 여백에는 필요한 내용을 기입한다. 두 번째 과정에서는 특정 주제를 잘 드러내는 내용을 찾아내고 모든 자료 수집이 끝난 후에는 내용들을 비교, 대조한다. 연구자는 특정한 질문, 가설, 개념, 주제와 관련된 인터뷰 내용을 쉽고 빠르게 찾아, 분석하고, 집단화함으로써 전체 인터뷰 내용으로부터 특정한 패턴을 발견할 수 있다.

3) FGI 연구 실제

이준우와 황준호(2021)의 논문[18]인 "수어통역사 자격제도 운영에 대한 수어통역사, 청각장애인통역사, 농인의 인식"에서 '연구방법' 부분을 발췌하여 소개한다.

(1) 질적연구

본 연구에서는 수어통역 서비스를 제공하는 수어통역사와 청각장애인통역사 그리고 수어통역 서비스를 이용하는 농인들을 구분하여 초점집단면접(Focus Group Interview: FGI)을 실시하였다.

✦ 18) "이준우, 황준호. (2021). 수어통역사 자격제도 운영에 대한 수어통역사, 청각장애인통역사, 농인의 인식. 한국콘텐츠학회논문지, 21(9), pp. 543-556."

초점집단면접은 양적조사를 실시하는데 필요한 시간과 재원이 충분하지 않거나 양적조사를 통해 정확한 욕구나 의견을 파악하기 어려운 경우에 활용되는 유용한 질적연구방법이다. 특히 소규모 인원으로 진행되는 초점집단면접은 참여자들이 상호 교류하면서 자신의 경험과 욕구 및 필요, 의견 등을 자유롭게 제시할 수 있는 장점이 있다. 다만 초점집단면접을 진행하는 사람의 전문적인 능력이 요구되며 동시에 초점집단면접을 통해 수집된 결과를 분석하는 역량도 전제되어야 한다(Thomas L. Greenbaum/이광숙 역(2001). 따라서 수어통역이 이루어지는 현장에서 일하는 수어통역사와 청각장애인통역사 그리고 이들로부터 통역서비스를 제공받는 '청각장애를 갖고 있으면서 수어를 제1언어로 사용하는 농인'으로부터 의견을 도출하기 위한 연구조사 방법으로 초점집단면접은 효과적이다. 한국어를 외국어로 습득하는 농인의 입장에서 한국어 혹은 한글로 구성된 양적조사 도구인 설문지는 매우 부담스럽다. 그러나 같은 입장에 있는 사람들이 함께 만나서 편안하게 자신의 이야기를 할 수 있게 하는 초점집단면접은 현실 상황과 관련된 사건 및 이슈에 대한 참여자의 주관적 인식을 파악하게 해 줄 수 있다. 사회적 현상에 대한 개인의 주관적 인식은 현실세계를 이해하는 주요 자료가 될 수 있다. 특히 본 연구를 수행한 연구자들은 30년 이상 수어통역 및 농인의 삶의 현장에서 살고 있는 청인 전문가이면서 질적연구자로서의 교육과 훈련을 지속적으로 받아왔으며 여러 질적연구를 실제로 수행한 경험을 갖고 있다.

(2) 연구참여자 선정과 자료수집 절차

연구참여자는 연구의 목적을 충분히 이해하고, 자신의 의견을 자유롭게 표현할 수 있는 이들을 선정하기 위해 전문가 추천 사례방식을 활용하였다. 먼저 수어통역사와 청각장애인통역사의 경우 경력 5년 이상으로 국립국어원과 수어통역사협회, 수어통역사업동조합 등으로부터 추천받았으며, 농인 이용자는 한국농아인협회와 학계 전문가, 국책기관 소속 연구원 등으로부터 추천을 받아 섭외를 진행하였다. 연구참여자들의 기본적인 정보는 <표 8-2>와 같다.

<표 8-2> 연구참여자의 일반적 특성

구분		성명	성별	경력/연령	직위
1차	수어 통역사	A	여	17년	과장
		B	남	28년	과장
		C	여	15년	과장
	청각장애인 통역사	D	남	7년	대리
		E	남	8년	대리
		F	여	5년	사원
		G	여	6년	주임
	농인 이용자	H	남	40대	이사
		I	남	30대	학생
		J	여	30대	학생
		K	남	50대	프리랜서
		L	남	40대	이사
		M	남	30대	영상업체 대표
2차	수어 통역사	가	여	15년	팀장
		나	여	23년	팀장
		다	여	9년	대리
		라	여	14년	팀장
	청각장애인 통역사	마	남	16년	사무국장
		바	남	11년	대리
		사	여	13년	대리
		아	여	7년	대리
	농인 이용자	자	남	50대	자영업
		차	여	50대	가사
		카	여	40대	청소용역 직원

* 출처: 이준우, 황준호. (2021). 수어통역사 자격제도 운영에 대한 수어통역사, 청각장애인통역사, 농인의 인식. 한국콘텐츠학회논문지, 21(9), p. 549.

자료수집은 2018년 3월부터 2020년 4월까지 수어통역사, 청각장애인통역사, 농인 이용자를 구분하여 각 그룹별로 두 차례, 총 6회에 걸쳐 초점집단면접을 진행하였다. 연구참여자는 연구의 목적을 충분히 이해하고 현장에서 활발히 활동하고 있는 수어통역사와 청각장애인통역사 그리고 수어통역 서비스와 관련해 충분한 의견을 제시할 수 있는 농인들로 선정하기 위해 전문가 추천 사례방식을 활용하였다.

(3) 자료분석 방법

이 연구에서는 자료로부터 패턴(주제)을 확인하고, 주제의 의미를 분석하는 주제분석방법을 활용하였다(Braun, Virginia, & Victoria Clarke, 2006). 주제분석은 연구참여자가 주관적으로 경험한 인식이 그들이 처한 사회문화적 맥락 속에서 어떻게 해석되고 유형화되는지 살펴보는 데 유용한 분석방법이다.

연구참여자들의 수어로 이루어진 답변과 대화 내용을 1차 인터뷰의 경우에는 동시통역 형태의 음역(음성통역)으로 산출하였다. 산출된 결과물은 연구자의 즉각적인 동시적 확인을 거쳐 현장에서 일부 수정되어 녹취되었다. 특히 수어의 특성상 수어통역사의 음성통역이 최선으로 진행되었음에도 일부 내용은 미흡한 수어번역이 발생하였고, 이에 부득이하게 연구자가 수정번역한 내용을 의견으로 제시하여 연구참여자의 확인을 거쳐 현장에서 즉각 수정되어 재녹취하기도 했다. 한편 2차 인터뷰에서는 연구자가 영상 촬영본을 수어로 번역하여 녹취하였다. 코로나19 상황으로 인해 현장에서 음성통역을 통한 녹취를 할 수 있는 조사환경을 형성하기가 쉽지 않았다. 그럼에도 주어진 여건 속에서 연구자가 1차 녹취록을 다시 수어로 변환하는 과정을 영상으로 촬영하여 그 내용을 원래 영상 자료와 상호 교차적으로 대조하면서 수어번역 녹취록을 꼼꼼하게 점검하였다. 이렇게 하여 도출된 결과물은 축어록의 형태로 모두 작성한 뒤, 전체적으로 한 번 읽고 확인하며 각 연구참여자들 사이의 상호작용을 메모하였다. 재독시에는 한줄 씩 읽으며 떠오르는 개념들을 중심으로 분류시켜 나갔다. 새로운 주제가 나타날 때마다 앞부분의 응답내용과 메모를 비교하고 검토하면서 범주화하는 작업을 실시하였다. 이러한 과정을 거치면서 코드들 간에 연관성에 따라 참여자들에게 공통적으로 나타나는 주제를 중심 주제로 분석해 나갔다. 분석을 진행하는 과정에서 본 연구가 의도적으로 얻고자 하는 주요 정보들을 최대한 반영하려고 노력하였다.

2. 델파이 방법

1) 델파이 방법 개요

'Delphi'라는 이름은 고대 희랍신화 중에서 미래를 통찰하고 신탁을 하였다는 아폴로(Apollo) 신전의 소재지인 희랍의 옛 도읍지 명칭을 따른 것이다. 1950년대에 미국 랜드연구소(Rand Corporation)의 올라프 헬머(Olaf Helmer)와 노르만 댈키(Norman Dalkey)가 특정한 군사 문제를 다루기 위해 개발한 것이다(Rowe & Wright, 1999). 델파이 방법(Delphi method)은 추정하려는 문제에 관한 정확한 정보가 없을 때는 '두 사람의 의견이 한 사람의 의견보다 정확하다.'는 계량적 객관의 원리와 '다수의 판단이 소수의 판단보다 정확하다.'는 민주적 의사 결정의 원리에 논리적 근거를 두고 있다(이종성, 2001: 7).

집단의 합의가 필요한 문제를 해결하기 위하여 일반적으로 관계된 사람들이 모이거나 대표자로 구성된 협의회를 통하여 토의를 하게 된다. 협의회와 같이 얼굴을 맞대고 토의하는 과정에서는 ① 소수의 의견이 무시되는 다수의 횡포, ② 권위 있는 어느 한 사람의 발언의 영향, ③ 사전조율에 의한 역학의 약점, ④ 한 번 취한 입장의 고수 등 심리적으로 바람직하지 못한 효과가 작용하게 된다. 델파이 방법은 면대면 토의과정에서 나타날 수 있는 바람직하지 못한 심리적 효과를 제거한 일종의 패널식 조사연구방법이라고 할 수 있다. 델파이 방법은 토론집단이 복합적인 문제를 효과적으로 취급할 수 있도록 토론자 사이에 의사소통 과정을 구조화한다. 델파이 방법의 세 가지 특성이라고 할 수 있는 의사소통 과정의 구조화는 ① 절차 반복과 통제된 피드백(feedback), ② 응답자의 익명, ③ 통계적 집단반응의 절차를 통하여 이루어진다(이종성, 2001: 7-8).

2) 델파이 방법의 절차[19]

델파이 방법은 일반적으로 다음과 같은 단계들을 밟는다. 첫째, 전문가 위원회가 소집된다. 둘째, 예측작업과 과제를 정하고 각 전문가들에게 공유한다. 셋째, 각 전문가는 초기 예측값과 타당한 이유를 제시하여 응답한다. 넷째, 이러한 피드백을 모아 요약한다. 다섯째, 각 전문가들에게 요약한 피드백을 제공한다. 여섯째, 각 전문가는 피드백에 비춰보아 예측값을 검토한다. 이 과정은 만족스러운 수준으로 합의가 될 때까지 반복될 수 있다. 일곱째, 각 전문가의 예측값 또는 최종의견을 구성한다(Rowe & Wright, 1999). 이러한 델파이 절차는 일반적인 여론조사 방법과 협의회 방법의 장점을 결합시킨 방법이다. 델파이패널(Delphi panel)이라고도 하는 델파이토론 참여자(또는 토론자라고도 함)는 델파이 절차가 반복되는 동안 피드백된 집단반응과 소수의견까지를 참고하여 전반적으로 판단을 수정 보완할 수 있는 기회를 갖는다는 점이 일반 조사절차와 다르다. 델파이 절차에서 토론 참여자는 공개되지 않을 뿐만 아니라 상호 간에 직접적인 접촉을 하지 않으므로 일반적인 대면토의에서 발생할 수 있는 바람직하지 못한 심리적 효과(band-wagon effect, group noise, halo effect 등)를 피할 수 있다. 이와 같은 특성 내에서 변형된 델파이 방법이 개발되어 미래에 대한 예측뿐만 아니라 여러 가지 형태의 추정을 하는데 이용되고 있다. 델파이 방법은 전문가가 있는 분야에는 다양하게 이용될 수 있으며 시행이 용이하고 간단하여 미래예측뿐만 아니라 이해집단의 갈등 관계를 추정하거나 다수인의 의견을 수렴하는 중재도구로 이용될 수 있다(이종성, 2001: 8).

델파이 방법은 3-4회에 걸쳐 질문을 하는데 가장 간단한 일반적 절차는 다음과 같다.

제1회: 추정하거나 해결하려는 연구문제에 해당하는 분야의 전문가 또는 이해집단 구성원을 선정하여(패널이라고 함) 이들로 하여금 상호 접촉하지 않고 연구문제에 대한 개방형 질문(open-ended question)에 응답하도록 하여 일련의 판단을 수집한다.

✦ 19) 델파이 방법의 절차의 [그림 8-1]부터 [그림 8-6]은 "이종성. (2001). 델파이방법. 파주: 교육과학사."를 인용하였음을 밝힌다.

한국고등교육의 미래 추정

델파이 제1회 설문

향후 20년간 한국고등교육 전반(제도, 목적, 기능, 학생, 교수, 교육과정, 교육방법, 시설, 재정, 관리운영 등)에 걸쳐 가장 많은 변화가 일어날 것으로 예상되는 점을 다섯가지만, 희망하는 변화가 아니고 예상되는 변화를 적어주시기 바랍니다.

1.
2.
3.
4.
5.

[그림 8-1] 델파이 제1회 개방형 설문 예시

[그림 8-1]은 델파이 방법을 적용하여 한국고등교육의 미래를 추정한 연구의 델파이 제1회 개방형 설문을 예로 보이고 있다. 아래의 [그림 8-2]는 변형된 델파이 방법을 적용하여 입시제도와 신입생 선발절차의 문제점 연구의 개방형 질문을 예시하고 있다(이종성, 1987).

입시제도와 신입생 선발 절차에 관한 의견 조사

현행 우리나라 입시 제도의 문제점이나 우리 대학 신입생 선발 절차 전반에 대하여 평소에 갖고 계신 의견을 세 가지만 아래에 적어 주시기 바랍니다.

1.
2.
3.

[그림 8-2] 개방형 질문 예시

제2회: 1회 개방형 설문으로 수집한 비체계적인 개방형 응답들을 편집하여 구조화된 폐쇄형 질문들을 만들어 다시 패널들로 하여금 질문의 각 항목내용의 중요성, 희망, 가능성 등에 대하여 동의하는 강도(보통 likert형 척도)를 평정하도록 한다.

아래의 [그림 8-3]은 이상에서 제시한 [그림 8-1]을 예시한 개방형 설문을 통해 수집한 반응을 편집한 구조화된 델파이 제2회 설문의 일부를 예시하고 있다.

한국고등교육의 미래 추정

델파이 제2회 설문

고등교육의 변화를 예상하는 항목	변화가능성 척도 본 응답척도에는 변화에 대한 동의 여하에 관계없이 변화 가능한 정도를 추정하여 표시해 주시기 바랍니다.					희망 척도 본 응답 척도에는 변화에 대한 주관적인 희망을 표시하여 주시기 바랍니다.			
	거의 확실하다 (96% 이상)	대단히 가능하다 (68~95%)	가능성 있다 (36~65%)	가능성 희박하다 (6~35%)	거의 불가능하다 (5% 이하)	꼭 필요하다	바람직하다	바람직하지 않다	유해하다
1. 학술 사업에 대한 정부의 지원규모를 결정하는데 동료 교수들의 평가제도가 도입될 것이다.	①	②	③	④	⑤	①	②	③	④
2. 졸업 요구 학점이 감소될 것이다.	①	②	③	④	⑤	①	②	③	④
3. 사학에 대한 교부금 등이 개발되어서 사학재단이 단독으로 재정을 부담하는 체제는 완화되어 갈 것이다.	①	②	③	④	⑤	①	②	③	④

〔그림 8-3〕 델파이 제2회 설문 예시 (한국고등교육의 미래 추정을 위한 연구)

다음의 [그림 8-4]는 위에서 제시한 [그림 8-2]로 예시한 개방형 설문으로 수집한 반응을 편집하여 작성한 제2회 설문지의 일부를 예시하고 있다.

입시제도와 신입생 선발전형에 관한 2차 설문지

다음은 교수님들께서 제시하신 신입생 선발의 가능한 준거들입니다. 선생님께서 생각하시는 적절한 준거에 대하여 입시전형의 반영 비율을 백분율(%)로 나타내 주시기 바랍니다. 만일에 선발전형의 준거로 적절하지 않다고 생각하시면 그 준거에는 0%를 기입하시어 반영 비율의 합이 100%가 되도록 평정하여 주시기 바랍니다.

선발전형 준거	반영 비율(%)
학력고사	%
내신성적	%
논술고사	%
적성검사	%
대학 자체 시험	%
면접 고사	%
추천서	%
계	%

다음은 현행 입시제도 개선에 관한 교수님들의 제안 사항들입니다. 각 항목에 대한 찬반 의견과 변화가능성 정도를 각각 5점 척도에 평정하여 주시기 바랍니다.

현행 입시제도 개선에 관한 제안 사항	<찬, 반의 정도>					<변화가능성 정도>				
	적극반대	반대	반대하지않음	찬성	적극찬성	낮다 ↔ 높다				
1. 학력고사 실시 횟수를 2회 이상으로 하여야 한다	①	②	③	④	⑤	①	②	③	④	⑤
2. 학력고사는 자격교사로 그 기능이 전과 같이 환원되어야 한다.	①	②	③	④	⑤	①	②	③	④	⑤
3. 학력고사 운영이 개선되어야 한다.	①	②	③	④	⑤	①	②	③	④	⑤
4. 대학의 전공학과와 관련이 있는 교과목을 학력고사 수험과목으로 필수적으로 선택하도록 하여야 한다.	①	②	③	④	⑤	①	②	③	④	⑤
5. 학력고사는 민간 기구가 담당하여야 한다.	①	②	③	④	⑤	①	②	③	④	⑤
6. 학력고사는 적성검사로 대치되어야 한다.	①	②	③	④	⑤	①	②	③	④	⑤

〔그림 8-4〕 델파이 제2회 개방형 설문 예시 (입시제도와 신입생 선발절차)

제3회: 2회에서 회수한 패널들의 반응에 대하여 집중경향과 변산도(중앙값과 사분점간 범위, 즉 '사분범위' 또는 평균과 표준편차)를 산출한다. 3회 설문은 각 패널들에게 각 질문의 집중경향과 변산도 측정값(통계적 집단반응)과 패널 본인의 제2회 반응을 피드백하여 질문에 대한 반응을 재고하고 수정할 수 있는 기회를 제공한다. 제3회 설문의 각 질문에 대한 반응란에는 동의의 강도뿐만 아니라 다수의 의견으로부터 벗어난 반응(사분점간 범위를 벗어난 반응)을 할 때에는 다수의 의견과 달리하는 이유를 적을 수 있는 란을 포함한다.

〔그림 8-5〕는 〔그림 8-3〕으로 예시한 델파이 제2회 설문의 각 질문에 대한 전문가들의 응답결과를 요약하여 중앙치는 Md로, 사분점간 점위(중앙50%를 포함하는 점수범위)는 [　]로, 해당전문가의 응답은 X로 나타내고, 각 질문의 하단에는 변화가능성의 재 추정치가 사분점간 범위를 벗어날 때는 다수의 전문가들과 의견을 달리하는 이유를 적을 수 있는 의견란이 있는 델파이 제3회 설문의 일부를 보이고 있다.

제4회: 제3회에서 회수한 패널들의 반응에 대하여 집중경향과 변산도를 다시 산출하고 다수 의견으로부터 벗어난 소수의견을 수합한 보고서와 함께 질문을 반복한다. 패널들의 의견이 어느 정도 일치할 때까지 몇 차례 질문을 반복한다.

한국고등교육의 미래 추정						
델파이 제3회 설문						
	변화가능성 척도					
고등교육의 변화를 예상하는 항목	이제 응답 척도의 상단에는 제2회 설문에 대한 전문가들의 응답결과를 요약하여 중앙치는 Md로, 사분점간 범위는 [ ]로, 해당 전문가의 응답은 x로 나타냈으며, 하단에는 각 질문에 다시 응답을 하실 수 있도록 되어 있습니다. 선생님의 재추정치가 대다수의 전문가들의 추정치와는 달리 [ ]범위를 벗어날 때는 그 이유를 의견란에 적어주시기 바랍니다.					
	거의 확실하다 (96% 이상)	대단히 가능하다 (68~95%)	가능성 있다 (36~65%)	가능성이 희박하다 (6~35%)	거의 불가능하다 (5% 이하)	
1. 학술 사업에 대한 정부의 지원규모를 결정하는데 동료 교수들의 평가제도가 도입될 것이다.		Md	x			
	①	[②	]③	④	⑤	
	①	②	③	④	⑤	
2. 졸업 요구 학점이 감소될 것이다.		x	Md			
	①	[②	③]	④	⑤	
	①	②	③	④	⑤	
3. 사학에 대한 교부금 등이 개발되어서 사학재단이 단독으로 재정을 부담하는 체제는 완화되어 갈 것이다.	①	x	Md			
	①	②[	]③	④	⑤	
	①	②	③	④	⑤	

〔그림 8-5〕 델파이 제3회 개방형 설문 예시

〔그림 8-6〕은 제3회 설문으로부터 수집한 소수의견 보고서의 일부를 보이고 있다. 델파이 과정은 두 가지 형태로 나누기도 한다. 가장 일반적으로 사용되는 형태는 표준 델파이(standard Delphi)라고 할 수 있는 지필형이다. 소수의 모니터 팀이 설문지를 작성하고 설문지는 다수의 응답

집단에게 보내진다. 회수된 설문지는 다시 모니터 팀이 결과를 요약하고 편집하여 새로운 설문지를 작성하여 응답집단에 보낸다. 응답집단은 집단반응을 검토하여 그들의 응답을 재평가할 기회를 갖는다. 이 형태의 델파이 방법은 다수로 구성되는 응답집단의 통신과정에 소요되는 노력을 소수의 모니터 집단이 맡는 투표절차와 회의절차를 결합한 것이다. 실시간 델파이(real-time Delphi)라고 하는 다른 형태의 델파이 방법은 설문지를 우송하고 회수하고, 결과를 통합하고 편집하는 등 모니터 팀이 하는 일의 상당 부분을 컴퓨터가 하게 된다. 실시간 델파이 방법은 델파이 절차가 빠르게 진행될 수 있다는 장점을 갖고 있는 반면에 통신과정의 프로그램에 따라 반응에 제한점을 갖는다.

한국고등교육의 미래 추정

"델파이" 질문 변화 항목과 소수의견

고등교육의 변화를 예상하는 항목	소수의견	
	변화가능성이 높다	변화가능성이 낮다
1. 학술 사업에 대한 정부의 지원규모를 결정하는데 동료 교수들의 평가제도가 도입될 것이다.	• 현재까지 해온 통계자료에 의하면 될 것이기 때문에 다른 방법이 없음 • 한국 과학재단이 이미 실시하고 있음	• 가능할 뿐이다. 비록 학술사업에 대한 정부 지원의 결정이 긴 해도 관리들은 교수들의 의견을 그렇게 존중해 오지 않았다. 결정해 놓고 발표 직전에 한 번 들여다보라는 식이 아니었던가? • 우리나라에 있어서의 정책 결정은 거의 독단적으로 이루어지기 때문 • 동일교에 근무하는 동료들을 상호 평가하기 곤란함 • 소요에 의한 예산을 책정하는 것이 아니고 예산에 집행을 맞추고 있는 실정임 • 관리가 교수를 믿지 못할 테니

〔그림 8-6〕 소수의견 예시

델파이 방법은 쉽게 적용할 수 있는 간단한 방법이다. 그러나 세심한 설계를 하지 않는다면 패널 조사연구의 약점과 함께 델파이 방법의 약점을 드러낼 수 있다. 델파이 방법을 적용하려고 할 때 중요한 문제는 ① 추정하려는 문제를 가능한 좁게 구체적으로 정의하는 것, ② 패널을 선정하는 일, ③ 절차를 반복함에 따른 패널들의 이탈을 방지하는 것이다.

3) 델파이 방법 사용 실제

박경수와 이준우, 김용탁(2022)[20]이 발표한 연구 논문의 내용 중 '연구방법' 부분을 발췌하여 소개한다.

(1) 연구 참여자

이 연구에서는 중앙정부와 지방자치단체 및 지역자원 연계를 통한 새로운 장애인고용 협력모델 제시를 목적으로 현실 적용 가능한 구체적인 정책 및 제도 도입 방안 등에 대한 전문가 의견을 도출하기 위하여 델파이 조사 방법을 활용하였다.

델파이 분석은 연구주제에 부합하는 충실한 의견을 도출한다는 측면에서 관련 분야의 대표적인 전문가를 연구 참여자로 선정하는 것이 중요하다. 즉 연구 참여자는 전문가로서의 유익한 의견을 개진할 수 있는 역량과 경험, 지식과 이해를 갖고 있어야 한다(Paraskevas & Saunders, 2012). 이에 본 연구에서는 연구의 목적을 충분히 이해하고, 자신의 의견을 자유롭게 표현할 수 있는 연구 참여자들을 선정하기 위해 전문가 추천 사례방식을 활용하였다. 그 결과 장애인 고용정책 연구자, 현장실무 전문가로 구성된 12명의 '전문가 패널'을 형성하였다. 연구 참여자들의 기본적인 정보는 <표 8-3>과 같다.

<표 8-3> 전문가 패널 명단

구분	성별	연령	소속	직위
전문가 1	남	50	○○구장애인직업재활지원센터	센터장
전문가 2	여	50	한국○○○○대학교 사회복지학과	교수
전문가 3	남	50	한국○○○고용공단 고용개발원	연구위원

✦ 20) "박경수, 이준우, 김용탁. (2022). 장애인 고용정책의 중앙-지자체 협력방안 탐색: 전문가 패널 델파이 조사를 중심으로. 장애와 고용, 32(3), pp. 5-29."

구분	성별	연령	소속	직위
전문가 4	남	40	○○대학교 특수교육학과	교수
전문가 5	여	60	○○대학교 재활학과	교수
전문가 6	남	50	한국○○○직업재활시설협회	사무총장
전문가 7	남	40	○○대학교 경제학과	교수
전문가 8	남	50	○○○○대학교 사회복지학과	교수
전문가 9	남	50	○○○○대학교 사회복지학과	교수
전문가 10	여	40	한국○○○개발원 연구개발팀	팀장
전문가 11	남	60	○○대학교 사회복지학과	교수
전문가 12	남	50	○○대학교 재활학과	교수

* 출처: 박경수, 이준우, 김용탁. (2022). 장애인 고용정책의 중앙-지자체 협력방안 탐색: 전문가 패널 델파이 조사를 중심으로. 장애와 고용, 32(3), p. 13.

(2) 연구 절차 및 조사 내용

델파이 조사를 실시하기에 앞서 먼저 첫 번째 단계에서는 이론적 고찰과 전문가 자문회의[21]를 진행하였고, 그 결과[22]를 면밀히 검토하면서 총 8개의 설문 및 의견을 묻는 항목을 가지고 전문가

✦ 21) 전문가 자문회의는 2021년 10월 22일(금) 오전 10시부터 오후 12시 23분까지 '줌을 활용한 비대면 집단 토론 형태'로 진행되었다. 코로나19로 인한 부득이한 회의 방법이었다. 연구책임자가 전체적인 진행을 담당하였고 공동연구자 1인이 기록과 참여관찰을 수행하였다. 한국00 소속 연구위원 1인과 대학교수 4명이 자문위원으로 참여하였는데 그 중 대학교수 1인은 당일 자문회의에 참석할 수 없어서 서면 자문으로 대신하였다.

✦ 22) 자문의 주요 내용을 요약 정리하면 다음과 같다. 첫 번째 자문 주제는 '연구의 방향'에 관한 것이었다. 핵심 쟁점은 중앙정부와 지자체 협력 모델을 마련할 때 어디가 더욱 주도적이어야 하는지에 대한 의견들이었다. 두 번째 자문 주제는 '연구방법'에 관한 것이었다. 델파이(패널 형태)조사가 유용하겠다는 공통된 의견이 도출되었다. 세 번째 자문 주제는 '델파이 1차 조사' 항목들에 대한 검토였다. 삭제해야 할 내용들과 추가해야 할 내용들이 구체적인 의견으로 제시되었다.

패널 1차 조사지를 개발하였다.[23] 두 번째 단계에서는 12명의 '전문가 패널'을 대상으로 2021년 10월 26일(화)부터 11월 5(금)까지 1차 델파이 조사를 진행하였다. 이때 참여자가 전문가 패널 1차 조사지에서 제시된 총 8개의 항목의 문항별 리커트(Likert) 5점 척도, 선택형 척도, 순위형 척도 등으로 구성된 응답을 선택하게끔 하였다. 아울러 부가적으로 서술형 의견을 제시할 수 있도록 하였다. 세 번째 단계에서는 전문가 패널 1차 조사지를 취합한 후 자료에 대한 분석을 IBM SPSS 21.0을 활용하여 빈도(frequency)와 백분위(percentile)뿐만 아니라 문항별 필요도·중요도·시급도에 대한 평균(median), 중앙값(median), 표준편차(standard deviation) 등을 측정하여 지수화 하였다. 네 번째 단계에서는 1차 델파이 조사 결과를 면밀히 검토하면서 총 10개의 설문 및 의견 항목을 가지고 전문가 패널 2차 조사지를 구성하였다.[24] 다섯째 단계에서는 1차 때와 동일한 '전문가 패널'을 대상으로 2021년 11월 24일(수)부터 11월 30일(화)까지 2차 델파이 조사를 진행하였다. 이때 참여자가 전문가 패널 2차 조사지에서 제시된 총 9개의 항목의 문항별 리커트(Likert) 5점 척도, 선택형 척도, 순위형 척도 등의 응답을 선택하고 기타 의견으로 1개의 서술형 의견을 제시할 수 있도록 하였다. 여섯째 단계에서는 전문가 패널 2차 조사지를 취합한 후 1차 때와 동일한 방식으로 분석하였다.

✦ 23) 8개의 설문 및 의견을 묻는 항목의 구체적인 내용으로는 ① 장애인고용정책에서 중앙정부와 지방자치단체의 협력이 필요한 이유에 대한 정도, ② 장애인고용정책에서 중앙정부와 지방자치단체의 협력이 어려운 이유에 대한 정도, ③ 중앙정부와 지자체 협력 차원에서의 장애인 고용정책 및 서비스의 문제점, ④ 중앙정부와 지자체 간 장애인고용 협력체계 구축 시에 갖추어야 할 문항별 필요성, 중요성, 시급성 정도, ⑤ 중앙정부와 지자체 간 장애인 고용 정책 및 서비스 협력 수준 문항별 필요성, 중요성, 시급성 정도, ⑥ 장애인고용서비스 포함여부 및 중앙정부와 지자체 간 협력이 필요한 우선순위, ⑦ 각 지역의 장애인 고용 및 직업재활서비스 기관들을 조정·연계 시 컨트롤타워의 기능 수행 주체, ⑧ 장애인 고용정책 지방자치단체 협력 모델 마련 고려 사항에 대한 종합적 의견이다.

✦ 24) 2차 델파이 조사지의 항목으로는 ① 협력 추진을 위한 중앙정부와 지방정부 간의 역할 정도, ② 협력이 필요한 이유에 대한 각 순위별 항목에 대한 정도, ③ 협력이 어려운 이유를 해소하기 위한 중앙-지방의 역할 정도 및 예산 투입 정도, ④ 협력이 어려운 이유에 대한 각 순위별 항목 정도, ⑤ 법제도적 측면·공급주체 측면·서비스 기관 간 측면·전문성 측면·예산 측면·장애인 측면·사업주 측면, ⑥ 장애인 고용협력체계 구축 시 갖추어야 할 내용에 대한 우선순위, ⑦ 중앙정부와 지자체간 장애인고용 정책 및 서비스 협력 수준 문항별 우선순위, ⑧ 중앙정부와 지자체간 장애인고용 정책 및 서비스 내용 수준 문항별 우선순위, ⑨ 각 지역의 장애인 고용 및 직업재활서비스 기관들을 조정·연계할 시 컨트롤타워의 기능 수행 주체, ⑩ 기타 의견이다.

이 연구에서 사용된 1차, 2차 전문가 델파이 조사지의 신뢰도를 검증하였으며 그 결과, 1차 조사지의 경우 필요도·중요도·시급도 등이 포함한 항목 전체의 Cronbach's α 계수는 .910, 2차 조사지의 경우 해당 항목 전체의 Cronbach's α 계수는 .852 로 나타났다. 이로써 조사 도구에 대한 신뢰도가 확보된 것으로 볼 수 있으며 전체 전문가 델파이 조사지의 문항 영역과 문항 수 및 신뢰도 관련 내용은 아래의 <표 8-4>와 같다.

<표 8-4> 조사지 구성 및 신뢰도

조사 문항 영역 - 1차	문항 수	조사 문항 영역 - 2차	문항 수
장애인고용정책에서 중앙정부와 지자체의 협력이 필요한 이유에 대한 정도	7	협력 추진을 위한 중앙정부와 지방정부 간의 역할 정도	10
장애인고용정책에서 중앙정부와 지자체의 협력이 어려운 이유에 대한 정도	7	정보 교환, 서비스 중복을 피하기 위해, 공동의 사업 수행의 필요성 및 중복 정도	34
중앙정부와 지자체 협력 차원에서의 장애인 고용정책 및 서비스 문제점	8	'중앙-지방'의 역할 정도와 '중앙-지방'의 예산 투입 정도	10
중앙정부와 지자체 간 장애인고용 협력체계 구축 시 갖추어야 할 문항별 필요성·중요성·시급성 정도	15	협력주체별 담당인력의 부족, 기존 제공 서비스만으로 충분, 연계 방법을 잘 몰라서 등 협력이 어려운 이유에 대한 관련 정도	39
중앙정부와 지자체 간 장애인고용 정책 및 서비스 협력 수준 문항별 필요성·중요성·시급성 정도	6	측면별 중앙정부와 지방정부 차원에서 장애인 고용정책 및 서비스 문제점	19
장애인고용서비스 포함여부 및 중앙정부와 지자체 간 협력이 필요한 우선 순위	14	중앙정부와 지자체 간 장애인 고용협력체계 구축 시 갖추어야 할 내용에 대한 우선순위	10
각 지역의 장애인 고용 및 직업재활 서비스 기관들을 조정·연계 시 컨트롤타워의 기능 수행 주체	8	중앙정부와 지자체 간 장애인고용 정책 및 서비스 협력 수준 문항별 우선순위	10
-	-	각 지역의 장애인 고용 및 직업재활서비스 기관 조정·연계에 따른 컨트롤타워의 기능 수행 주체에 대한 우선성	4
신뢰도(Cronbach's α)	.910	신뢰도(Cronbach's α)	.852

* 출처: 박경수, 이준우, 김용탁. (2022). 장애인 고용정책의 중앙-지자체 협력방안 탐색: 전문가 패널 델파이 조사를 중심으로. 장애와 고용, 32(3), p. 13.

3. 실행연구

1) 실행연구의 필요성

실행연구는 전통적인 연구와 여러 가지 면에서 다르다. 실행연구는 연구자와 조사대상자 또는 서비스이용당사자에 '관한' 연구가 아니라 그들에 '의하여' 그리고 그들을 '위하여' 수행되는 연구이다(강성우 외, 2005). '연구를 위한 연구', '현실과 유리된 연구'가 아닌 현장에서 직접 실천해 나가며, 체계적으로 반성하고, 개선해 나감으로 현장에 보다 의미 있는 공감을 주는 것이 바로 실행연구이다.

또한 실행연구는 객관성이나 이론 정립에 대한 관심보다 실천의 개선에 관심을 가지며, 반성적 실천의 자기순환과정을 강조하는 점에서 실천분야의 모든 사람들에게 적합한 연구방식이다(이용숙 외, 2005).

이러한 측면에서 실행연구는 실천현장에 관심을 가지는 연구자, 변화와 개선을 꿈꾸는 실천가에게 매우 매력적이며 도전적이다.

그렇다면 목회와 선교 분야에서 왜 지금 이 시점에 실행연구 방법을 논의해야 하는가?

첫째, 신학과 목회학 및 선교학은 하나님의 나라를 이뤄나가기 위해 목회자들과 선교사들이 목양적 전문직으로서 신학자와 사역자는 늘 보다 본질적인 복음전파와 실질적인 목회와 선교를 통한 사람들의 변화를 바란다. 여기에는 필연적으로 철저히 현장경험으로부터 연구로 옮겨지는 형식이 강력하게 요구된다. 따라서 현장 사역자들의 직접적인 연구 참여가 필요하게 되며, 사역현장의 경험과 모델을 연구하고 적용하려는 움직임이 필요하다.

둘째, 선교와 목회 현장에서 직접 적용할 수 있는, 그러면서 변화를 도모할 수 있는 연구방법론이 필요하다. 이러한 현장에서 나온 실천적 지식이야말로 유용한 지적 자산이 될 수 있으며, 연구의 현장을 탐색하고 확장해 나갈 수 있는 기회가 된다.

셋째, 선교와 목회 현장의 일상에 대한 철저한 자각 혹은 반성이 필요하다. 특히 선교학은 서비스 이용당사자의 개별화가 매우 중요한 원칙 중 하나이다. 그러나 사역 경력이 오래될수록 이 개별화는 더욱 어려워지기도 한다. 이미 익숙해진 일상에서, 자신의 스타일에 따라 사역하는 내용 역시 현실과 타협점을 찾으며 정해질 수밖에 없기 때문이다. 실행연구는 바로 그 일상을 '다시 들여다보게 하는' 힘이 있다. 그리고 정말 교인과 지역주민(때로는 선교 원주민)을 포함하여 서비스이용당사자의 변화를 위해 사역자 자신이 중요한 존재임을 다시 일깨우는 매력이 있다.

2) 실행연구의 특성

역사적으로 실행연구의 용어와 개념은 사회과학 전반에 걸쳐 다양한 학문 분야에서 정의되어 왔고, 최근에는 그 가치와 중요성이 포괄적으로 확산되고 있다(Reason and Bradbury, 2001). 실행연구를 수행하고자 하는 연구자들은 양적연구를 활용하고자 노력하되, 질적연구를 선호하는 경향이 있으며, 연구방법으로는 문화기술접근방법에 큰 관심이 있다. 이는 실행연구가 Tax(1958)가 명명한 '실행인류학'에 그 기원을 두고 있기 때문이다. 여기에서 Tax는 실행인류학 혹은 participant interference라 부르면서, '도우면서 배우는' 연구스타일을 발전시켰다. 즉, 연구자와 연구대상 간 동등한 상호작용과 자기결정적인 공동체 형성과 같은 연구체계를 만들었다고 볼 수 있다(이용숙 외, 2005: 128에서 재인용).

Action research라는 용어는 1934년에 Kurt Lewin이 처음 사용하였다. Lewin은 '공통적으로 가지고 있는 사적인 문제를 해결하기 위해 협동 연구에 참여한 모든 사람들이 반성적 사고, 논의, 의사결정, 그리고 실행의 힘을 개발하도록 보장하는 과정'으로 실행연구를 정의하였다(Adelman, 1998: 3). 이후 Reason과 Bradbury(2001: 1)는 실행연구가 참여적 세계관을 기반으로, 인간에게 가치 있는 목적을 추구하는데 필요한 실천지식을 획득해 가는 참여적이고 민주적인 과정으로 정의하였다.

즉, 실행연구는 사람들이 압박받는 쟁점 이슈에 대해 실천적인 해결책을 추구하고, 다른 사람들을 참여시킴으로써 'action and reflection', 'theory and practice'를 다시 연결시킨다. 더 나아가 개인과 지역사회의 번영에 대한 관심을 증대시킨다. 이를 통해 실행연구는 생생한 경험에 바탕을 두고, 파트너십을 개발시키며, 중요한 문제를 다루며, (단순히 연구하기보다는) 사람들과 일하며, 세상을 보고 해석하는 새로운 방법들을 개발시킨다(Bradbury & Reason, 2003: 156). 따라서 실행연구의 목적은 서비스이용당사자의 삶을 향상시키는 변화이며, 이를 통해 전문인으로서의 삶 또한 향상시킬 수 있다고 본다(강성우 외, 2005: 34-36).

실행연구는 전통적 연구방법과 다른 특성이 있다(Reason and Bradbury, 2001, 이용숙 외, 2005: 33에서 재인용).

첫째, 실행연구는 사람들의 매일 매일의 일상사에 유용한 실천적 지식을 산출하는 것이 중요한 목적이다.

둘째, 실행연구는 실천적 결과 달성과 함께 새로운 형태의 이해를 창출하고자 한다. 이런 점에서 행위 없는 이론이 의미 없는 것처럼 성찰과 이해 없는 행위는 맹목적이라고 본다.

셋째, 사람들의 일상사, 해방적 방식의 앎과 실천적 지식을 추구한다. 따라서 실행연구는 참여적 연구의 성격을 갖는다. 즉, 실행연구는 전문 연구자뿐 아니라 연구 대상이 되는 모든 사람과 함께, 그들을 위해, 그들에 의해서 수행될 때 비로소 의미 있는 연구가 된다.

넷째, 실행연구는 매일의 경험에서 출발하고, 체험적 지식의 성장에 관심을 가지므로, 탐구의 결과 뿐 아니라 탐구의 과정 그 자체가 매우 중요하다. 따라서 실행연구에서 얻는 지식은 완결된 명사형(knowledge)이 아니라 끊임없이 형성되어 가는 동사형(knowing)이다.

따라서 오래 전 소개된 현장연구와 달리 실행연구는 이론정립이나 실증적 효과성을 검증하기보다는 실천의 개선에 보다 관심을 가진다. 현장 개선이라는 목적을 가진 실행연구를 진행하면서 사역자는 자신의 삶 속에서 스스로 반성하고 성찰하고, 삶(실천)을 재계획하고 실천하고자 하는 의지를 갖게 된다(이용숙 외, 2005).

또한 실행연구는 다양성을 통제하고 단선적인 일 상황을 전제로 원인-결과(cause-effect)형태의 전통적 연구방법에 비해 가변적이고 역동적인 실제를 보다 잘 설명해준다. 연구와 행동을 동시에 추구하며, 특정 실제에 기초한 진행형(on-going)의 연구방법이므로 보다 적극적·능동적으로 실천의 발전을 도모할 수 있다(Lomax, 1995).

실행연구는 전통적인 연구로부터 상당히 자유롭지만, 완전히 다른 그 무엇은 아니다. 다만, 기존 연구방법과 달리 연구과정이 곧 실행(action)이 되고. 연구결과로서(실행의 결과로서) 연구현장과 연구참여자 모두가 변화와 개선을 향해 나아가게 되는 차이점이 있다. 따라서 다양한 실행연구의 모델들에 따라 연구수행과정은 다를 수 있으나, 현장 전문가가 주체가 되어 변화와 개선을 도모하며, 연구자체가 곧 실천 행동이 되는 것은 공통적이다. 특히 최근에 강조되는 실행인류학적 모델로는 대표적으로 Schensul(1985)의 협력적 연구모델과 이와 유사한 Whyte(1984)의 참여적 실행 연구모델이 있다(이용숙 외, 2005: 131).

이 외에도 학자들에 따라 실행연구는 다양하게 구분된다. Zuber-Skeritt(1996: 4)는 연구자와 연구 대상인 현장 실천가와의 관계를 중심으로 다음과 같이 실행연구를 구분한다. ① 기술적 실행 연구는 실천의 효율성 증진이 목적으로, 현장실천가는 전문연구자에게 크게 의존한다. ② 실천적 실행연구는 효율성, 실천가의 이해와 전문성 발달이 목표로서, 연구자는 실천가의 실천적 숙고와 자기성찰 즉 의식의 변화를 격려한다. ③ 해방적 실행연구는 현존하는 한계와 조건 내에서 기술적이고 실천적인 개선, 실천가의 더 나은 이해 촉구, 체계 그 자체의 변화(혹은 조직의 바람직한 개선을 저해하는 조건들의 변화 지향)를 위한 것으로, 연구자와 실천가는 팀으로 협동하여 동등한 책임을 공유한다.

한편, McCutcheon and Jung(1990)은 탐구패러다임에 따라 실증적 실행연구, 해석적 실행연구, 비판적 실행연구로 구분하기도 한다. Reason(1994)은 참여적 탐구의 3접근으로 ① 협동적 탐구 ② 가장 폭넓게 이루어지고 있는 참여적 실행연구 ③ 실행과학과 실행탐구로 구분한다. 이 외에도 Cassell and Johnson(2006)은 실험적 실행연구, 귀납적 실행연구, 참여적 실행연구, 참여적 연구,

해체적 실행연구로 구분하기도 한다.

실행연구에서 사용될 수 있는 연구방법은 양적방법과 질적 방법이 모두 가능하다. 구체적으로 심층면접, 참여관찰, 저널쓰기, 이야기 쓰기, 체크리스트, 비디오 분석하기, 사회조사법 등이 있다(유준호, 이진화, 2006). 연구주제 혹은 실행모델 등에 따라 어떤 자료수집방법을 활용할 것인지는 연구자의 선택이며, 이는 다양한 형태로 결합되어 사용될 수 있다. 따라서 선택한 방법에 따라 분석방법이 결정되며, 실행연구를 위한 특별한 분석방법이 있는 것은 아니다. 다만 실행연구는 전통적인 연구와 구별된 형태이므로, 다른 평가기준이 필요하며, 지나친 학술성보다는 실용성, 현실성에 초점을 두는 글쓰기가 중요하다(강성우 외, 2005: 260-263). 이러한 점에서 실행연구는 학문적 글쓰기로부터 자유로울 수 있으며, 이는 현장 전문가에게 오히려 편안함을 주는 강점으로 작용할 수 있을 것이다.

3) 실행연구의 예시

강은영(2020)이 쓴 논문 "참여적 실행연구를 통한 연구자와 참여교사의 전문성 발달 과정"의 '연구방법(1371-1374쪽)' 부분을 소개한다.

II. 연구방법

1. 연구 참여자

가. 연구자인 나

연구자인 나는 유아교육을 전공하고, 어린이집과 유치원에서 교사로 근무한 경력이 있다. 교사로 재직하며 이론의 현실화가 얼마나 어려운지, 그 사이의 간극이 얼마나 넓은지를 느끼게 되었다. 또한 학부모의 입장이 되고 나서는 교사로서 가지고 있는 유아교육에 대한 신념과 학부모의 입장에서 바라는 유아교육에 대한 요구의 차이에 대해서도 생각해보게 되었다. 연구자의 교사로서의 그리고 학부모로서의 개인적인 경험은 이론과 실제의 간극을 줄일 수 있는 방법 모색과, 교사의 전문성 향상을 위한 방안 탐색을 위한 고민으로 이어졌다. 이에 연구자는 참여적 실행연구를 진행하게 되었고, 연구의 과정을 거치며 현실 세계 안에서의 부단한 노력, 노력해도 넘을 수 없는 벽에 대한 무력감을 느끼는 과정 등의 경험을 토대로 연구자와 연구 참여자가 전문성을 획득하는 그 과정 자체에 관심을 기울이게 되었다.

나. 연구 참여자인 김 교사
 본 연구의 참여자인 김 교사는 공립유치원 교사 경력 31년차이며, 실행연구를 진행했던 시기에는 연구유치원에 4년째 근무하고 있었다. 김 교사는 평소 수업운영 및 놀이에 대한 관심이 많아 놀이 관련 연수와 교사연구모임에 활발하게 참여하고 있었고, 연구자와는 교사연구모임에서 만나게 되었다. 이 모임에서 김 교사는 교사에게 직접적인 도움을 줄 수 있는 실질적인 연구들의 필요성과 수업 운영의 어려움을 토로하며, 누군가의 도움이 필요함을 이야기하였다. 연구자 역시 김 교사의 실질적이고 직접적인 도움의 필요성에 대한 이야기에 공감하였고, 이후 연구자와 김교사는 함께 연구를 진행하게 되었다. 연구 초반 김 교사는 때로는 매우 협력적인 관계로, 때로는 미묘한 불편감을 가지고 연구자와 일정한 긴장감을 유지하는 모습을 보였다. 이러한 긴장감은 시간이 지날수록 서로에 대해 알아가고, 함께 당면한 문제들을 해결해가며 서로에 대한 신뢰감으로 변화하는 모습을 보였다. 그러나 이러한 긴장감은 완전히 사라진 것은 아니고, 연구 중반, 연구 후반 예측하지 못하는 순간 갑자기 모습을 드러내기도 하였다.

2. 연구의 진행 과정 및 자료 수집

 본 연구는 2014년 5월부터 2019년 8월까지 진행된 연구의 과정을 담고 있으며, 이를 구체적으로 살펴보면 다음과 같다. 2014년 5월부터 2015년 1월까지 참여적 실행연구의 과정이 진행되었으며, 이 과정에서 연구자와 교사의 협력과 갈등의 과정을 살펴보았다. 2015년 2월부터 2019년 8월까지 교사의 수업과 관련한 연구자와의 대화 및 교류의 과정을 수집하여 연구자와 교사의 전문성 발달과정을 탐색하였다. 이후 이를 통합하여 전체 자료의 분석과 해석을 실시하였다. 따라서 본 연구의 자료수집은 참여적 실행연구의 과정에서 수집한 자료, 실행이 종료된 이후 실행 과정 및 경험에 대한 나눔에서 수집한 자료, 연구 참여교사의 독립적 실행 및 진행 과정 자료, 전체를 통합한 자료 이렇게 네 개의 큰 틀로 나누어볼 수 있다. 수집한 자료를 구체적으로 살펴보면 다음과 같다. 참여적 실행연구의 과정에서는 연구자와 교사의 면담을 녹음하여 전사하고, 현장일지, 기타 자료 등을 수집하였다. 실행 과정 및 경험에 대한 나눔 자료는 교사의 강의 내용 분석, 강의 참석자들과의 대화 및 연구자와의 대화를 수집하였다. 연구 참여교사의 독립적 실행 과정과 관련된 자료는 연구자와 교사와의 통화, 교사의 수업 계획안 및 수업 실행 후 반성에 대한 기록, 실행 사진 및 동영상을 수집하였다. 이 모든 과정에서 연구자와 교사의 교류 과정에 대한 대화 및 통화 자료를 동시에 수집하였으며, 수집한 전체 자료는 통합 하여 자료 분석 및 해석을 위한 준비를 하였다. 연구자 저널은 연구의 모든 과정에서 기록하고 이를 분석에 반영하였다. 본 연구에서는 연구자의 선입견을 통제하기 위하여 교안, 수업 관련 수집물, 사진, 유아의 작품, 문서 기록 등의 비개입 데이터를 활용하였다. 비개입 데이터는 참여자의 해석과 관계없이 그것만의 이야기를 가지며, 활동의 자연스런 흐름을 방해하지 않으면서 수집될 수 있다(Hatch, 2002). 비개입 데이터를 활용하여 참여교사의 숙고와 해석을 요청하기도 하고 연구자와 참여교사의 기억을 객관화하는 방법을 사용하고, 간섭적인 해석에서

한 걸음 물러나도록 하며(Marshall & Rossman, 1995) 수집 자료를 다각적인 관점으로 바라보기를 반복하였다.

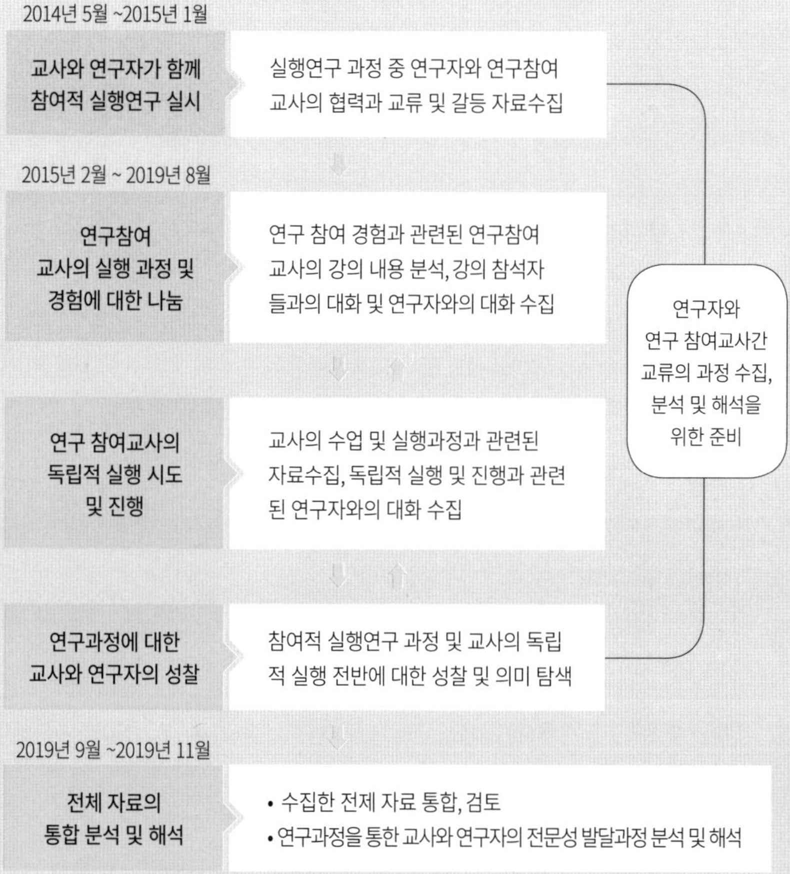

2014년 5월 ~2015년 1월

| 교사와 연구자가 함께 참여적 실행연구 실시 | 실행연구 과정 중 연구자와 연구참여 교사의 협력과 교류 및 갈등 자료수집 |

2015년 2월 ~ 2019년 8월

| 연구참여 교사의 실행 과정 및 경험에 대한 나눔 | 연구 참여 경험과 관련된 연구참여 교사의 강의 내용 분석, 강의 참석자들과의 대화 및 연구자와의 대화 수집 |

| 연구 참여교사의 독립적 실행 시도 및 진행 | 교사의 수업 및 실행과정과 관련된 자료수집, 독립적 실행 및 진행과 관련된 연구자와의 대화 수집 |

| 연구과정에 대한 교사와 연구자의 성찰 | 참여적 실행연구 과정 및 교사의 독립적 실행 전반에 대한 성찰 및 의미 탐색 |

2019년 9월 ~2019년 11월

| 전체 자료의 통합 분석 및 해석 | • 수집한 전제 자료 통합, 검토
• 연구과정을 통한 교사와 연구자의 전문성 발달과정 분석 및 해석 |

연구자와 연구 참여교사간 교류의 과정 수집, 분석 및 해석을 위한 준비

[그림 8-7] 연구 기간에 따른 진행 과정 및 자료 수집

3. 자료 분석

자료의 분석은 전체 연구 자료를 통합한 후부터 논문작성이 완료될 때까지 반복되었다. 연구의 자료를 통합하는 작업을 하기 전에는 통합할 자료를 선별하며 수시로 잠정적 분석을 시도하였으며, 통합된 자료들은 교차적으로 살펴보며 검토하였다. 이후 이를 범주분석 방법을 사용하여 유사한 개념과 의미, 논리적 연관성에 따라 범주화하였다. 범주분석은 질적 자료들을 거듭 읽어나가며 반복되는 의미와 주제어를 찾아 관계를 설정하고 연결방식을 찾아나가는 방법이다(Spradley, 1980). 분석 과정에서 자료들을 연구의 흐름에 따라 의미 있게 관련된 것들을 재 범주화시키며 유목화 하여 분석하였다. 이러한 과정은 지속적이고 순환적으로 이루어졌다. 자료의 해석은 통합된 자료의 수집 및 분석과 동시에 이루어졌는데, 유목화한 자료들을 토대로 정리하였다. 본격적인 해석 작업은 연구의 전체 자료가 어느 정도 분석된 이후 이를 계속 수정 보완하며 재해석하는 과정을 거듭하며 이루어졌다.

<표 8-5> 자료 분석 결과

소주제	중주제	대주제
"선생님이 도와주세요" "아이들이 놀 줄을 몰라요"	갈급함 "도와주세요"	서로에 대한 탐색
"무언가 일이 생기면 책임지는 사람이 있어야 하는 건데…" "마음대로 할 수 있는 게 별로 없어요"	함께하는 내부자와 외부자 "제가 그래서 이렇게 힘들었던 거러니까요"	
미묘한 갈등 '아 이거 생각보다 힘들 수도 있겠다' '연구목적의 중심을 잃으면 안 되는데'	불안의 시작	갈등, 갈등, 그리고 갈등
불편한 상황의 반복 이론과 실제는 다르다 이야기하기 어려운 수업에 대한 직접적인 이야기들	의견의 불일치와 노력	

소주제	중주제	대주제
공간의 제약과 주변과의 관계 "이곳의 상황이라는 게 있잖아요" "여기는 교장 선생님 정년이 내년이라…"	현실적인 어려움들	인정과 타협
'참 안되는 게 많은 곳이라 김 교사가 힘들어했던 것일까?' 김 교사가 느끼는 어려움과 현실의 벽을 인정하게 되다	교사의 힘듦에 대한 공감과 이해	
"이런게 보람이죠" "조금씩 바뀌다보면 언젠가는 되겠죠"	현실 안에서 펼치기	
"나 혼자 잘할 수 있어요" 내가 이렇게 될 줄 몰랐어요	교사의 성장	서로의 성장을 객관적으로 바라보기
"연구를 하며 자신감이 생긴 것 같아"	연구자의 성장	
"기회가 되면 또 다른 연구를 함께하고 싶어요" "다음에는 함께 강의를 해봐도 좋을 것 같아요"	성장의 지속을 위하여	

    실행연구의 연구 문제 진술은 프로그램과 그것으로 인한 변화에 초점을 맞춘다. 실행연구는 현장에서의 실천적 삶의 이해와 현장 개선을 위한 연구방법이며, 이러한 현장의 개선을 위해 사용되는 도구는 바로 행위와 성찰이다(김영천, 2013). 즉 실행연구는 특정한 행위(프로그램, 계획 등)를 통한 현장의 개선이나 문제해결을 목적으로 한다. 따라서 실행연구에서의 연구문제에는 현장, 행위, 개선 및 변화 등이 기술되어야 한다(김영천, 정상원, 조재성, 2019: 130).

에필로그

아끼고 존중하는 제자이면서 동시에 촉망받는 이현아 교수와 함께 이 책을 집필할 수 있었기에 참 행복하고 감사하다.

그런데 막상 책으로 내려고 하니 진한 아쉬움이 남는다. 책을 쓰면서 활용한 여러 예시들이 저자들의 역량 부족으로 선행 연구들을 인용하거나 요약 또는 재구성하는 수준으로 제시되었다는 것이다. 우리가 크게 도움 받은 자료들의 원저자들에게 큰 은혜를 입었다. 감사하고 감사할 따름이다.

우리에게 있어서 대학(대학원)의 강의실 혹은 교실은 교육이 실현되는 현장임과 동시에 목양적인 사역의 터전이다. 교실의 영성이란 바로 그 교육의 현장에서 하나님의 임재를 경험하고 의식하는 것을 의미한다. 그러므로 우리가 강의하며 학생들과 함께 하는 교실에 예수님이 앉아 계신다는 것을 생각만이 아니라 실제로 경험하고 있다면, 그 교실에서는 커다란 능력이 나타나게 될 것이다. 그 능력은 어떤 것일까? 그 교실의 진정한 선생은 내가 아니라 예수님이시다. 우리 모든 인간의 선생이신 예수는 얄팍한 지식에 얽매이지 않고, 진리를 추구하시며 지혜를 갖게끔 이끄신다.

당연히 진리에 대한 깨달음과 행동하는 삶은 분리되지 않는다. 대학(대학원)이라는 한정된 공간으로서의 교실을 넘어서서 인간의 삶 또는 생활 전체가 교실이 될 것이다. 답을 가르치기보다는 답을 얻을 수 있는 원리를 깨닫게 할 것이고 어렵고 복잡한 학문적 용어 대신에 누구나 이해할 수 있는 쉬운 대화 가운데서 핵심을 찌르는 질문과 실천을 향한 부름이 있으며, 평생 가슴에 남을 유머와 교훈으로 인하여 감격이 있을 것이다.

예수님은 정말 학생들과 함께 하셨고, 보여주셨으며, 제자 삼으셨다. 학생들이야말로 그 교실의 주인공이다. 그 교실은 학생을 위하여 존재하는 것이다. 예수님의 교실에서 교수는 무엇인가? 그는 "와 보라!"라고 말한다. 학생들을 진리의 본체이신 예수님께로 인도하는 안내자일 뿐이다. 교수는 학생들을 향하여 서지 않고 학생들과 함께 서서 예수님을 바라본다. 그 교실의 교수와 학생은 겸손하고 정직하며 성실해야 한다. 그들은 질문에 함께 답하고, 부름에 함께 응해야 한다.

이 책을 쓰면서 우리가 끊임없이 되새긴 생각의 '편린'이다. 조금은 감성적이 된 것 같다. 양해 부탁드린다.

하여간 우리가 하고 싶었던, 아니 평소에 우리가 학위 논문이나 현장연구를 본격적으로 시작하는 학생들 또는 사역자들에게 늘 하던 얘기를 독자 여러분들에게도 편하게 하려고 한다.

1. 왜, 사람인가?

사람이 사람을 만나는 소중함이 없는 기능적인 방법론만을 지나치게 강조하는 전문 임상기술이 인간서비스(Human Service) 분야에서 큰 인기를 얻고 있다. 정교하고 심도 있는 통계 도구를 활용한 품격 있는 양적조사 방법론에 근거한 '사회과학(더 구체적으로는) 사회복지' 학문하기가 유행처럼 번지고 있다. 더욱이 '빅데이터'를 활용하는 연구까지 크게 확대되는 중이다. 물론 나도 어쩔 수 없이 열심히 따라가고 있다.

하지만 자꾸 속상한 마음이 생기는 것은 왜일까? 다양한 통계 기법과 양적연구 조사 방법 활용 능력이 중요한 것은 분명하지만 보다 더 본질적인 사회복지적인 가치가 약화되는 듯한 느낌이 드는 건 왜일까? 특히 코로나19 사태를 비롯한 감염병과 사회적 재난과 안전문제 등에 대한 우려가 일상화되면서 접속은 많으나 접촉은 이전보다 훨씬 더 약화된 것 같은 생각도 자꾸만 든다. 인간과 인간이 직접 만나서 소통하고 따뜻한 정을 나누는 일이 줄어드는 것 같다.

서비스를 받는 고객은 사라지고 전문가의 능력과 치료기술만이 지나치게 강조되는 건 아닌지? 학문을 하되 왜 학문을 하는지에 대한 연구자의 끊임없는 자기 성찰은 크게 줄어들고 있는 것은 아닌지? 다시 말하지만 전문직이나 연구자가 되기 위한 치열한 훈련과 공부는 절대적으로 필요하고, 서비스이용당사자들을 접하는 사역자들에게 있어서 효과적인 연구 역량과 서비스 실천 기술을 익히는 것은 당연하며 기본적인 일이다.

하지만 보다 더 중요하고 근본적인 일은 '만나서 서비스를 전달해 주어야 할 서비스이용당사자' 즉 고객을 진심으로 접하고 이해하며 아는 일이다. 아니 단순히 아는 것만으로는 부족하다. 서비스이용당사자의 강점과 잠재된 문제해결 능력이 무엇인지에 대한 탐색이 있어야만 한다. 그래야만 무슨 서비스를 주어야 할지, 무엇을 공부해야 할지, 나아가 그들이 원하는 것이 무엇이며 어떻게 지원해야할 지를 연구해서 알 수 있다.

목회자와 선교사가 성서적 관점에 입각하여 사역을 수행한다면 반드시 강점을 지향해야 한다. 그래서 기독교 사역자는 서비스이용당사자를 환자가 아닌 하나님이 보내주신 "사람"으로 만나려고 노력해야 한다. 학문하기도 동일하게 접근해야 한다. 동등한 인격체로 존중하여 세워주며 차라리 낮은 데 처하여 섬기는 관계를 지향해야 한다. 행여 서비스이용당사자보다 우위에 서게 되지 않을까, 혹 나도 모르게 무엇이라도 되는 것처럼 권위를 내세우려 하지 않을까 조심해야 한다. 특별한 지식과 기술도 중요하지만 그에 앞서 평범한 예와 덕으로써 서비스이용당사자를 대할 수 있어야 한다. 서비스이용당사자를 환자가 아니라 사람이게 하고 싶어야 한다. 환자로 보고 문제를 보고 증상을 치료하려 들기보다는 사람을 보고 강점을 보며 바탕을 길러야 한다. 자연처럼 그렇게 스스로 살리고 자라며 돌보도록 바탕을 길러야 한다. 인격과 강점과 관계를 북돋아서 스스로 면역, 적응, 해결할 능력을 갖게 해야 한다.

그러므로 하나님의 나라 속에 거해야 할 '사람'으로 서비스이용당사자를 대하는 목회자와 선교사는 소위 인간서비스 분야에서 일하는 전문가들의 상담기법, 치료기법으로만 아니라 그 대상이 서비스이용당사자라 할지라도 보통 사람의 언어, 보통 사람의 인간관계, 보통 사람의 선의와 진심으로 서비스이용당사자를 대해야 한다. 그런 이후에 심도 있는 전문 실천기술과 통합연구방법에 기초한 현장연구를 익히고 그 모든 것들을 활용해 나가야 한다. 왜냐하면 목회자와 선교사는 서비스이용당사자 개인과 공동체의 역할, 사람들의 선의와 능력을 잘 살려내고 북돋아 주도록 하나님의 부름을 받은 존재이지, 제도와 프로그램과 시설로써 대신해 주는 사람이 아니기 때문이다.

다시 말해 목회자와 선교사는 하나님께서 보내주신 사람을 통해 일하는 전문가이다. 정책도, 서비스전달체계도, 목회와 선교도, 다양한 기독교 사역 실천도 실은 하나님이 불러주신 예수 그리스도의 제자이자 또는 잠재적으로 향후 제자가 될 사람이 하는 것이다. 동시에 서비스이용당사자가 성령님의 은혜로 새로운 존재로 거듭나게 하게끔 하는 것이 목회와 선교이며 여기에서 사람인 서비스이용당사자를 하나님이 기뻐하시는 제자로 세우는 일에 중심이 되는 것이 목회자와 선교사인 것이다. 그리고 그와 같은 목회자와 선교사를 양성하고 그들을 올바로 세우는 일을 언젠가는 이 책의 독자 여러분들이 감당해야 할 소명적인 사명인 것이다.

2. 연구는 왜 하는가?

연구란 어떤 질문에 대한 답을 얻기 위해 필요한 정보를 수집해서 의문을 해소하는 행위이다.

3. 왜 연구를 글로 쓰는가?

첫째, 잊지 않기 위해 글로 쓴다.
둘째, 이해하기 위해 글을 쓴다.
셋째, 다른 시각에서 보기 위해 글을 쓴다.

4. 글의 형식은 중요한가? 중요하다면 왜 중요한가?

첫째, 글은 다른 사람이 읽어야 된다. 즉, 읽히는 글이어야 영향력을 미친다.
둘째, 합의된 글의 양식을 준수해야만 소통이 가능하다.
셋째, 글을 쓴다는 것은 결국 쓰면서 사고하는 것이다. 내 생각이 일단 종이 위에 쏟아지면 그 생각은 '존재'하는 것이 된다. 쓰면서 사유하는 것은 우리의 생각을 더욱 신중하고 지속적이며 완전하게 그리고 더욱 포괄적으로 만든다. 다른 어떤 방식보다 가장 좋은 사유의 방법이다.

5. 연구할 '주제'와 '연구 질문'을 찾을 수 있겠는가?

연구 주제를 내가 몸담고 있거나 관심 있는 분야에서 찾아내거나 선정할 수 있다면 논문은 거의 반은 진행된 것이다.

연구 질문을 찾는 데에 도움이 될 만한 방법을 소개하면,
첫째, 넓은 관심 영역에서 특정의 관심사를 발견한다.

둘째, 관심사를 좁혀 나가면서 연구주제로서의 가능성을 찾는다.
셋째, 주제에 대하여 다양한 시각에서 질문을 던진다.
넷째, 연구 과제의 중요성을 정당화한다.

6. 연구 질문에서 어떻게 연구 문제를 도출할 수 있겠는가?

연구 주제: 나는 (   )을 연구하고자 한다.
연구 질문: 왜냐하면 나는 누가 / 어떻게 / 왜 (   )지 알고 싶기 때문이다.
정당화: 그 이유는 (   )이 어떻게 / 왜 / 무엇을 이해하기 위해서이다.

가장 중요한 단계가 하나 더 있다.

'연구 문제'를 설정하는 단계이다. 이 과정을 통해서 연구의 동기는 '탐구해내는 것'에서 '보여주는 것'으로 탈바꿈하는 것이다. 더욱 중요한 것은 이해를 얻는 목적을 넘어 '설명'과 '설득'을 추구해 나가는 것이다.

'연구 문제'를 찾는 데에 유용한 방법을 소개하면,
첫째, 도움을 구한다. 경험이 많은 전문가나 동료 혹은 선후배에게 자문이나 구체적인 도움을 요청하는 것이 크게 도움이 된다.
둘째, 문헌을 읽으면서 문제를 찾는다. 독서할 때 비판적 태도를 견지하면 연구 문제가 종종 발견된다.
셋째, 글을 쓰면서 연구 문제를 찾는다.
넷째, 표준적 문제를 사용한다.

결론: 성공적인 연구 문제의 설정은 세 단계의 검토 절차를 거치는 것이 좋다.

첫째, '발견하다'를 '보여주다'로 바꾸어야 한다.

둘째, '보여주다'에서 '이해하다'로 확장되어야 한다.

셋째, '이해하다'에서 '설명하다'로 나아가야 한다.

7. 기본적으로 준비해야 할 사항은 무엇인가?

첫째, 튼튼한 기초 지식을 쌓아야 한다.

둘째, 호기심으로 질문해야 한다.

셋째, 긍정적으로 꿈과 희망을 품어야 한다.

넷째, 여백으로 창의력과 혁신성이 배양될 공간을 가져야 한다.

다섯째, 즐겁게 공부해야 한다.

여섯째, 사역과 연구를 통합시켜야 한다.

8. 마지막 잔소리

이 책의 독자 여러분은 사람과 세상을 변혁시키며 행복을 창출하는 데 기초가 되는 연구를 하길 바란다.

"그가 어떤 사람은 사도로, 어떤 사람은 선지자로, 어떤 사람은 복음을 전하는 자로, 어떤 사람은 목사와 교사로 삼으셨으니 이는 성도를 온전하게 하여 봉사의 일을 하게 하며 그리스도의 몸을 세우려 하심이라. 우리가 다 하나님의 아들을 믿는 것과 아는 일에 하나가 되어 온전한 사람을 이루어 그리스도의 장성한 분량이 충만한 데까지 이르리니(에베소서 4장 11-13절)"

"끝으로 형제들아 무엇에든지 참되며 무엇에든지 경건하며 무엇에든지 옳으며 무엇에든지 정결하며 무엇에든지 사랑받을 만하며 무엇에든지 칭찬받을 만하며 무슨 덕이 있든지 무슨 기림이 있든지 이것들을 생각하라(빌립보서 4장 8절)."

팔머(이종태 역, 2006)는 '참된 가르침이란 진리에 대한 순종이 실천되는 공간을 창조하는 일이며 그 공간은 진리를 향한 열망을 가속화시킨다.'고 했다. 목회자와 선교사 또는 기독교적 전문 실천가로 부르심을 받은 우리 모두는 우리의 현장연구를 통해 진리의 원천이신 하나님의 뜻을 이루어가야 한다. 그래서 우리는 현장연구로 함께 하는 당사자들과 함께 그 진리의 공간으로 들어가 진리되신 하나님께서 베푸시는 기쁨과 자유, 소망과 감격을 경험해야 한다.

이제 끝으로 우리 두 사람의 모든 인생을 책임져주시고 인도하시는 하나님께 감사드린다. 아울러 우리 두 사람 각자를 지탱하게 해주는 사랑하는 가족들과 동역자들에게도 고마운 마음을 전한다. 또한 한국의 강남대학교와 미국의 월드미션대학교에서 부족한 선생임에도 과분한 존경과 사랑으로 함께하는 제자들과 선후배 교수님들과 교직원들에게 감사의 인사를 전한다.

참고문헌

국내 문헌

강은영. (2020). 참여적 실행연구를 통한 연구자와 참여교사의 전문성 발달 과정. 학습자중심교과교육연구, 20(4), 1369-1391.

공용기관생명윤리위원회. (2024). 보건복지부 지정 공용기관생명윤리위원회 표준운영지침서.

김가영, 김유겸. (2019). 온라인 커뮤니티 문화 이해하기: 네트노그라피 연구법을 통한 피트스피레이션 분석. 한국체육학회지, 58(4), 271-286.

김구. (2008). 사회과학 연구조사 방법론의 이해. 서울: 비앤엠북스.

김렬. (2011). 사회과학도를 위한 연구조사방법론. 서울: 박영사.

김미옥. (2009). 사회복지학에서의 실행연구(Action Research) 적용과 유용성. 한국사회복지학, 61(3), 179-204.

김영천, 정상원, 조재성. (2019). 질적연구 아틀라스: 열다섯 가지 성공전략. 서울: 아카데미프레스.

김영천. (2013). 질적연구방법론 II: Methods. 서울: 아카데미프레스.

김인숙. (2016). 사회복지연구에서 질적방법과 분석. 파주: 집문당.

김재일, 김규배, 김동태, 김문섭, 김용철, 김한구, 안성숙, 최민경, 한웅희. (2018). 소비자 질적 조사방법. 서울: 경문사.

나눔의 집. (2022). 사회복지사 1급 기본 이론서 -사회복지조사론-. 서울: 나눔의집.

민재형. (2015). 엑셀을 활용한 통계 데이터 분석. 서울: 북넷.

박경수, 이준우, 김용탁. (2022). 장애인 고용정책의 중앙-지자체 협력방안 탐색: 전문가 패널 델파이 조사를 중심으로. 장애와 고용, 32(3), 5-29.

박용억, 이동호. (2010). SPSS를 활용한 의료복지 조사분석론. 서울: 파란마음.

박정숙, 최웅용. (2021). 발달장애 자녀 양육과 교육의 어려움 연구. 열린부모교육연구, 13(2), 1-22.

백영민. (2015). R를 이용한 사회과학데이터 분석. 서울: 커뮤니케이션북스.

사회복지교육연구센터. (2012). 1급 사회복지사 기본서 사회복지조사론. 서울: 나눔의집.

신동일, 유주연. (2006). 영어교육 현장을 위한 내러티브 탐구방법의 이해. 서울: 경진문화사.

양영자. (2013). 내러티브-생애사 인터뷰 분석의 실제: 재독한인노동이주자 인터뷰를 중심으로. 한국사회복지학, 65(1), 271-298.

우수명. (2010). 마우스로 잡는 SPSS. 서울: 인간과복지.

원석조. (2012). 사회복지조사론. 서울: 공동체.

유기웅, 정종원, 김영석, 김한별. (2021). 질적연구방법의 이해(2판). 서울: 박영 Story.

유민희. (2023). 유아영재교육 수업 전, 후 예비유아교사의 인식과 변화: 통합연구방법 적용. 열린유아교육연구, 28(5), 261-280.

유준호, 이진화. (2006). 유아교사 전문성 발달을 위한 실행연구의 활용, 영유아교육연구, 9, 5-25.

윤택림. (2013). 문화와 역사 연구를 위한 질적연구방법론. 홍천: 아르케.

이동성. (2012). 질적연구와 자문화기술지. 서울: 아카데미프레스.

이민영, (2005). 남북한 이문화 부부의 가족과정 경험에 관한 질적 연구: 내러티브 탐구방법을 활용하여. 이화여자대학교 대학원 박사학위논문.

이승훈, 이태희. (2014). 네트노그라피 연구를 통한 관광 러브마크 개념 인식 분석. 관광연구저널, 28(9), 17-33.

이용숙, 김영천, 이혁규, 김영미, 조덕주, 조재식. (2005) 교육현장 개선과 함께 하는 실행 연구 방법. 서울: 학지사.

이정빈. (2018). 질적연구방법과 상담심리학. 파주: 학지사.

이종성. (1987). 신입생 선발전형기준의 타당도 평가 연구. 연세교육과학, 31, 5-17.

이종성. (2001). 델파이 방법. 파주: 교육과학사.

이준우, 김연신, 신빛나, 홍유미. (2010). 청각장애인의 직업적응능력 향상을 위한 지원방안 연구. 재활복지, 14(1), 159-183.

이준우, 김현숙, 한지혜. (2020). 중고령 발달장애인 지원을 위한 종사자 교육과정 개발 연구. 수원: 경기도장애인복지종합지원센터 누림.

이준우, 박종미, 이진영, 강이슬, 김시내, 한지혜, 유지현, 김건하. (2020). 지구촌사회복지재단 법인 진단 및 컨설팅. 성남: 사회복지법인 지구촌사회복지재단.

이준우, 이현아. (2010). 유산기부자의 기부결정과정에 관한 질적연구. 사회과학연구, 49(2), 279-318.

이준우, 임수정, 박종미, 이승곤, 김철환, 조정환, 송미연, 성현정. (2019). 청각장애인 고용차별 및 고용개선 방안 실태조사: 수어환경을 중심으로. 서울: 국가인권위원회.

이준우, 정지웅, 오미애, 정희찬, 조정환, 오진영, 강이슬, 김미진, 김현숙. (2020). 2020년 한국수어 활용조사(정부 승인통계조사). 서울: 문화체육관광부, 국립국어원.

이준우, 제니 박, 이현아. (2019). 도시, 농촌, 재미 이민사회에 거주하는 한국노인의 노화 경험에 관한 질적 연구. 한국노년학, 39(3), 589-612.

이준우, 조정환, 박빛나, 박혜경. (2020). 수어통역센터 서비스 성과평과 지표 개발에 관한 연구: 수어통역서비스 품질 평가를 중심으로. 청주: 충청북도 사회복지협의회.

이준우, 최희철. (2021). 인간행동과 사회환경. 파주: 양서원.

이준우, 황준호. (2021). 수어통역사 자격제도 운영에 대한 수어통역사, 청각장애인통역사, 농인의 인식. 한국콘텐츠학회논문지, 21(9), 543-556.

이현아. (2017). 노인자살 예방서비스 성과 측정을 위한 질적 지표 구성 요인 개발에 관한 연구. 한국사회복지행정학, 19(1), 141-169.

이효빈, 조진호, 엄창섭, 현명호. (2019). 신진연구자를 위한 연구윤리 첫걸음. 서울: 한국연구재단.

채서일, 김주영. (2016). 사회과학조사방법론(4판). 서울: 비앤엠북스.

채서일. (2007). 사회과학조사방법론(3판). 서울: 비앤엠북스.

최선희. (2012). 사회복지조사방법론. 서울: 공동체.

한유리. (2020). 초보연구자를 위한 질적 자료 분석 가이드. 서울: 박영 Story.

황성동. (2019). 알기 쉬운 조사방법론. 서울: 학지사.

번역서

* 그린바움, 토마스 L. (Greenbaum, Thomas L.). 이광숙 역. (2001). 포커스그룹 리서치. 서울: 커뮤니케이션 북스, 2001.
* 루이스, C. S. (Lewis, C. S.). 이종태 역. (2019). 네 가지 사랑. 서울: 홍성사.
* 리스만, C. K. 외(Riessman, C. K. et al). 김원옥 외 역. (2005). 내러티브 분석. 파주: 군자출판사.
* 메이슨, 제니퍼. (Mason, Jennifer). 김두섭 역. (2010). 질적연구방법론. 파주: 나남출판.
* 밀스, G. E. (Mills, G. E.). 강성우, 부경순, 심영택, 양갑렬, 오세규, 이경화, 이혁규, 임진영, 허영식 역. (2005). 교사를 위한 실행 연구. 서울: 우리교육.
* 바비, 얼. (Babbie, Earl R.). 고성호, 김광기, 김상욱, 문용갑, 민수홍, 이성용, 이정환, 장준오, 정기선, 정태인 역. (2020). 사회조사 방법론. 서울: 센게이지러닝 코리아(주).
* 셔먼, 에드먼드. (Sherman, Edmund), 리드, 윌리엄. (Reid, William J.). 유태균, 이선혜, 서진환 역. (2003). 사회복지 질적연구방법의 이론과 활용. 파주: 나남출판.
* 소가드, 비고. (Sogaard, Viggo). 김에녹 역. (2011). 현장사역: 조사연구 방법론. 서울:CLC(기독교문서선교회).
* 슈라이버, R. S. (Schreiber, R. S.), 노에거 스턴, P. (Noerager Stern, P.). 신경림, 김미영 역. (2003). 근거이론 연구방법론. 서울: 현문사.
* 스튜어트, 데이빗. (Stewart, David W.), 샴다사니, 프렘. (Shamdasani, Prem N.). 강종구, 김영표, 정광조, 최종근 역. (2018). 포커스 그룹 연구 방법론 – 이론과 실제. 서울: 학지사.
* 인, 로버트 K. (Yin, Robert K.). 박지연, 이숙향, 김남희 역. (2013). 질적연구-시작부터 완성까지. 서울: 학지사.
* 크레스웰, 존. (Creswell, John W.), 크레스웰, 데이비드. (Creswell, J. David). 정종진, 김영숙, 류성림, 박판우, 성용구, 성장환, 유승희, 임남숙, 임청환, 장윤선, 허재복 역. (2022). 연구방법 – 질적. 양적 및 혼합적 연구의 설계(5판). 시그마프레스.
* 크레스웰, 존. (Creswell, John W.). 김동렬 역. (2017). 알기 쉬운 혼합연구방법. 서울: 학지사.

* 크레스웰, 존. (Creswell, John W.). 조흥식, 정선욱, 김진숙, 권지성 역. (2021). 질적연구방법론: 다섯 가지 접근. 서울: 학지사.
* 크레스웰, 존. (Creswell, John W.). 한유리 역. (2017). 질적연구의 30가지 노하우. 서울: 박영스토리.
* 팔머, 파커(Palmer, Parker). 이종태 역. (2006). 가르침과 배움의 영성. 서울: IVP.
* 패짓, 데보라 K. (Padgett, Deborah K.). 유태균 역. (2001). 사회복지 질적연구방법론. 파주: 나남출판.
* 패턴, 마이클 퀴인. (Patton, Michael Quinn). 김진호, 나장함, 차동춘, 조대훈, 조윤경, 임정완, 임부연, 최윤정, 이연선, 최진혁, 박주영 역. (2018). 질적연구 및 평가방법론. 파주: 교육과학사.
* 플릭, 우베. (Flick, Uwe). 임은미, 최금진, 최인호, 허문경, 홍경화 역. (2011). 질적연구방법. 파주: 한울아카데미.
* 한, 지아웨이. (Han, Jiawei), 캠버, 미셀린. (Kamber, Micheline), 페이, 지안. (Pei, Jian). 정사범, 송용근 역. (2015). 데이터 마이닝 개념과 기법. 서울: 에이콘출판주식회사.
* 헐리, 스티븐 B. (Hulley, Stephen B.), 커밍스, 스티븐 R. (Cummings, Steven R.), 브라우너, 워렌 S. (Browner, Warren S.), 그래디, 데보라 G. (Grady, Deborah G), 뉴먼, 토마스 B. (Newman, Thomas B.). 임상시험리뷰연구회 역. (2015). 한 손에 잡히는 임상연구: 설계와 실행의 모든 것. 파주: 군자출판사.

국외문헌

* Adelman, C.(1998). K. Lewin and the Origin of Action Research. Educational Action Researcher, 1(1), 7-25.
* Atkinson, P.(1990). The Ethnographic Imagination: Textual Constructions of Reality. London: Routledge.
* Atkinson, P., & Hammersley, M.(1998). Ethnography and participant observation. In N. K. Denzin & Y. S. Lincoln (Eds.). Strategies of qualitative inquiry (pp. 110-136). London: Sage.
* Berg, E., & Fuchs, M. (Eds.) (1993). Kultur, soziale Praxis, Text: Die Krise der ethnographischen Repräsentation. Frankfurt am Main: Suhrkamp.
* Bradbury, H., & Reason, P. (2003). Action Research: An Opportunity for Revitalizing Research Purpose and Practice. Qualitative Social Work, 2(2), 155-175
* Braun, V., & Clarke, V. (2006). Using thematic analysis in psychology. Qualitative research in psychology, 3(2), 77-101.
* Cancian, F. M. (1993). Conflicts Between Activist Research and Academic Success: Participatory Research and Alternative Strategies. pp. 92-106 in Participatory Research, Vol. II, edited by Stoecker Randy, Bonacich Edna. The American Sociologist, 24, 92-106.
* Cassell, C., & Johnson, P. (2006). Action Research: Explaining the Diversity. Human Relations, 59(6), 783-814.
* Chang, H. (2008). Autoethnography as Method. New York: Rouledge.
* Chang, H. (2013). Individual and Collaborative Autoethnography as Method. In Stacy Holman Jones, Tony E. Adams, & Carolyn Ellis. Handbook of Autoethnography. (pp. 107-122). Walnut Creek, CA: Left Coast Press.
* Clifford, J., & Marcus, G. E. (1986). Writing Culture: The Poetics and Politics of Ethnography. Berkeley: University of California Press.
* Creswell, J. W. (2003). Research Design: Qualitative, Quantitative and Mixed Methods Approaches. (2nd ed.). Thousand Oaks, CA: Sage.

* Crotty, M. (1998). The foundations of social research: Meaning and perspective in the research process. Thousand Oaks, CA: Sage.
* Deborah E. Reed-Danahay. (1997). Auto/ethnography: Rewriting the Self and the Social. New York: Berg.
* Denzin, N. K. (1978). The research act: A theoretical introduction to sociological methods. (2nd ed.). New York, NY: McGraw Hill.
* Denzin, N. K., & Lincoln, Y. S. (1994). Handbook of qualitative research. Sage Publications, Inc.
* Denzin, N. K., & Lincoln, Y. S. (Eds.). (2000). Handbook of qualitative research, (2nd ed.). Sage Publications, Inc.
* Fals-Borda, O., & Rahman, M. A. (1991). Action and knowledge: Breaking the monopoly with participatory action research. New York: Intermediate Technology Publications/Apex Press.
* Gilgun, J. F. (1994). A Case for Case Studies in Social Work Research. Social Work, 39(4), 371-380.
* Giorgi, A. (2004). Qualitative research methodology. Advanced workshop on the descriptive phenomenological method. Conducted at Qualitative Research Center, Seoul.
* Glaser, B. G. (1998). Doing grounded theory: Issues and discussions. Mill Valley, CA: Sociology Press.
* Hammersley, M. (1990). What's wrong with ethnography? The myth of theoretical description. Sociology, 24(4), 597-615.
* Hammersley, M., & Atkinson, P. (1983). Ethnography: principles in practice. London; New York: Tavistock Publications.
* Hitzler, R., & Honer, A. (1994). Qualitative Methoden (pp. 389-395). Beck.
* Husserl, E. (1970). The crisis of European sciences and transcendental phenomenology: An introduction to phenomenological philosophy. Northwestern University Press.
* Jessor, R., Colby, A., & Shweder, R. A. (1996). Ethnography and human development: Context and meaning in social inquiry. London: The University of Chicago Press.
* Kozinets, R. V. (2010). Netnography: Doing Ethnographic Research Online. SAGE Publications.
* Kozinets, R. V. (2015). Netnography: Redefined. (2nd ed.). SAGE Publications.

* Kuhn, T. S. (1970). The Structure of Scientific Revolutions. (2nd.). ed. London: University of Chicago Press.
* Lincoln, Y. S., & Guba, E. G. (1985). Naturalistic Inquiry. Thousand Oaks, CA: Sage Publications.
* Lomax, P. (1995). Action Research for Professional Practice. British Journal of In-Service Education, 21(1), 39-48.
* Lüders, C. (1995), Von der teilnehmenden Beobachtung zur ethnographischen Beschreibung. Ein Literaturbericht. In: Eckard König & Peter Zedler (Eds.), Bilanz qualitativer Forschung. Bd. II: Methoden (pp. 311-342). Weinheim: Deutscher Studien Verlag.
* Luke, D. A., Carothers, B. J., Dhand, A., Bell, R. A., Moreland-Russell, S., Sarli, C. C., & Evanoff, B. A. (2015). Breaking down silos: mapping growth of cross-disciplinary collaboration in a translational science initiative. Clinical and Translational Science, 8(2), 143-149.
* McCracken, G. (1988). The Long Interview. New York: Sage Publications.
* McCutcheon, G., & Jung, B. (1990). Alternative Perspectives on Action Research. Theory into Practice, 29(3), 144-151.
* Padgett, D. K., Patrick, C., Burns, B. J., & Schlesinger, H. J. (1994). Ethnicity and the use of outpatient mental h services in a national insured population. American Journal of Public Health, 84(2), 222-226
* Rabinow, P., & Sullivan, W. M. (1979). Interpretive social science. Berkley: University of California Press.
* Reason P., & Bradbury H. (2001). Handbook of Action Research - Participative Inquiry and Practice. London: Sage.
* Reason, P. (1994). Three approaches to participative inquiry. In N. K. Denzin & Lincoln, Y. S. Handbook of qualitative research (pp. 324-339). London: Sage Publications.
* Reinharz, S. (1992). Feminist methods in social research. New York: Oxford University Press, Inc.
* Riessman, C. K. (1993). Narrative analysis. Newbury Park, CA: Sage.
* Riessman, C. K. (1994). Preface: Making room for diversity in social work research. In C. K. Riessman. Qualitative studies in socialwork (pp. vii-xx). Thousand Oaks, CA: Sage.
* Rowe, G., & Wright, G. (1999). The Delphi technique as a forecasting tool: issues and analysis. International journal of forecasting, 15(4), 353-375.

* Schein, E. H. (1987). The clinical perspective in fieldwork. Newbury Park, CA: Sage Publications.
* Strauss, A., & Corbin, J. (1998). Basics of qualitative research: Techniques and procedures for developing grounded theory (2nd ed.). Thousand Oaks, CA: Sage Publications.
* Stringer, E. T. (1996). Action research: a handbook for practitioners. Thousand Oaks, CA: Sage Publications.
* Suominen, A. (2003). Writing with photographs, re-constructing self: an arts-based autoethnographic inquiry (Unpublished doctoral dissertation). Columbus, OH: The Ohio State University.
* Thomas, J. A., Pedersen, J. E., & Finson, K. (2001). Validating the draw-a-science-teacher-test checklist (DASTT-C): Exploring mental models and teacher beliefs. Journal of Science Teacher Education, 12(4), 295-310.
* White, M. (1989). Selected papers. Adelaide, South Australia: Dulwich Centre Publications.
* Zuber-Skerritt, O. (1996). New direction in action research. London: Falmer Press.

인터넷 자료

공용기관생명윤리위원회.	https://public.irb.or.kr
뉴욕타임즈.	https://www.nytimes.com/live/2021/11/07/sports/nyc-marathon-live-updates
다음백과사전.	https://100.daum.net
법제처 국가법령정보센터.	https://www.law.go.kr
브리태니커 백과사전.	https://www.britannica.com
위키백과.	https://ko.wikipedia.org
Learn. Adapt. Do.	https://www.eajohansson.net
SAMSUNG SDS.	https://www.samsungsds.com

저자 소개

이준우(Jun Woo Lee)

총신대학교 종교교육학과 졸업(B.A)
총신대학교 신학대학원 졸업(M.Div. equi.)
숭실대학교 대학원 사회복지학 석사·박사(M.A, Ph.D)
미국 사우스웨스턴침례신학대학원 목회학 박사(D.Min)

강남대학교 복지융합대학 사회복지학부 교수
강남대학교 일반대학원 수화언어통번역학과 주임교수
강남대학교 융복합대학원 원장
강남대학교 산학협력단 부설 복지공감연구소 소장
사단법인 한국자원복지재단 대표이사
지구촌교회 수어부 지도목사
사단법인 한국밀알선교단 이사

이현아(Hyuna Lee)

강남대학교 사회복지대학 사회복지학부 졸업(B.A)
강남대학교 사회복지전문대학원 사회복지학 석사·박사(M.S.W, D.S.W)

미국 월드미션대학교 사회복지학과 교수
미국 월드미션대학교 부설 Wel-Tech Collaboration 센터장
디에스림 재단(DSLIM Foundation) 디렉터
강남대학교 산학협력단 부설 복지공감연구소 연구위원